布衣院士 卢永根

姚燕飞 ◎ 著

SPM 南方出版传媒·花城出版社

中国·广州

图书在版编目（CIP）数据

布衣院士卢永根 / 姚燕飞著. -- 广州：花城出版社，2022.1
ISBN 978-7-5360-9594-6

Ⅰ.①布… Ⅱ.①姚… Ⅲ.①卢永根－先进事迹 Ⅳ.①K826.15

中国版本图书馆CIP数据核字(2021)第275554号

出 版 人：肖延兵
责任编辑：黎　萍　夏显夫
技术编辑：林佳莹
封面设计：王玉美

书　　名	布衣院士卢永根 BUYI YUANSHI LUYONGGEN	
出版发行	花城出版社 （广州市环市东路水荫路11号）	
经　　销	全国新华书店	
印　　刷	佛山市浩文彩色印刷有限公司 （广东省佛山市南海区狮山科技工业园A区）	
开　　本	880毫米×1230毫米　32开	
印　　张	10.125　　1插页	
字　　数	270,000字	
版　　次	2022年1月第1版　2022年1月第1次印刷	
定　　价	59.80元	

如发现印装质量问题，请直接与印刷厂联系调换。
购书热线：020-37604658　37602954
花城出版社网站：http://www.fcph.com.cn

自　序
让卢永根故事代代相传

　　1947年，卢永根加入中国共产党，如果贪图安逸和享受，他就不会有在当时周围人眼里这种"不识时务"的举动。他目睹了日本帝国主义对中国人民的蹂躏，唤醒了对振兴国家和民族的责任，用他自己的话说："生命诚宝贵，爱情价更高。若为祖国故，二者皆可抛。"

　　用"祖国"代替裴多菲诗中的"自由"，是中国式的智慧。连"祖国"都没有，还奢谈什么"自由"呢——皮之不存，毛将焉附？要想追求自由美好的生活，首先要爱国。

　　爱国，这是理解卢永根的第一点。

　　连谈一场恋爱这种私密的事情都要得到上级批准，这样的自律你有吗？卢永根有，徐雪宾有。大学毕业后，两个人情窦初开，想谈恋爱，却没有时间。时间都去哪儿了呢？都被工作夺去了。卢永根不仅是学校的团委书记，还是学校的党委委员。怎么办呢？于是请示党组织。确定恋爱关系如此，结婚更不能马虎。两人商定结婚的时间是8月9日——正好也是卢永根加入中国共产党的日子。

　　爱党爱得那么深沉，特意将自己结婚的日子定在加入共产党的那一天，这也是中国式表达感情的方式，沉甸甸的。

　　卢永根天才的创意是动员恩师丁颖加入中国共产党。突破时空的灵魂相融合，才有这样的默契。这种灵魂的融合是任何其他力量所不能分化的，两个人两个灵魂如此，千万个人千万个灵魂也如此。常听人讲，世界上许多文明都随着时间的推移而消失，唯独中华文明历久弥坚。原因是什么？答案就在这里！

爱党，这是理解卢永根的第二点。

当然，这种爱党、爱国不是愚忠。在1958年8月的整风反右运动中，卢永根就对学习苏联米丘林遗传学产生过怀疑，被认为有发表"反党反社会主义性质"的"错误观点"而遭受批判，并且还受到察看一年的处分。

要弄清卢永根受处分的原因，就要先弄清楚他所怀疑的米丘林遗传学是怎样一种学说。网上这样表述：

> 米丘林学说认为，生物体与其生活条件是统一的，生物体的遗传性是其祖先所同化的全部生活条件的总和。如果生活条件能满足其遗传性的要求时，遗传性保持不变；如果被迫同化非其遗传性所要求的生活条件时，则导致遗传性发生变异，由此获得的性状与其生活条件相适应，并在相应的生活条件中遗传下去。从而主张生活条件的改变所引起的变异具有定向性，获得性状能够遗传。
>
> 这个学说中关于无性杂交、辅导法和媒介法、杂交亲本组的选择、春化法、气候驯化法、阶发育理论等，对提高农业生产和获得植物新品种具有实际意义。但是，米丘林关于生活条件的改变所引起的变异具有定向性，获得性状能够遗传的理论，缺乏足够的科学事实根据。

米丘林培育出了300多种新型果树，他受到苏联政府的赞扬。他的杂交理论经李森科发挥后被苏联政府采纳为官方的遗传科学，尽管当时全世界的科学家均拒绝接受这个理论，但仍被强制推行，同时压制和排斥不同的学术观点。20世纪50年代这一理论在苏联、东欧和中国盛行一时，对生物学研究造成了不良影响。

卢永根对米丘林遗传学持怀疑态度，站在了实事求是的立场。

爱事业、对党忠诚，这是理解卢永根的第三点。

基于这三点，就有了卢永根以后人生中的崇高表现。从此，也就不难理解卢永根为什么要选择回国上大学并积极参与祖国建设；不难理解，"文化大革命"十年，他与妻子被下放农村劳动而毫无怨言；不难理解，他屡次放弃亲戚要他出国定居的邀请；不难理解，他"先党员，再校长，后院士"的定位；不难理解，他甘为青年才俊做人梯的行为和胸襟；不难理解，他重病期间将自己的全部财产乃至身体器官捐献的举动……

因为有爱有信仰，卢永根人生的每一步都是清晰的，没有半点模糊和动摇，这是中国传统文化和共产主义信仰在他身上的完美结合，这是一种国家意志。

目　录

上部　誓死不当亡国奴

一、离港之前 …………………………………… 003
二、回家的路 …………………………………… 006
三、"偷渡"回香港 ……………………………… 018
四、在家自学 …………………………………… 031
五、得遇良师 …………………………………… 036
六、熔炉 ………………………………………… 055
七、庄严时刻 …………………………………… 065
八、我的大学 …………………………………… 073

中部　先党员，再校长，后院士

一、新任院长 …………………………………… 099
二、老师，安好 ………………………………… 108
三、马尼拉的中国旋风 ………………………… 125
四、参观"孙中山蒙难室" ……………………… 132
五、我非伯乐，但有赤胆报国心 ……………… 139
六、卢永根和他的弟子们 ……………………… 153
七、内骨子里的朴素 …………………………… 159
八、明朗的天 …………………………………… 168

九、新的使命 …………………………………… 182
十、这一年的春天特别明显 …………………… 188

下部　化作春泥更护花

一、宝岛之行 …………………………………… 195
二、未见其人，先闻其名 ……………………… 202
三、孩子，跟我干活你得准备吃苦哟 ………… 214
四、院士也不是全能的专家 …………………… 224
五、难得的好天 ………………………………… 232
六、寻找野生稻种 ……………………………… 239
七、惺惺相惜 …………………………………… 246
八、后继有人 …………………………………… 254
九、我准备把晚年继续献给这个事业 ………… 258
十、让割过的稻桩长谷子 ……………………… 262
十一、花都之行 ………………………………… 275
十二、捐，全部捐 ……………………………… 290
十三、难忘初心 ………………………………… 297
十四、斯人已逝，精神永存 …………………… 302

卢永根年谱 ……………………………………… 305
后记 ……………………………………………… 315

上部 誓死不当亡国奴

日本侵华战争的现实教育了我,使我觉醒到当亡国奴的悲惨。我是炎黄子孙,要为自己的祖国复兴效力。

——卢永根

一、离港之前

　　四个多小时的路程，本来不需要任何食物。但是，考虑到五个孩子同行，梁爱莲还是买了两包手工做的绿豆饼和一包蛋黄卷。唉，就这么一点点心，她硬是从街的这头走到了街的那头——日本兵来了，整个香港都变了样。楼下的那家士多店已经关门了，老板是香港尖沙咀那边的人，门面是祖屋，临街做点买卖帮补家计。但是，到处都买不到面粉，更不用说砂糖了——梁爱莲敲开铺门的时候，老板开了一条缝，伸出个脑袋，叹了口气，说："没办法，什么都买不到，也买不起，生意没办法做了。对不起，老街坊。"便又把门关上了。她只好跑到街尾那家比较大的士多店碰运气，果然货架上还有品种不多的几样点心。她就拿了这两样匆匆地回家了。

　　刚回到自家的楼下，梁爱莲忽然听到远处传来砰砰两声枪响。街上即刻骚动起来：一个挑着竹笼卖鸡、鸭的农民，吓得扔了担子跑向了旁边的窄巷——鸡笼子盖子没关紧，老母鸡跑了出来，咯咯咯地乱窜。平日满巷子算命的瞎子也失了方向，举着一根竹棒在街心不停地打圈，那副比锅底还黑的眼镜，右边的镜片和镜架斜斜地挂在了他的右脸颊上。那个穿着破布褂子的报童往街拐角跑时，险些与她撞个满怀……她下意识地将刚买的点心往怀里一揽，担心地喊了一声："别摔倒了！"

　　"妈妈——"话音刚落，楼梯口跑出一个十来岁的男孩关切地呼喊道。

　　这个男孩叫卢永根。他穿着一件棕色的西服，里面的白色衬衣和棕色背带裤十分抢眼，油黑发亮的头发往后梳着，一张红润的脸上镶嵌着一对闪亮的眸子。他张开双臂扑进了母亲梁爱莲的怀里,抬头看到她毫发无损,便笑着说:"妈,快回家吧!"说完,放开搂在她腰间的双手,接过点心,高兴地往家走。

梁爱莲一边被儿子拉着往家走,一边回头看了眼还在原地打圈的瞎老头。她的迟疑引起了孩子的警觉——卢永根也看到了瞎老头。老头茫然无措原地打转的境况令人心酸。卢永根放开拉着母亲的手,跑了过去。孩子的举动让她脸色一下子苍白如一张白纸——她担心儿子跑出去看热闹!

砰砰,又传来两声枪响,梁爱莲一屁股跌坐在楼梯门口,无力地抬起右手喊道:"永根,永……"

卢永根并没有像母亲想的那样跑出去看热闹,而是走到街心搀扶住老人,扶他走到街边。老人确实紧张:卢永根扶着他的时候,他的眼镜忽然掉到了地上。卢永根弯腰捡起眼镜帮他戴上,老头颤抖着从喉眼里挤出声音:"你是谁家的孩子?洪福齐天的命呀!"老头长长的鼻毛上流下了两滴清涕……卢永根扶着他来到了自己家门口。

梁爱莲看到儿子去帮扶瞎眼老人,胸口的一块石头总算落了地,狂跳的心也稍微平复。她用右手支起身子,双手拍了拍灰尘,急切地跑过去与儿子一起扶住老人。

老人喃喃地念叨:"遇到活菩萨了,遇到活菩萨了……"

刚到楼梯口,老人却不肯往台阶上迈,停下来,说:"我一个糟老头子不去弄脏你家的地面了!"

她看了一眼街上被风吹得打转的竹笼子和纸屑,低声说:"还是到家里去坐吧,我先生人很好!"

"真的不用!"老人挣脱开她和她儿子的手。

梁爱莲忽然想起今天要送儿子和女儿回花县,留一个陌生的瞎眼老人在家也确实不方便,便关切地说:"阿叔,你不去屋里休息,等会儿该咋办?"

老人已经平静下来,用手背揩了一下鼻涕,说:"我本来就是一个'走四方'的人。别担心,我在你家门口歇一会儿就走。谢谢你们了!这该死的世道!"

卢永根也放开了老人,他把手中的绿豆饼放到母亲手里,撕开蛋黄卷的包装吃了一块,把余下的全部塞给了老头。

她对儿子的善举点点头:"快上楼吧。你姐姐和哥哥肯定已等急了。我们今天还要赶赴花县呢。"

老头接过蛋黄卷,千恩万谢了一通后说:"菩萨保佑你们全家一路平安!"

二、回家的路

小车载着一家六口驶向尖沙咀。

就职的律师行关门了，自己也已经失业，但是，卢国棉心里并没有感到太难过，因为他所就职的律师行是英国人开办的。在律师行里，卢国棉既懂普通话，又懂香港话，还懂英语，并且在承办业务、起草法律文书、出庭辩护和庭外调解等业务上，他的能力有目共睹，但毕竟是在外国人的手下干事——他最理想的是开办一家自己的律师行，由自己的国家主政和管辖下的律师行！现在这一切都成泡影了，日本人来了，摧毁了所有……

1941年12月8日早上，香港的上空突然响起沉闷的飞机轰鸣声和轰炸声，被惊醒的卢国棉还以为是演习，后来才如梦初醒：这是日军发动的侵略战争！5架驻港的英国皇家空军飞机被炸得粉身碎骨。刚刚就职香港第21任总督的杨慕琦，在与日军作战18天以后，乖乖地来到九龙半岛酒店日军指挥部，签署向日军无条件投降的文件。这一天是1941年12月25日，正好是圣诞节。

战争的破坏和因此产生的焦虑，促使卢国棉下了最后决心：将五个子女送回老家广东花县的乡下！他怕老婆不放心孩子，于是，专门找了个晚上，等孩子们都入睡了，他把老婆梁爱莲叫到书房，将坊间描述的杨慕琦签投降文件的不堪情形复述给她听，当然，还有日军进驻香港后的桩桩暴行。卢国棉说："日军入城后，大肆抢掠，强奸妇女，杀害无辜居民。他们在安民布告上虚伪地写道，'保护华人财产，香港战争是对付白种人的战争'。但许多华人的商店被日军封了门，特别是先施、永安、大新等国货公司和五金行、汽车行等大型华商店铺都被封了。被查封的公司企业门口还钉上写有'军搜集部管理'的牌子,银行、当铺门口钉的是'金融班管理'的牌子——大家心里都明白,这只不过是日军攫取中华民族财富的幌子。日军还将香港储备的 95 万石存米抢走 80 万石,严重冲击了我们香港粮行。"

卢国棉一口气讲了这么多,端起桌上的水喝了口,继续说:"日军还滥杀无辜,把华人的命不当命。你去过的皇后大道西,一名老太想过岗哨,因听不懂日本话,被日军当场活活打死。离跑马地不远有一个叫蓝塘道的地方,有一家八口人都被他们杀害。深水埗元洲街,一名背小孩的妇女买菜回来正赶上戒严,生生被日军拦在离家不远处——她大约八九岁的大儿子想横穿马路迎接妈妈,不料母子三人竟都被日军开枪射杀。日军中一个叫中川金光的大队长带领大批士兵封锁洛克道,西至军器厂街口、东至勋宁道都加上了铁丝网,用刺刀限令住户在三天之内悉数搬出,街坊们被迫在风雨之中扶老携幼搬往他处甚至露宿街头……"

卢国棉还要讲下去,梁爱莲急忙打断他:"别讲了,怪吓人的!"

"这不是要吓人,是真的。日军真是禽兽不如!"卢国棉趋前拉着妻子的手说。

"那你说咋办?你是一家之主,我都听你的!"妻子默默地看着卢国棉。

卢国棉低头沉思了一下,说:"我们还是将孩子们送回花县老家去躲避一段时间吧!"

"这什么时候是个头呀!"梁爱莲迷茫地望着卢国棉。

"日本人长不了。"卢国棉解释道,"一来他们的国小,财力不足;二来他们侵入香港是向英国人开战,等于把美国等西方强国都推向了对立面。到时美国一参战,日本肯定得被打趴下。"

"你讲的这些我都听不懂。我只想日军早点死,都死绝,好让我们过点安稳日子!"梁爱莲眼睛里含着泪花。

他们一直讨论到深夜:孩子送回老家,住房是不成问题的,老家的房子足够大，二老平时就嫌房子太冷清；吃饭也不成问题，花县位于珠三角平原，是鱼米之乡。问题的关键是孩子的教育问题和安全问题！特别是安全问题，本来是为了躲避日本人才去乡下的，可是花县也被日本人侵占了！唉，中国现在真没有一处安生的地方！但是，夫妻俩最后还是决定，将孩子送往花县，毕竟那里是农村，不会太引起日本人的注意。

卢国棉是个说干就干的人，当妻子问他怎么回家时，他说："乘火车要经过九龙半岛，去那里还要经过日本人的好几道哨卡。走水路相对安全点。让国辉带孩子们回吧！"

卢国棉口里的国辉是他的四弟卢国辉。

"让孩子他四叔送他们回去，我不是不放心，只是有点舍不得！"梁爱莲有点心疼地说。

"我估计战事不会太久，最多也就两到三年。日本人这种到处树敌的打法，正是强弩之末。"卢国棉安慰道，"他们正在占领香港的兴头上，真要把孩子放在身边，一不留意，我怕他们伤了孩子。"

梁爱莲忽然说："永根小，又调皮，路上我不放心。"

"是呀。永根富有正义感，如果看到日军做坏事，他没准会有过激举动。我让国辉盯紧一点！"

回家的事就这么说定了。第二天，梁爱莲外出为孩子们采购途中零食的时候，便发生了本文开头的一幕，这更让她下定了送孩子们回花县的决心！

卢国棉将轿车泊在自家的楼梯口。楼梯口坐着一个邋遢老头正在低头吃蛋黄卷。卢国棉看了一眼，扑哧一声笑了，他一看就知道这是小儿子卢永根做的好事，因为蛋黄卷是他最爱吃的——把自己最爱的东西分享给别人，同样是他最想做的。这么想着，坐直身子按了两声喇叭。

听到汽车的喇叭声，老头知趣地躲向一旁……

没隔多久，楼上鱼贯走下一个男人和五个小孩。男人就是卢国棉的四弟卢国辉，他手上提着一口牛皮箱。小孩从大到小依次为：卢美君、卢永经、卢美芬、卢永根、卢秀芳。卢美君和卢美芬姐妹俩臂弯里各挽着一个蓝底白花的包袱。卢永经离台阶还有三个阶梯，纵身跳了下来。卢永根急忙在楼梯口侧身护着小妹卢秀芳。卢美芬一个不留神，在楼梯最后一道台阶上绊了一下，那包袱飞了出去，正好掉在轿车前面的引擎盖上。此景被正从楼道赶来的梁爱莲看到，她不满地说："女儿家的，要稳重点！"

卢美芬正值青春叛逆期，不高兴地回了句："又没有掉到地上。"说完，便伸手将包取下。

卢国棉啪地打开轿车后备厢，帮弟弟和孩子们把箱子、包袱和书包全部放到了后备厢，瞥见卢永根捏了一块绿豆饼给门口的老头，便招呼道："永根，同爷爷道个别赶紧走，我们还要赶路呢！"

老头有点不好意思地接过卢永根手中的绿豆饼，口中轻轻地念叨："菩萨保佑！"

或许，老头以前无数遍地说过"菩萨保佑"四个字，他那只是为谋生而随口说的，但是，今天遇见卢永根小朋友的大善之举所说的"菩萨保佑"，一定是发自内心深处的真诚祝福！

车上有点挤，卢国辉抱着卢秀芳坐在副驾驶位。卢美君带着其他三兄妹坐在后座。

梁爱莲目送着六个人挤在一台轿车里向尖沙咀码头飞驰而去，卢国辉将带着五个孩子从那里坐船到广州，再坐船到花县。坐在后座的卢永根鼻子、眼睛和小脸紧紧地贴在车窗的玻璃上，从外面看去有些变形，但他就这么贴了很长时间，透过玻璃看着那个眼镜比锅底还黑的瞎老头……

与卢国棉想的差不多，日军在尖沙咀码头设了关卡，好在他之前曾找人给自己、妻子、卢国辉、卢美君和卢永经办了良民证。当时永经年纪也不大,但是,怕路上遇到麻烦,所以也给他办了。

半个钟头后,他们来到了尖沙咀。日本侵略者新设了关卡。路边亭子的木头还是新的,路障的铁线也没有半点锈迹。六个身穿黄色军服的日本兵和十几个穿黑色军服的伪军守着,他们表现得十分暴躁。显然,在他们的眼里,这个地方的人还不符合他们的体统,要让他们不停地吼叫,让他们多费脑筋和多跑"冤枉路"。

卢国棉把车泊在码头前面的空坪,打开后备厢,将行李一件一件地往卢国辉等人手上递。他拿起一个小包袱往卢美芬肩上挂的时候,她噘起嘴,有点不高兴。卢永根见状,走上前去接过父亲手中的包袱帮二姐背上。等一切妥当,卢国棉叫过卢国辉,再次交代道:"路上注意安全。遇到哨卡就给他们看良民证。"

"放心吧。"卢国辉应答道,返身对侄子侄女们说,"大的照顾好小的。同爸爸道别,我们走吧,船快开了。"

咣的一声,一辆黄包车忽然停在卢国棉的脚边,一个中年人掀帘而下:"国棉兄,卢大律师,你也回广州吗?"

卢国棉愣了一下,端详了来人一会儿,惊呼道:"原来是圣柱兄!我哪有时间回去呀!我们律师行的人全都走了,我不留下来帮忙看管,律师行就空了。"等来人付了车资,卢国棉继续说,"圣柱兄是回去扫墓吗?"

来人叫陈圣柱,广东佛山人,是一名医生,就职于华英中学。华英中学创立于 1913 年,是广东佛山的一间教会学校。全面抗日战争爆发,为保师生安全,学校 1938 年迁到香港,先后在大屿山东涌、湾仔、深水埗及沙田设立了学校;现在香港沦陷,他们不知又要迁往何处……卢国棉不便多问,说:"我让四弟带孩子们回老家扫墓。我只好在这里遥祭了。"

他也不敢把担心孩子们安全才送他们回老家的话挑明,只得找借口说:"一路上还望圣柱兄帮忙照顾。"

陈圣柱心知肚明地说:"放心吧,我会将孩子们安全送回广州,还会把他们平安带回香港。港侨中学的校长林熙甫还要我赶紧回来去他那里教书呢，就是李达仁和岑公钺教书的那家。"

卢国棉心里很清楚：陈圣柱这是说给不相干的人听的。他这一去又要浪迹何处？为什么他不提同样滞留在香港的岭英中学校长洪高煌博士和该校语文教师林荞中？难道他也像自己一样是迫于日本人的返乡政策却掩饰说是让孩子们清明回去扫墓？于是卢国棉再不开口——不知从何时起，在自己的国家说话竟需要打哑谜！他直看着四弟、孩子们和好友陈圣柱过了检查站，上了"南海丸"号火轮并进了船舱内，才开车离去。

"南海丸"号的船舱里坐满了回乡扫墓的人。毕竟是清明节，中国人都有在这一天为逝去的亲人祭扫的风俗。卢永根坐在卢国辉的左边，侧身伏在书包上，用头皮顶着船舱的隔离板，好让柴油机的突突声、海浪拍击船舷声有节奏地微微震动自己的脑袋。很快他就入睡了。出门的时候，卢国棉特别交代卢国辉："看住永根，这孩子人小心大，正义感强，别让他惹事。"想起哥哥的嘱托，卢国辉看了一眼卢永根，心中暗笑：我哥也是多此一举，出来了哪个小孩不听话？想到这里便对卢美君说："你是做姐姐的，帮我好好看着弟弟妹妹。"说完自己袖着双手也小睡了起来。

卢永根此际已经沉沉地进入了梦乡。他梦见自己随父母坐车回到了乡下，乡下也有许多日本人，在回家的路上设了关卡。父亲排在最后面。他的前面是一头黑色的大水牛，旁边一个老农扛着铁犁跟在牛的后面等待查证过卡。本来，老农给卢国棉让开了路，让他先行，但卢国棉摇头拒绝了，开车慢慢跟在后面。

一路上昏昏沉沉的，姐弟几人你伏在我的肩上、我趴在你的腿上打瞌睡。到花县关卡的时候，轿车刹车的声音把姐弟几人都震醒了。卢永根似醒非醒，当他把脸紧贴在玻璃窗上时，他的瞌睡一下子全醒了：牛，水牛！望着那一对牛角和不停反嚼的牛嘴，卢永根想开车门下去看个究竟。他的动静被坐在旁边的大姐发现了,她紧紧地抓住卢永根的手说:"不能下车,你没有看见有那么多坏人?"

"坏人?"卢永根没有概念,他不解地反问道。

"下去很危险。"卢国棉不准小儿子下车,转身对大女儿说,"好好看住他。"

前面有点松动,后面排队的又多了近十个人。好不容易轮到前面的老农了,他高兴地朝车里的人点了点头便朝关卡走去。

一个日本兵把枪往老农胸前一横,操着蹩脚的汉语说:"喂,老头,把你良民证的拿出来!"

老农将肩上的铁犁往后移了移,从裤袋里使劲掏,掏出良民证递给日本兵。老农刚从邻村亲戚家牵牛回来,良民证弄皱了,有点模糊,日本兵看了半天,有点不耐烦:"老头,良民证的不好好保护,良心大大的坏了!良民证的要补办!"

老农没太在意日本兵的训斥,以为是要他过卡,他赶起牛往前走去。日本兵本想好好地教训一通老农,见他自顾自地往前走,便走上前举起手来给了老农一巴掌。老农肩上扛着重物,站立不稳,一头栽倒在地。

站在旁边的另外几个日本兵哈哈地笑。卢国棉看不过去,转头对妻子和女儿说:"看好永根,别给我闹事。"自己则走出车门,赔着笑脸迎上去说:"太君,这个老人不懂事,请您原谅!"然后掏出上海中国裕新烟公司生产的香港烟。日本兵接过香港烟闻了闻,阴沉着脸盯着卢国棉看。他便更加谦恭地给每一个日本兵派烟,口中还不停地说:"太君,尝尝,香港烟。"

那个出手打人的日本兵终于消气了,他随手将老农的良民证扔到地上,点燃了卢国棉递上的香烟,对老农喝道:"滚!"

老农扛着铁犁慢慢站起身,捡起良民证通过了关卡。

卢国棉连忙将自己的良民证递给日本兵,又返回车前要了妻子和大女儿的良民证递上,日本兵看过后,挥着手说:"走!"

卢国棉马上上车，踩上油门，一溜烟地往前驶……

船一颠簸，卢永根便醒了。原来父母并没有回花县老家，带兄弟姐妹回乡下的是四叔。他坐起身子擦了擦嘴角的涎水，便蹑手蹑脚地离开了自己的舱位。他穿过走廊正往甲板上去，却不承想被人一把抓住后领，提了回来。

"四叔，你抓痛我了。"卢永根大声说。

"你也知道痛？"

卢永根感觉口音有点不对，回头一眼，原来是陈圣柱，便笑了笑："陈叔叔，我想找你玩玩。"

"找我玩？"陈圣柱放松抓着卢永根后领的手，说，"找我玩还往甲板上去？那里太危险了，我带你去。"

陈圣柱拉着卢永根的手一步一步走上了舷梯，来到甲板上。"南海丸"号火轮刚才在海上航行了半个多小时，现在进入的海域正好是伶仃洋。蔚蓝色的海好像是把天裁了一角铺就的，一群群海鸟穿梭在海面上，一座座青翠的小岛与人擦肩而过。海风吹乱了陈圣柱的头发和衣摆，他无限忧伤地看着远方，口里念出了文天祥那首著名的《过零丁洋》：

辛苦遭逢起一经，干戈寥落四周星。
山河破碎风飘絮，身世浮沉雨打萍。
惶恐滩头说惶恐，零丁洋里叹零丁。
人生自古谁无死，留取丹心照汗青。

卢永根被陈圣柱紧紧地抓着，他眯着眼睛仰望着陈圣柱的脸，陈圣柱的脸色是那样的凝重。太阳光线透过陈圣柱的头发照得他眼睛睁不开。他举起左手放在额头上，跟着念："人生自古谁无死，留取丹心照汗青。"

陈圣柱看到卢永根跟着自己念文天祥最紧要的两句诗，内心十分激动，认定此子今后必可干出一番大事业，便抱起他来，给他讲了文天祥的故事。也许是刚才睡了片刻的缘故，卢永根的记忆非常清晰。他把"人生自古谁无死，留取丹心照汗青"牢牢记在脑海里，同时也牢牢地记住了陈圣柱医生。

重新回到船舱的时候，卢国辉也已经苏醒。他问卢永根："刚才你去哪里了？怎么一点也不让人省心！"

"刚才去了一趟卫生间。"卢永根笑道，"四叔，我刚才做梦，梦见许多日本兵，在花县设岗，还打人呢。"他把在甲板上与陈圣柱的一节给省略了。

卢国辉伸手亲切地摸了摸卢永根的头："快到白鹅潭码头了。那里有检查站，别一口一个日本兵，会惹来口舌之祸。"

"我知道。"卢永根用手摸了摸鼻子。刚才在船上小睡，加上在甲板上吹了十多分钟海风，他有点鼻塞。

"快去把他们几个叫起来吧。船要靠岸了。"

随着三声汽笛长鸣，兄弟姐妹几个都醒了。卢国辉看了一眼伸着懒腰的卢美君，说："要你看着弟弟妹妹的，你倒好，自己先睡了。"

"四叔你先睡的，姐姐和哥哥后睡。永根哥哥刚才出去了好长时间。"卢秀芳奶声奶气地说。

"行了行了。把各自的东西放在座位下，丢了的话，花县没得买。"卢国辉说，"美君你抱着秀芳。"

人们鱼贯走下码头。陈圣柱的舱位在前面，卢永根人小，侧身超过几位客人，走过去拉住了陈圣柱的手。

码头上设立了检查站，规模和架势与尖沙咀码头别无二致，不过不要求客人出示良民证，要求顺着用铁架临时围成的通道走。通道直通等候大厅，那里有多名医务人员拿着体温计给人测体温。排队等候的人交头接耳地谈论：香港刚刚"沦陷"，那里管理混乱，流行病多，要进行疫情检查。说到"沦陷"两字的时候，人们的目光小心地扫来扫去。

陈圣柱的手很温暖,像潘炳真的手一样。6年前的夏天,卢永根6岁,随父母去了一趟澳门回来。正好父亲的朋友潘炳真在澳门粤华中学的同事带了一套西装给他,他来取衣服,见了卢永根,说:"国棉兄,贵公子伶俐,到上学年龄了吗?要不就到我们学校来读书,我们学校的校风在香港都是有口碑的。"

"贵校由谭绮文于1925年在广州市创立,原为基督教学校,后来因为广州时局动荡,在1928年迁往澳门,直至1929年第一届毕业生毕业。犬子能在你们学校读书,幸运之至。"卢国棉说。

就这样,卢永根随潘炳真进入了香港粤华中学附属小学开始启蒙教育。

来到检疫区,陈圣柱拉着卢永根的手找了个位子坐下。

"陈医生,你还好吗?好长时间不见了。"一个戴着口罩的女护士热情地同陈圣柱医生打招呼。

陈圣柱还有一些迟疑,女护士连忙除下口罩,说:"我是阿珍呀,陈医生。"

"阿珍?原来是阿珍!你不是在佛山那边的教会医院当护士吗?怎么到了广州?"陈圣柱说。

阿珍重新戴好口罩,说:"前年我结婚了,先生是广州人,所以就来了这里。"

说完,阿珍拿出两支温度计,分别递给了陈圣柱和卢永根。陈圣柱将温度计夹在腋下后又帮卢永根放好。几分钟后,阿珍分别取下他们的温度计,看到卢永根的温度计时她迟疑了——卢永根的体温达到了37.5摄氏度。她张口想说出来,被陈圣柱摆手制止了。他虽然是牙医,但在教会学校他什么病都得医。他知道卢永根只是刚才同自己上甲板吹了海风引起的感冒发烧,并无大碍。如果被送到防疫部门,不知要等到什么时候才能出来。阿珍明白地点了点头,便将他们放行了。

检疫完，卢国辉和陈圣柱带着孩子们又返回船舱。陈圣柱低声告诉卢国辉："永根有点低烧，路上多关心他一点。"

从白鹅潭码头到广州天字码头还需30多分钟，得到陈圣柱的提醒，卢国辉便把卢永根抱在怀里。卢永根刚才一阵兴奋，现在确实有点困，便依偎在卢国辉的怀里睡着了。

卢永根睡醒的时候已经回到了花县。船到天字码头，卢国辉带着侄子侄女们坐上了回家的汽车。但是，卢永根一点也不知道，因为他已经睡了。看到四叔抱着永根很吃力的样子，美君几次想叫醒弟弟，都被四叔挡住了："我还吃得消。刚才陈圣柱医生说永根有点低烧，让他在我怀里睡吧！"

嘎的一声，汽车停妥。卢永根睁开眼睛问："陈叔叔呢？"

"在天字码头就与我们分别了。他要赶回佛山。"美君伸出右掌搁在永根的额头上测了测体温。

卢永根充满歉意地从四叔怀里跳了下车，问："这是到了哪里？"

"到家了。"卢国辉跳下车甩了甩手臂，"你小子太沉了，我这条胳膊动不了了。"

汽车站也设了哨卡——这是卢国棉和梁爱莲始料未及的。几个日本兵和伪军用路障挡住了前面的路，这场景与卢永根在船里梦见的一模一样。一个老农手里拿着一条扁担也要进村，好像良民证不见了，其中一个日本兵挥掌掴老农。卢永根恨得牙齿咯咯响，真想冲上前去同那几个穿"黄皮"的强盗拼了。卢美君死死地拽着他，嘴唇贴着他的耳根说："我们几个人的命都在这里，千万别冲动！"

卢永根咬着牙喊道："仆街！"

"仆街"这个词在广东话里是骂人的话，卢永根曾随口说出时被父亲卢国棉批评过，从此他很少爆粗口。今天，他实在忍不住冲口而出。

毕竟是小学六年级的学生，他知道姐姐的话不无道理。临走的时候，爸爸妈妈也一再交代不可多事。

"听姐姐的话，冲动是没有好结果的！"卢国辉也伸出手抓住了永根的后领。

经过四叔和姐姐的劝说，卢永根终于压住了自己的火气，但是，日本兵欺负中国公民的这个情景让他永生难忘！

就这样，卢永根兄弟姐妹五人在四叔卢国辉的带领下，于1942年4月清明节前从香港回到了广州花县罗洞村避难。

三、"偷渡"回香港

乡村的生活没有城市那样刻板。

花县罗洞是一个充满南方情调的乡村。有钱人的房子用青砖、青瓦和大理石条,把自己的窝建得古朴、古香;没钱的人就在硕大无比的古榕树底下的破庙里讨生活;一般的人家或用石头或用砖头或用木材,在离有钱人家不远不近的地方盖一层楼过日子。房子盖得多了,你给我留道,我给他留隙,便自然形成了深深浅浅的巷陌和里弄。这些巷陌和里弄也就是孩子们追闹嬉戏的天堂。他们在这里穿来跑去,做游戏,捉迷藏,听壁角,还在这里学狗跳猫叫。卢永根回到罗洞的时候正好是12岁的年纪。他最喜欢做的事情就是从家里跑出去转几个里弄到姑姑家里去玩。姑姑家里有一个比他大两岁的表姐邓翠琼。别看她还是个孩子,却能做许多农活。喂猪、打柴、种地,没有她不会的。特别让卢永根高兴的是,表姐还会做一种用艾叶做成的糍粑。不过姑姑家太穷,家里也没有太多的余粮拿来同邻居换糯米磨粉做更多的美食。一天,卢永根从村巷里玩捉迷藏回家,奶奶做了可口的猪杂粥和炒河粉等大家回家吃饭。他用一只干净的青瓷大花碗盛了一碗粥,又用一个菜碟盛了一碟炒河粉就往门外跑。奶奶在后面喊他:"靓仔,你慢点跑。你这是往谁家去?"

因自小在香港长大,没有走惯村道,卢永根时不时地被路上的石子绊一下。奶奶在后面也不敢大喊,怕他一分神会被绊倒。大概跑了十多分钟,卢永根转过了好几个里弄到了姑姑家门外:"表姐表姐,你开门。我带好吃的猪杂粥来了,我们一起吃。"

邓翠琼当时正在洗碗,手上湿漉漉的,走到门口说:"永根,你吃吧。表姐不饿，刚才吃过午饭了。"

也不等她说完，卢永根一头钻进了姑姑家里，正好撞见他姑姑在纳鞋底。邓翠琼返身回来说："你吃。我妈说，你正长身体，要吃好一点。"

卢永根对坐在一旁纳鞋底的姑姑说："姑姑，你让表姐和我一起吃吧！"

"好呀好呀，永根叫你吃，你就吃一点吧。不吃他会说你见外的。"姑姑终于发话。

姐弟俩便坐在火坑边的小木凳上你一口我一口地吃了起来。

"妈，你怎么来了？"姑姑忽然站起身喊道。

"我看永根端着碗一个劲地往外跑，怕他玩心重，边玩边吃伤了胃，便跟了过来。想不到他挂念着表姐呢。可见这孩子心眼特别好。"奶奶气喘吁吁地说，"本来想折转回去的，到你家门口了，还不进来坐坐？"

"外婆。"邓翠琼站起身。

"你们吃，别管我。"奶奶一边说一边走过去拿起姑姑手上的鞋底，"你这针脚太宽了，经不得几回穿。回头我给你拿双现成的。我走了。"

"妈，不用拿来了。我看见永根他们兄弟姐妹回来，怕是要住段时间，孩子们又像野马，很磨鞋的，帮您替他们做几双鞋子。"姑姑说。

"不用不用。他们穿惯了买的鞋子，你哥哥嫂嫂会时不时地给他们寄鞋子来。"奶奶说完，又偏过头对卢永根说，"吃完记得把碗拿回来，一下子多了好几口人，碗都不够。"说完，一偏一拐走了。

乡村生活对卢国辉来说反而有点生疏，以他母亲的话说：手不能提，肩不能扛。不过，无论母亲怎么责怪，卢国辉都不反驳："我回家来是帮哥哥看孩子的，又不是回家干农活的，过不了多久我还会带孩子们回香港。"他越来越感到自己肩上担子的沉重。

回家一个月，正好卢国棉的家书也到了。信封没什么特别，只是比平常的信封大了一号。卢国辉拆开信，里面有一个红纸写成的条幅："身劳苦学；既买锄头又买书，田可耕兮书可读，半为书者半为农。"卢国棉在信中要求四弟对卢永根兄弟姐妹等人严加管束，在当前情况下，要让他们做好两件事：一要参加农业劳动；二不能放弃学习。趁此机会，卢国辉把卢永根兄弟姐妹叫到罗洞村南村口临街的一间铺面，开了个家庭会议。他学着哥哥卢国棉的模样，从美君到秀芳，把各人在罗洞的情况评了一遍。他告诉美君，日本人对广州附近的几个县看得十分紧，要她带好美芬和秀芳："日本人是禽兽不如的东西。他们从东洋那么远的地方来，又没带家属，尽找我们中国的女孩子糟蹋。"

卢美君点了点头，很显然，卢国辉的话很有震慑作用。卢美芬正处在叛逆期，一副无所谓的表情。卢秀芳还小不懂事，坐在椅子上滑上滑下。

说完女的，卢国辉便开始点评男的："永经跟爷爷学算盘，天生的做生意材料。我过两天去新街的商行为你买一把新算盘。"

"给我买什么？买书吧！"卢永根抢过四叔卢国辉的话头说。

"少不了你。还没说呢，你就抢着问。你爸爸要我帮你买锄头。"卢国辉认真地说，引得兄弟姐妹们都哈哈大笑起来。

卢永根有点窘态："四叔偏心。"

"不是四叔偏心，你爸真这么交代的。"卢国辉开玩笑地说，从信套里抽出那个条幅给大家看，然后转头对卢永根说，"不信的话你自己念念。"

卢永根从木椅上跳下来，接过四叔手里的条幅念道："身劳苦学；既买锄头又买书，田可耕兮书可读，半为书者半为农。"看过后又大声地说："四叔你说错了。爸爸的意思是，要我们来到老家农村不要忘了读书，做耕读人家。"

对卢永根的解读，卢国辉心里暗暗赞叹，想不到他小小年纪就有这般见识，实在难得。他笑着说："永根，你是怎样体会到的？"

"在香港时，老爸经常讲我们中华民族耕读传家是优良传统。"卢永根笑了笑说。

尽管有诸多不尽如人意之事，但最后大家都表示愿意听四叔的话，不乱发表对时局的看法，不外出活动，不惹是生非。

家庭会议快要结束的时候，邓翠琼忽然提着一篮子艾糍进来："来，快吃，刚出锅的艾糍。我刚拿到外婆家去呢，她说你们都在这里，所以我就拿过来了。外婆才留两个小的，她说，'里面包的花生碎不爱吃'。"

卢永根喜出望外，从木椅上跳了下来，连抓了两个塞进了自己的嘴里："好吃，就是好吃！对故乡的全部记忆也许都在艾糍上，以后表姐做的艾糍就叫罗洞糍吧！"

"看你小孩子尽说大人话，还文绉绉的，什么'对故乡的全部记忆'呀，我呸！"卢美君笑道。

门吱的一声开了，奶奶拄着根拐杖走进来，说："你们嘻嘻哈哈的快把屋顶都掀了。"

奶奶的拐杖上系着一个布袋，她取下布袋交给邓翠琼："这里装了一升米，你拿回去吧。"

"表姐别走，陪我们一起聊一聊，告诉我花县有什么好玩的去处。"卢永根扯着邓翠琼的衣袖不放。

邓翠琼轻轻地拿掉卢永根的手："好看的地方离这里三里地，叫官禄㘵村，太平天国天王洪秀全的故居。还有罗英小学，不过已经不做学堂用了，我老爸还堆了许多柴在教室里呢。"

接过奶奶手中的米，邓翠琼说："外婆，我走了，还要回去喂猪呢。"

"信吗？"等邓翠琼走后，卢国辉含着满口的艾糍问卢永根。

"信。"卢永根点头说。

"官禄㘵村哪有什么洪秀全故居！全是骗人的鬼话。那里早就是一片废墟了。"

卢永根实在想不清楚：表姐为什么要骗自己？

在罗洞村两年的避难生活让卢永根变了个人。春天他同村里同龄人一起帮大人犁田、插秧，夏天他同村里同龄人一起下河游泳、摸虾，秋天他同村里同龄人一起收花生、打荔枝，冬天他同村里同龄人一起看大戏、炸油果。他成了一个地地道道的农村孩子，脸黑了，皮肤糙了。不过，他也按父亲寄过来的条幅去行事。表姐邓翠琼不知从哪里帮他找了一本《幼学琼林》，他没事的时候就读，虽然有些难度，但读得多了，就把全书都背了下来。

他变得更加坚实和成熟。

光阴似箭。转眼到了1944年4月，卢国棉、梁爱莲夫妇考虑到卢永根已经长大，还把他放在老家花县会耽误学业，于是写信告诉四弟卢国辉要他近日赶紧带卢永根回香港。这一年香港的局势特别紧张。日本人为了缓解南洋孤军作战的情况，在中国发动了豫湘桂战役。日本侵略者近15万人，由冈村宁次带领对中国军队发起进攻，造成中国抗日正面战场国民党军队的第二次大溃退。另一方面，中国共产党的抗日武装力量东江纵队的港九大队，却在海上和城市不断地打击日本侵略者。因此，日本人加强了对进出香港人员的盘查。这给卢永根回香港的路程增添了不少麻烦。

那天一大早，邓翠琼就给卢永根送来了他爱吃的艾糍。奶奶也特意给他煮了10个鸡蛋。卢美君想帮弟弟准备一个包袱，结果被卢国辉制止："又不是走亲戚，是回家，路上带衣服干什么？万一碰到日本兵不方便。"

于是，卢永根由卢国辉领着，什么也没有带，空手前往香港。为了减少路上不必要的麻烦，叔侄两人步行到了花县的新街。到了后，两人发现空手有空手的好处，但也有不好之处。叔侄两人还没走出花县呢，便感觉有点渴了，卢永根虽然小，但还能忍受，卢国辉却有点耐不住。新街紧挨火车站东头出口，正好有一家卖生活用品的小商铺。卢国辉看见里面摆了大小不一的竹升在卖，便领着卢永根走了进去，照大的竹升买了："老板，麻烦你拿足升的那个竹升给我。另外，麻烦你给我装满凉开水。"

"装凉开水没问题。不过，竹升装水会发胀变形，量米不准可别怪我。"老板满脸堆笑。

"我只装水不装米，不会找你麻烦。"卢国辉付了钱接过竹升咕嘟咕嘟就喝了一大半。他把水递给卢永根："你渴吗？喝一口。"

"不了，我不渴。"卢永根摇了摇头。

"骆驼变的。"卢国辉轻声责备，又喝了一大口。

站台上的人稀稀拉拉，没几个要去广州的。卢国辉把手上的竹升递给卢永根，便去售票口买了两张去广州的票。卢永根这时候个子并不高，卢国辉想给他买张半票。但是，卢国棉在信上反复交代他不要图省钱给永根买半票，被车站或火车上的警察查到会带来麻烦。

卢永根接过票反复看了，记住了自己的座位号，然后把竹升递给卢国辉，说："里面还有几口水，你喝吧，喝了我把升子丢了。"

"别丢，候车室有人送开水，等一会儿再接一筒。"卢国辉说。

"见谁用升子装水喝？"卢永根不屑地说。

卢国辉以为侄子表扬自己有随机应变的手段，笑嘻嘻地说："出门在外就是要多动脑筋。随我出门，饿不着你，渴不到你，更难不倒你。"

"你不嫌老土？"卢永根眨了眨眼说。其实，他想说坐火车拿个竹升装水怕引起别人的注意，引来日本兵的关注不安全。看到周围人多眼杂，他便换了一种方式提示卢国辉。

"嫌老土？"卢国辉并没有明白卢永根的意思，反唇相讥地说，"死要面子活遭罪。"

卢永根不便同长辈发生争执，将竹升藏在身侧，静等开车。

火车很快就到了广州石牌。卢国棉的本意是让卢国辉领着永根直接坐火车走广九铁路到香港，但是，没有弄到良民证。日本人打通中国南北大通道，正在发动豫湘桂战役，对出入香港管得十分严格。叔侄两人只得步行到黄埔港，与几位同样没有良民证要去香港的乡亲坐拖渡到宝安一个叫固戍的渔村。临下车，卢永根担心引起日本人的注意，故意将竹升遗留在自己的座位上。这一路坐拖渡到宝安的时候确实有点口渴，又经海风一吹，他感到咽喉好像被堵了一块纱布。卢永根用下齿咬了咬上唇，咽了口口水润了润喉咙，强忍着身心的难受——这也是他父亲卢国棉让他先期与卢国辉赶回香港的原因之一。

卢国棉认为：尽管日本人正在发动豫湘桂战役，但是，兔子尾巴长不了。对时局的这种判断，使他动了让四弟赶回香港的心思。考虑到几个子女中卢永根处事老练而又灵活，他便要卢国辉带着永根一起回来。

来到固戍，卢永根实在渴得难受。卢国辉打趣道："'晴带雨伞、饱带饥粮'是我们的祖训。你把竹升丢在火车上，我已经看到了。现在知道渴了吗？"其实，他心里知道卢永根考虑到了更深层次：担心引起注意，招来麻烦。他便边说边领着卢永根走进了一户渔家。一位老年妇女开了一条门缝，说："有事吗？"

卢国辉很客气地点了点头，用香港话说："阿婆，走路累了，想讨口水喝。"

阿婆伸出头，上下打量了卢国辉和卢永根一番。卢国辉指了指身旁的侄子，说："他叫阿根，是我的侄子，来村里找亲戚。"

"阿婆好！"卢永根赔笑道，咬了咬自己的嘴唇。

老人把两人让进屋里，用芦花碗倒了两碗水。咕噜一口，卢永根就喝了个底朝天。卢国辉把碗里的水分了一半给侄子："慢一点，别呛着。"卢永根用左手袖子擦了擦嘴角，抿嘴一笑，把卢国辉给他的半碗水也喝完了。

"是去香港的吗？"老人问道。

卢国辉、卢永根对望了一眼，卢永根点了点头："是，婆婆。有什么办法？"

老人什么也没有说，给叔侄两人把碗里的水续上，转过身对身后的妈祖神像拜了两拜，口里念念有词。

卢国辉用责备的眼神看着卢永根。卢永根轻轻地说："我看老人家人很善良，不会说假话。"

果然，没过多久，老人便走进里屋，拿了两套渔民的衣服出来："这是我两个孩子的衣服，看你们的身材高矮也差不多，你们换了出去才不会引起怀疑。"

卢国辉到这时才真正体会到侄子的厉害，便接过老人手中的衣服，拣了一套小的给卢永根，自己背过身把渔民服装套在外面。

"这不行，一看就知道你不是渔家仔。你要把里面的褂子脱了。"老人说。

卢永根褪裤子时，抬脚不小心被裤管绊倒在地，便索性坐在地上把裤子换上。穿戴停当，他拍了拍屁股上的灰尘，站了起来。

老人见了，赞叹地说："好俊的孩子！"

"谢谢您！"卢国辉按老人的吩咐换好衣服，想告辞出门。

"先别急着谢。"老人说，"等会儿我儿子回来拿网具，你们同他们一起出海。他们把你俩放在离岛大澳就行了。"

"我以为码头上到处有人在做这个生意。"卢国辉说，"好，我们听阿婆的好了。"

果然没过多久，一个头戴斗笠的渔家仔风风火火地走了进来："妈，我哥要的辣子酱你准备好了吗？"

"大海里老吃辣子酱对胃不好。"老人边说边从碗柜里拿出一个装有辣椒的瓦罐，"这两位客人要去香港，你带他们去大澳吧，我已经向妈祖神许过愿了。"

老人的儿子这才缓过神来，同屋里卢国辉叔侄打招呼："要去香港没问题，不过……"

"我们给钱,一分也不会少。"卢国辉急着说。

"别谈钱。我是说要委屈二位,渔船过珠江口的时候日本巡逻船查得比较紧,要委屈你们二位躲在舱底。"老人的儿子从碗柜里拿出一只芦花碗倒了一碗水喝了说。

"没问题。"卢永根冷静地答道。他回忆两年来自己在花县罗洞村同乡亲们上山砍柴、下田割禾的辛苦,有点满不在乎。

老人的儿子忍不住偷偷地笑:"妈,你去找两块干净的布来。"

老人便进里屋找了两块干净的布条递给儿子。她儿子打了一盆干净的水浸湿了布条,递给卢国辉叔侄一人一条。卢永根把布条攥在手上狠劲地拧,老人和她儿子赶紧制止。老人儿子说:"拧干了就不起作用了。"

卢国辉连忙拿出两个银元交给老人,老人说啥也不要:"我们真正的渔家人不做这个生意。以后有机缘,你们来这里买我家的鱼吧。"

老人的儿子从卢国辉的手上了一个银元,交给他母亲说:"妈,就当是他俩买衣服的钱嘛!"

"这……"老人还在迟疑。

"阿婆,您收下吧!只是一点小意思。"卢永根真诚地说。

老人勉勉强强地收下了一个银元:"孩子,这个银元能办好多事的。你们到了香港钱够不够用?穷家富路呀!"

"阿婆,我们到香港就到家了,不缺钱。"卢永根安慰道。

"该死的日本人,让我们到自己家还要偷渡。"老人气愤地说。

老人的儿子催促着:"好了,我们出发吧!"

几家人合起来在海里打鱼,老人的儿子是回家拿东西和带口信的。出门的时候,他让卢永根背了一袋米,又让卢国辉拿了两条竹缆绳,一齐向码头走去。路上有人打招呼:"靓仔,这一趟出海收获怎样?"

"好呢。大家还想多打点,舍不得回来,要我来拿些吃的、用的赶回去。"老人的儿子说,"东西多,拿不下,我请了两个表亲来帮忙。"

船上除老人的儿子还有一个年轻的渔民,两人耳语了一阵,那人便告诉了卢国辉叔侄俩他们的藏身之处和注意事项。刚上船,卢国辉和卢永根坐在船头欣赏海景,十分钟后,遇到了一艘海警船,老人的儿子要卢国辉和卢永根坐进船篷里。那是广东海事厅的船,船上的海警粗暴地问了几句,便放行了。卢永根轻声嘀咕道:"这叫什么检查?还那么紧张!"

话音未落,远处又传来一阵突突声。

老人的儿子脸色紧张地走进船篷:"快,日本巡逻船来了!"说完用一把铁钩钩起船上的底板,露出黑色的舱,说:"下去。快用布条掩住口鼻,尽量往里躺。日本人会用手电筒照一照。"

卢国辉与卢永根钻进了底舱。这是渔民平时用来装鱼的,里面又黑又臭,只能容一个人平躺着爬进去。叔侄两人还没有找到合适的仰卧方式,便有巡逻船靠近的声息。叽里呱啦,有人说了一通日语,随即便有人用普通话说:"皇军叫你们通通接受检查,严禁窝藏破坏日中友好的犯罪嫌疑人。"

"太君,我们是良民。"老人的儿子回答道。

"下面是什么?皇军叫你打开看看。"翻译官说。

"下面是鱼舱,很脏,什么也没有。"老人的儿子说,同时用铁钩钩起船上的底板让日本人看。

日本人果然用手电筒往下照了照,因为卢国辉叔侄蜷曲在最里边,所以日本人如果不弯腰往里看是看不出里面藏着人的。底舱打开的一刹那,有一股恶臭扑鼻而出,谅谁也不敢伸头往里看。正是利用这种方法,许多人偷渡到了香港。

"可以出来了。"日本人走后,老人的儿子赶紧招呼卢国辉叔侄出舱,"快点出来吧。许多人就在里面熏死了。"

卢国辉第一个爬出来,顾不得喘气,随即去拉卢永根。永根从没吃过这样的苦头,被卢国辉拉出来的时候,他双唇发紫,头上冒出豆大的汗珠，鼻孔里冒着粗气："憋死我了。"

卢国辉用自己的衣袖帮他擦了擦脸上的汗，又用手指抹去卢永根头上的脏物，说："北非人经常偷渡去希腊，结果很多人中途就被憋死了。"

老人的儿子倒了一碗水递给卢永根："没事，一会儿就缓过劲来了。再过十分钟就到大澳。那里是香港地界，祝你们好运。"

卢永根接过水来喝了，说："今日得助，终身难忘。谢谢。"

在离岛大澳登上码头后，卢国辉和卢永根就被人用黄包车接走。来人说："卢公子，我是你父亲的朋友。好多年前，我与英国人做缫丝生意，合伙人想独吞了利润，是你父亲帮我打赢了官司，赢回了我应得的利润。今天，你们到了我的地盘，尽管放心吃、放心睡。良民证我已经托人帮你们办好了。明天就派人把你们送到府上。"

卢永根拿着所谓的良民证看了又看，叹口气说："在自己的国家，做别人的良民，我们这是做亡国奴呀！"

"孩子，少年强则国家强。看你们的啦！"卢国棉的朋友拍了拍卢永根的肩膀，充满期待地说。

不知怎么，纵使手持良民证，卢国辉的心里也总是忐忑不安，他走上前去抓着卢永根的手："永根，你个子比我高，但性格还像小孩子。"

卢永根甩开四叔的手说："四叔，你放心吧，我不会惹事。"

他们坐渡轮回到了香港，在中环登岸。渡轮靠岸后，卢国辉要了一台黄包车，叔侄两人坐黄包车回到离别了两年的家。

见到卢永根，卢国棉夫妇十分高兴。他所服务的律师行本来已经关门，但是，还有许多老客户经常来询问一些民事纠纷的案件，卢国棉同留守的律师商量，谁有时间谁就常来看看，为本港居民提供力所能及的帮助。为了迎接儿子的到来，卢国棉今天没有去律师行，吩咐老婆梁爱莲专门去市场割了两斤猪肉，买了一条鱼和其他时鲜蔬菜、瓜果，卢永根回到家里的时候，梁爱莲也刚好回家不久。卢永根刚进门，她一把将他搂在怀里，心一声肝一声地叫了半天。自我折腾了好一会儿才冷静下来，又推开卢永根，全身上下看了看，说："黑了，瘦了，高了。"

卢国辉从包袱里拿出一包腊肠交给梁爱莲。她说："从花县来香港，山一程水一程的，还带什么腊肠？"

"嫂子，你弄错了。这些腊肠不是我从花县带回来的，是离岛大澳那位朋友送的。他说'年过后，家里没什么好东西'，让我带上点腊肠回家给孩子弄着吃。"卢国辉说。

"国辉你也辛苦了，一路上永根没少给你添麻烦吧！"梁爱莲关切地问，一边接过了他手上的腊肠。

"我没事。能把永根安全送达，我就完成任务了。"卢国辉笑道。

晚饭后，卢国棉把卢永根叫到书房，父子俩进行了一次长谈。他先问了卢永根在老家两年来的情况，又问了卢永根一路的见闻。卢永根主要谈了爷爷、奶奶的身体和亲戚的收成等方面的情况，让他最感愤愤不平还是一路上日本人所设的检查站。他绘声绘色地描述了自己在船舱里躲藏的情景。舱底太窄，甲板的底部还残留着又腥又滑的鱼泥，他钻进去的时候感到快要窒息了。幸亏阿婆送给他的布条掩住了鱼腥臭，否则他极有可能晕倒在船舱里。

卢国棉担心的是永根的学业，中途择校，困难不少。他还问过永根的启蒙老师潘炳真先生，他打听过：收插班生不要紧，主要是日本人抓得严，谁都不想多事。最后，他说："如果确实难办，那就待在家里自学功课，等 8 月份与大家一起考中学。"

"好吧！"卢永根懂事地点了点头。

潘炳真对卢永根非常严格，也非常关心。或许在他看来，出身在受西式教育的家庭的孩子中文底子一定不会太好，便有意教给卢永根一些中国文化。一天即将放学，他特意将卢永根叫到他的办公室，问："永根，你以前学过文言文？"

"跟着父亲学过一些。"卢永根如实回答,"不过,学的都是唐诗、宋词之类,篇幅长的文言文还是看不懂。"

"好吧。"潘炳真从身后的书架上取下一本线装的《古文观止》给卢永根,说,"你可以读这本书。有什么不理解和不会读的字用笔标出来,继续往下读,多读几遍就懂了。"

卢永根双手接过书:"谢谢先生。"

潘炳真充满期待地说:"仔细读读。老祖宗的东西、好的东西不能丢呀。"

卢永根懂事地点了点头,把书装进了书包。

今天父亲为他上学的事提到了潘炳真先生,让他又回忆起了这难忘的一幕。但是,香港的学校不接受插班生,这让许多从内地转来香港的孩子没有学上,没有书读。更令人不可思议的是连本像样的小学课本也买不到。问了好几个朋友,卢国棉在一位从花都来的老乡孩子那里找了四册用过的英文课本,朗文出版社出版。课本的边和角都卷了起来,卢国棉小心翼翼地从公文包里拿了出来,又展了展边角,不无歉意地说:"永根,爸爸就只能找到这本书。数学课本被其他人家的孩子借走了,国文、历史和地理课本听说日本人查得比较严,被家里的大人烧了。"

面对父亲的愧疚,卢永根懂事地说:"爸爸,不要紧。语文课本有潘炳真老师送我的《古文观止》。"

卢国棉伸手摸了摸卢永根的后脑勺,笑道:"'野火烧不尽,春风吹又生。'永根,手头有什么书你先读着,回头我再慢慢帮你找。"说完又回头看了看自己的书柜说,"要是这些书有用该多好呀。"

还想往下说呢,梁爱莲轻轻过来招呼:"吃饭了。别饿坏孩子。"

四、在家自学

卢永根是个自律性特强的孩子，既然不让插班，他便在家里埋头自学。他立了一份详细的学习计划：早上学习英文，上午学习国文和史地，下午学习数学和自然。课本的缺失，多少让他有些沮丧。

他的英语学习进步很快。他把所有课本摊开在书桌上，按词汇量的多少分配，每天学习四课的内容，计划两个月把所有的课本学习完。国文没有课本，他便把潘炳真先生送给他的《古文观止》做课本做了阅读计划，每天读一篇。

一个月后，卢国棉正好帮英国客户打赢了一单贸易官司回家，高兴着呢。卢永根听到父亲回来的脚步声，便从书房迎了出来："爸，你帮我检测一下学习的成果吧！"

母亲梁爱莲走过来，接过父亲手上的公文包和外套，挂在客厅边的衣钩架上，说："让爸爸喘口气再说。"

卢国棉则拉着卢永根的手在沙发上坐下，亲切地说："孩子，你学习有体会了？否则你不会主动要我来检测的。"说完，他觉得这样会打击孩子的积极性，便改口说，"我就知道永根是好样的，一定把该记的和该背的都准备好了。"

听了父亲前面的话卢永根觉得有些别扭，听了后面的话才又高兴起来。但是，他很懂事地说："请爸爸检测是想看看自己的计划行不行。"

卢国棉伸手摸了摸卢永根的头，十分满意地说："我就知道我家永根是好样的。来，老爸先考一考你。"

说着，他左手接过卢永根手上的课本，右手往头上抹了抹，说：

"学校。"

"School。"卢永根不假思索地回答。

"国家。"卢国棉又问。

"Country。"卢永根不假思索地回答。

卢国棉高兴地合起了手中的书,说:"永根,你学得很好,老爸给你满分。"他刚才从卢永根手上接过课本的时候,不经意地看到课本上有"国家"二字。这是卢永根的字迹,虽然有些稚嫩,但写得很工整。他从课本上的这两个字,知道了儿子的家国情怀。读了这么多书,与这么多外国商人打交道,他心里充满着家国情怀。可是,他周围的同事没有一个能理解他,他很苦闷:技能再多其实也只是谋生的手段,如果没有了国家,活着还不如死了好。今天回到家来,面对自己14岁的儿子,他从儿子的"国家"二字的字迹里好像看到了自己的影子。他张口就问了卢永根这个词。果然没错,孩子的悟性高,提前记住了"国家"这个单词。

他把卢永根拉到身边坐下,深情地说:"永根,以后无论走到哪里都别忘了country。"

卢永根点了点头:"还有nation。"

"永根,我要你学英语,是想让你以后有更好的条件就业或者留学。香港沦陷后,日本人现在禁止人们学英语。晚上还禁止点灯,当然也有一种情况例外,如果日本人发现有人点灯学日语,不但不会处罚,而且还会奖励。所以你一定要注意,不要让人家看到你在偷偷学英语。"卢国棉语重心长地说。

梁爱莲冲了杯咖啡,又用一把精致的小勺子搅了搅,放到卢国棉跟前。她见他们父子俩那么融洽,十分高兴,说:"永根,你晚上不能喝咖啡,咖啡这东西比茶还破睡。"

"好的。妈妈,我还有半杯凉开水放在书房呢,我不渴。"卢永根答道。

"现在天气有些暖和,但不能喝太凉的水。我去帮你兑点热开水。"梁爱莲轻柔地说。

"不用啦。妈妈,等会儿我自己去兑。"卢永根对母亲说。

"爱莲,你听孩子的,让他自己动手。"卢国棉冲妻子笑了笑,"麻烦你去帮我把公文包取过来,好吗?"

梁爱莲半嗔道:"不行,要自己动手。"说完,她转身帮丈夫取来了公文包。

哗啦一声打开公文包,卢国棉从中拿出了几册国文和几册数学,说:"课本我帮你弄到了。我建议你认真学数学就行,国文就不用学了。"

"国文为什么不学?"卢永根疑惑地问。

"以后你自然会明白的。"卢国棉面色凝重地说,"不过你也得把国文放在你的书桌上,装作正在看或准备看的样子。"

卢永根接过国文课本,随便瞟了一眼。课本名《高小公民》,里面的文字很浅显。目录为:《新生香港》、《兴亚进行曲》、《农为国本》、《慎言》、《由香港到东京》、《日本刀》、《香港史料之一页》、《鸦片故事(一至二)》、《忠灵塔》、《日本的体育》、《中日文化交流》、《游日归来(一至二)》。因为卢永根打小就在父母的教育下学习古诗词,又在启蒙老师潘炳真的指导下阅读《古文观止》,所以他对《高小公民》里浅显的文字一看就明白。

看过目录,他又翻了一页,正好翻到《香港史料之一页》中的一段:

> 但是,锦田的人们呀,你们现在不必向英政府那样奉承,由昭和十六年(1941年)12月25日,新的历史开始了,入了日本军政府的现在,我们把英政府时代的罪恶暴露出来,也不算是什么一回事。
>
> 现在我们在日本军政府之下,要认清情势,服从当局的方针,务须十分协力地创造新生的香港……

这是标准的奴化教育!

"爸,我不看这套国文课本。我是中国人,干吗要听日本人的?"卢永根气愤地说。

梁爱莲正沉浸在卢国棉为爱子找到课本的喜悦中,可不承想闹出这么一出,她便紧张地说:"孩子,千万别在外人跟前也这么说。现在到处都在学日语,学校的老师也要强化学习四个月日语才能继续教书。学生学不好日语都要挨打,有的学生还被日本人活活打死呢。不信的话,等四叔回家,你好好问问他。"

"永根,你妈妈说得有道理。课本我们可以不学,但不能在外面说。能把《古文观止》里的文章背下来,说明你的国文比其他人高出几个层次。"沉默了好一会儿,卢国棉深沉地说。

"好的。"卢永根看了看母亲,又看了看父亲,认真地点了点头。

梁爱莲用右手手背轻揩了一下自己的下巴,心里被幸福胀满。她为有卢永根这样的儿子而高兴。不止一次,梁爱莲要丈夫关注卢永根:14岁正是叛逆期。1942年2月20日,日本人在香港汇丰总行大厦设立了"香港占领地政府",日军矶谷廉介中将出任香港总督,但是,外面一直很乱。由于食物短缺,日本成立了"归乡指导委员会",大量市民被驱逐回内地。不少家庭或被迫抛弃幼儿、老人,或途中饿死、病死。宪兵队更在街头随意捉人强行押解离境。对不愿离开的市民,强行灌水至肚胀后,再用脚猛力踏在肚皮上。除了强行灌水,还有电刑、绑手吊起毒打等。每当听到这些,梁爱莲就心头打战,生怕卢永根出去惹事。现在看到儿子那么乖巧,她也就放心了。

儿子让自己省心,这当然只是梁爱莲个人的想法。卢永根可不是省油的灯。他目睹了日本军国主义分子的残暴,他忘不了日本兵掌掴中国老农的场景,他忘不了陈圣柱同他一起过伶仃洋的场景,他忘不了潜回香港藏身在渔民船舱底下的场景……想起这些,他便生出了一份男儿的责任和担当,他想当兵上战场为祖国而战,为民族而战!只是碍于慈母慈父的面,他不想说过于出格的话,以免伤了他们的心。

但是，如果遇到机会，他一定会这样做，并且会做得坚决和彻底。看到母亲脸上露出了欣慰的笑容，卢永根便坦然了——这是灾难沉重的祖国赋予他的过早的聪慧和成熟。无疑，他是中国少年的强者，也正是因为有他这样千千万万的少年强者，我们中国才不会灭亡！

五、得遇良师

转眼到了 1944 年的 8 月。

卢国棉仔细斟酌后,还是决定送卢永根去港侨中学读书。日治期间,全香港学生的人数由沦陷前的 12 万锐减到 7000 多人。港日政府成立后,拉拢留在香港的教育界人士。1942 年 5 月,港日政府经过"甄别",宣布港侨、华仁等 20 多所学校可以开学,但是,又规定所有教师必须学习日语,学校每周必须教授日语 4 小时以上,并禁止教授英语。

考试的前一天晚上,卢永根来到父亲的床头说:"爸,我不想去学校读书。看到语文课本的内容我就不想去了。"

卢国棉本来不想同儿子说什么,该说的前几天都说了,今天他看到儿子主动来同自己交流,连忙从床上坐起来,说:"永根,我本来也不想让你去接受奴化教育的,但是,如果你不去正规的学校学习的话,其他自然科学方面的东西你就接触不到。另外,中国文化源远流长,任何想奴化我们的行为都不会成功。像你这么小小年纪都知道抵制,更何况教你的老师呢?他们的心也一定永远都是中国心。"

任凭卢国棉怎么解释,卢永根心里的疙瘩还是解不开,但是,他怕耽误父母休息便告辞道:"爸,明早几点去?"

"早上 8 点吧。不要紧张,他们的提问对你来说,简直就是小菜一碟。"卢国棉说。其实他越这样说,卢永根心里越没有底。

国家都成了这个样子,自己哪儿还有闲心考虑个人的前途?小小的卢永根想了大半夜,直到鸡叫才迷迷糊糊入睡。

入学考试分笔试和口试。笔试考三科，除了国文和数学还要考日文。国文是写一篇文章，谈谈即将成为中学生的感想；数学是几道简单的四则运算题；日文则是翻译几个平假名。1944年的香港，各个学校的生源都太少，没有学校把进校的门槛设得太高。卢永根的国文和数学很轻松就过了。日文也考得很轻松，不过这种轻松是轻蔑、是放弃，他压根就没有动笔，交了白卷。

回家后，他没有把日文考试交白卷的事告诉父母，而是一头扎进了父亲的书房。晚饭的时候，母亲叫他出来吃饭，问他："永根，你从学校一回来就闷在书房里，到底考得怎样？"

卢永根不惯于说谎，想把自己日文交白卷的事说出来，但又怕父母担心，支支吾吾了好一会儿，脸涨得通红。

"吃饭吃饭。"卢国棉帮儿子解了围。他夹了一块鱼肉放到卢永根的碗里，不无意外地问："这是从哪里买来的青占鱼？这么香！"

"还不是他四叔买来的！"梁爱莲也看出了其中的蹊跷，便不再问。

"跑了几条街，到西贡海鲜市场才买到呢。听说永根要参加入学考试，给他买点鱼回来吃，补补身子。"卢国辉见受到哥嫂的称赞，高兴地说。

卢永根用筷子戳了戳碗里的鱼，想把考日文交白卷的事和盘托出。卢国棉用话岔开说："永根，你马上要入学的港侨中学校长林熙甫是海南人，我们认识好多年了。国文教师你知道是谁吗？"

"不知道。"卢永根嗫嚅。

"岑光樾的儿子岑公铦。"卢国棉放下筷子，喝了口汤。

"岑光樾？岑公铦？什么人？"卢国辉猛地扒拉了几口饭，打着饱嗝问。

"岑光樾是顺德人，光绪甲辰年（1904年）翰林，后来去日本留学，入读东京法政大学。宣统元年（1909年）被授奉政大夫，历任实录馆协修等职。辛亥后回到广州，后来在罗浮修道，之后移居到香港。他的字写得漂亮,文采也好,写有《鹤禅集》等。鹤禅是他的出家法号。他的儿子受家学渊源的影响,在教育界名头很响。"卢国棉如数家珍地介绍。

他的用意很明显,是想让儿子释怀,但卢永根考虑的却是父母的感受。父亲像背"人之初"一样地背出岑公钬父亲的简历,表明他为了儿子做足了功课,如果这次笔试不过关而不让参加口试,那对父亲来说是多大的打击呀。于是,卢永根低着头心事重重地用筷子一粒一粒地挑着饭吃。

卢国棉却不这么想,凭着自己20多年在律师行当的经验,他认为卢永根这次考试是十拿九稳的事。从卢永根支支吾吾的态度,他看出了儿子的担心,虽然不知道到底出了什么问题,但都不要紧。因为,港日政府统治下的香港,实行奴化教育,许多人家宁愿让孩子在家闲着也不让他们去学校。自己之所以让卢永根去学校读书是取"师夷以制夷"之意,另外,日本人在他眼里是秋后的蚂蚱蹦跶不了多少天了。看到卢永根还不释怀,他说了一句一辈子最有男子气概的话:"你肯定行的!你是卢家的孩子,是中国人的孩子!"

听了父亲的这句话,卢永根感觉十分提气,端起碗来,一口气连吃了两大碗。梁爱莲在一旁不停地提醒:"慢一点,别让鱼刺给卡了。"

果如卢国棉所料,卢永根的笔试通过了。第二天,学校通知他去口试。口试的老师不是别人,正是父亲说的岑公钬。卢永根充满了对岑公钬的尊敬,坐在木椅上有些忐忑。岑公钬从口袋里掏出一块水果糖递给他,问:"平时看些什么书?"

卢永根接过水果糖,道了声"谢谢",没有了刚来时候的紧张:"上学前跟父亲断断续续学些古诗。上学后,潘炳真老师要我读《古文观止》,不过没有读完。"

"你会背《过零丁洋》吗?"岑公钬扶了扶眼镜说,"你会的话直接背就行了。"

岑公钺的口试题令卢永根想起了陈圣柱医生,是他在过伶仃洋时教会自己这首诗的。国难当头,中国文人都有投笔从戎的意愿,这也是民族不亡的根本之一。卢永根抬头望着岑公钺,朗朗背道:"辛苦遭逢起一经,干戈寥落四周星。山河破碎风飘絮,身世浮沉雨打萍。惶恐滩头说惶恐,零丁洋里叹零丁。人生自古谁无死,留取丹心照汗青。"

背完《过零丁洋》,岑公钺满意地点了点头:"行。你稍等,李达仁主任还有些问题想问你。"说完,他朝坐在旁边的一个瘦高个子的中年人说:"李主任,您问吧!"

教导主任李达仁嗓门比较大,但充满了温情,透露出乱世中大家都不容易的感觉。他简要地问了卢永根的家庭情况和个人爱好,也告诫他在学校必须慎言,切忌评论时局,以免引来不必要的麻烦。最后,他还强调学校开有每天四节课的日语课程,如果学起来有困难,千万不要讲怪话。

卢永根知道李达仁提及学校开设日语课的事是在提醒自己。他不知道自己日语考试交白卷,学校是怎么让他通过的。总之,管不了那么多了。他点头答应了李达仁。

"好。你回去等通知吧!"最后,李达仁说。

就这样,卢永根通过笔试和口试,顺利地进入香港港侨中学读初中。在这里,他听从父亲的教诲,上日语课只求听讲,不求好成绩,在国文和其他课程上狠下功夫。国文老师岑公钺十分青睐他,逐章逐篇地帮他解读《古文观止》。卢永根在港侨中学的一年时间,总体而言比较平静。

时局变化很快。

1945 年 8 月 15 日,日本宣布无条件投降,远东盟军统帅麦克阿瑟发布了第一号受降令：凡在中华民国台湾、越南北纬16度以北地区之日军，均应向中国军队投降。蒋介石命令张发奎带兵集结宝安地区，准备接收香港。但是，受到英国政府的百般刁难，软弱无能的国民党政府直接从日本人手中接收香港的计划没能实现。8月31日，英国政府单方面宣布，由夏悫少将主持驻港日军投降仪式，并代表英国政府和中国战区总司令蒋介石在日军投降书上签字。杨慕琦重新返回香港任总督。

香港虽然再一次被英国实行殖民统治，但是，街头又恢复了沦陷前的热闹。卢国棉所在律师行的律师们陆陆续续回来上班。适学青少年重新被父母送进了学校。

趁暑假还没开学，8月下旬的某一天中午，卢永根独自一人去往西贡清水湾槟榔村。一个月前，这里是共产党游击队东江纵队的一个根据地，日本人对这里封锁极严。村里秩序井然，并没有人们说的那么可怕。村头的榕树下，有位中年妇女在售卖干鱼仔。离码头不远处，一个新买了摩托车的汉子正清点着手中的钞票。码头上停靠着许多小渔船，村民忙着往船上搬运蔬菜、瓜果和小吃。一个年轻人返身帮一个年老的男人搬起一筐青菜，说："快，再不快把菜送到维多利亚港，英国人的巡洋舰开走后，我们这些东西就没有了。"码头边上的一根枯杆上，竟然被谁绑了一面青天白日旗。

卢永根呼吸着乡下的新鲜空气，张开双臂在田野间、河岸边、街头上奔跑，直玩得困了、累了，他才往回走。

回到家的时候，已经过了晚饭时间。全家人吃完饭，各忙各的去了，只留下梁爱莲手里拿着一块抹布傻傻地坐在餐桌边发呆。别的女人早就约好一起玩牌，她却从来不曾沾染这种习惯。她有两子三女需要照顾，一天至晚忙家务，连喘息的时间都没有。今天，她坐在餐桌边等卢永根回家。

时钟指向7点的时候，卢永根一头闯了进来。他见母亲还坐在桌边发呆，便愧疚地低着头说："对不起，妈妈，我去西贡那边玩去了。"

"野那么远？以前，日本人封锁了去那里的所有路口，听说有共产党游击队在那里打仗呢。"梁爱莲把抹布放在桌面，走进厨房端出为卢永根预留的饭菜，"快去洗手吃饭。看你脏得像孙猴子。"

卢永根一边走去洗手一边笑着回答母亲："孙猴子不脏的。"

趁卢永根洗手的空隙，梁爱莲又帮他倒了一杯温水。回到桌边，卢永根充满幸福感，端起水杯想一饮而尽，中途被母亲拦住："慢点喝，没人同你抢。"

"我爸回来了？"卢永根果然呛了一口。

"日本人投降后，他们律师行又开张了。这几天他特别忙，刚才吃过晚饭又回律师行去了。"梁爱莲将用过的瓷碗垒在一起，"你不说我险些忘了，你爸走的时候交代，要你今晚迟点睡，等他回来，有事同你说。"

卢永根说："我刚才去了西贡清水湾槟榔村，人们争着往维多利亚港运菜和其他东西呢。英国人的巡洋舰开进来了，我们中国人为什么不来？"

梁爱莲忽然停住手中的活计，不知怎么回答好，便说："快吃饭。小孩子管那么多干什么！"转身去厨房洗涮去了。

卢永根也不便追问，三下五除二地把饭吃完，找抹布擦干净桌上的油渍，拿起空碗和筷子送到母亲的手上："妈，我先去冲凉，然后在书房等我爸。"

卢国棉直忙到晚上10点钟才回家，从他急迫的表情就可以看出，他是风风火火赶回来的。明天，卢永根就要开学了，他能不急吗？一回家，他就问妻子："永根呢？"

"在书房。"梁爱莲嗔道，"别把孩子带得像个狂人。"

"太忙了。"卢国棉歉意地笑笑便直朝书房走去。

卢永根正在书房认真地看一本《资治通鉴》，见父亲进来便放下书，说："爸，回来啦。您找我吗？"说完，起身到门角找了一张高脚圆凳放在太师椅旁边坐下。卢国棉躺到太师椅上，说："永根，你的国文基础比较扎实，我想帮你换一间注重英文的学校，因为以后的世界，将会有相当长一段时期由西方统治，不懂英语的话，你就融入不进他们。"

没想到父亲要自己等他是为了说转学的事，卢永根感到有点突然："爸，我在港侨中学很好，岑公钺老师还经常给我指点古文呢。"

"要想学到本事，不学英语不行。你今年15岁了，已经错过学习英语的最佳时期。好在你4月份潜回香港那阵子，在家自学了几个月。但那些远远不够。我已经同一间教会学校联系好，你转学到那里。"卢国棉解释道。

正在这时，梁爱莲端了一杯咖啡进来给卢国棉，见父子俩凝重的脸色，用缓和的口气说："怎么？想送永根去当兵吗？"她当然知道：时局这么乱，丈夫是不会送儿子去当炮灰的。

卢国棉接过梁爱莲递来的咖啡，喝了一口，说："我想让永根转学到香港的教会学校。"

"这是好事呀。现在英国人又回来了，总督府的门前又换了香港原来的旗子。以后想进政府和大公司找一份轻松的职业，不懂英语可不行。"梁爱莲说。在家里的大小事上，她从来没有违背过丈夫的意愿，今天也是如此。

"爸，妈，我听你们的，转学就转学吧。"卢永根顺从地说。他是一个很有思想的孩子，从父亲的语气中他已经体会出转学的手续父亲已经替自己办妥了，再执拗和抗争都是徒劳的。对父亲事事替自己安排的做法，他有一种莫名的抗拒——这大概是所有处在叛逆期的孩子的共性，但卢永根与其他孩子不同的是，他以自己的聪慧和成熟克服了冲动。调整好自己的心情后，他问父亲："为什么中国政府不从日本人那里接管香港？"

卢国棉从公文包里拿出一份入学通知书，说："中国的现政府软弱呀，两个军的部队就驻扎在离香港不远的北方，却愣是被英国人抢占了先机。英国人夏悫少将乘坐巡洋舰史维苏尔号，由两艘驱逐舰护航，带着一支海军航空兵，进驻了维多利亚港。"接着，他用右手拇指和食指搓了搓入学通知书的一角，又翻看，见背面没有其他内容，便交给卢永根说："孩子，记住：落后就要挨打。你只有先读好书，把国家建设强大了，才有同人家进行对等谈话的机会。这是你的入学通知书，你好好看看吧。明天就去香港华仁书院读书。其他的手续我已经替你办好了。"

香港沦陷前，卢国棉就想拥有一间自己的律师所。日本人侵占香港后，他的梦想破碎了；现在英国人又回来了，他们对华人的蔑视同样让他心灰意冷。但是，他也有一种中国知识分子的强烈责任感：再难我也要去做！我完不成的事业儿子去完成，儿子完不成的话孙子去完成！香港是中国的领土，迟早要回来的！所以，他以自己职业律师的专业角度力主儿子卢永根学好英语，让他去当大律师，去为维持香港、中国和世界的公平体系而努力工作。虽然现在在香港把控大律师职位的是英国人，但不要紧，香港最终会纳入中国国家机器的运作……可是这些他还不能同儿子说，他怕卢永根不明白，也怕他此时的心理承担不起国家、民族的这一份沉重，他只能告诉他怎么做。香港的教育已经被日本人践踏殆尽，想学本事还是得去西方人办的学校，特别是教会学校，况且在教会学校，政治氛围相对没有那么浓厚，专心学知识的学生多一些。

接过父亲替自己办妥的入学通知书，卢永根说："好吧。没其他事我回去睡觉了。"

"永根，你现在正处在青少年阶段。人生的每一阶段都有那个阶段要做的事，青少年阶段要做的事就是要多学本领、多锻炼身体、多磨炼自己的意志。如果过迟或过早地做其他阶段的事，外在表现出来的就是幼稚或颓废。我希望你到新的学校认真学好英语，因为你的国文底子打得很扎实。"退出书房时，卢国棉反复交代。

看到父亲疲惫的眼神，卢永根不忍心再问别的，说："爸，你放心吧。"

"你看你讲了多少遍'放心'了。千万别嘴上乖乖，办事却敷衍。"梁爱莲微笑着说，随卢国棉一起走出了书房。

第二天一大早，卢永根便由父亲带着来到香港湾仔的香港华仁书院。香港华仁书院是香港有名的男子英文中学，由天主教主办，是香港补助学校议会22所补助学校之一。就是这么一所名校，在香港沦陷时期不得不停办。

卢永根带着入学通知书，打扮一新跟着父亲来到校长办公室。现任校长的博育贤神父，是位爱尔兰人。他接待了卢国棉父子俩。看到一表人才的卢永根，他很高兴地问："How old are you?"

"I'm fifteen years old."卢永根知道博育贤神父是在考自己，便用英语回答道。不过回答完后，他自己都感到有点别扭。

"Fifteen."卢国棉朝卢永根点了点头，赞许地补充道。

博育贤神父便走上前来，伸手摸了摸卢永根的头，说："可爱的孩子，我收下你了。不过，在你成为'华仁仔'之前，我要告诉你，还要多记单词和语法，我们学校可是全英文授课，如果不努力是跟不上的。"接着，他转身对卢国棉说："请随我来。"

三个人来到报名处，博育贤神父把卢国棉和卢永根引荐给了报名的老师后，便告辞走了——他今天实在太忙了。

这也难怪。目前华仁书院的条件是不符合开学标准的。师资力量不足，许多遣散回内地的老师还没有回来；生源也不足，人们还没有从战乱中缓过气来，哪有工夫送孩子读书呢？最主要的是，好几间校舍成了断壁残垣，操场和校园的小道长满了杂草，教室里到处都是缺胳膊少腿的课桌和板凳……所有这些都需要博育贤神父到场解决。

他甚至怀疑这是日本人对华仁书院的报复。全面抗日战争前期——1937年9月，华仁书院同学和往届毕业生成立了华仁书院国难筹账会，四处发起筹账活动，购买医药用品，运回内地，救治同胞。他们筹募的物资曾经分多次运送给长沙医院、抗日的国民党部队和共产党的八路军。香港沦陷时期，无论是日本军治政府还是民治政府都认定华仁书院"不忠"，不允许它办学。

"你去忙吧！"卢国棉对博育贤神父说。

"有什么麻烦就到图书馆找我。昨天下午，有华仁书院的往届生给我们捐赠了一批图书，我去清理一下。"博育贤边擦汗边走着说。

"你去忙吧。"卢国棉重复了一句，"有神父你的引荐，还有什么麻烦的！"

卢永根顺利地办理好了转学手续。他去领取课本的时候，却被告知要等几天才能拿到，因为华仁书院学生的教材是由培生教育集团旗下的朗文出版社出版的。教材室的人告诉卢永根，博育贤神父已经催过出版社几次了，他们答应后天就印好课本。

在学校耽搁了大半天，卢国棉有些急了，他还要回律师行处理急件，在华仁书院门口，他催促儿子："永根，快上车。我送你到家后还要去大法官办公室处理文书。"

"爸，你去忙吧，我过两条街就到家了。街上人多，反而走路快。"卢永根懂事地说。

见儿子说的有道理，卢国棉便放下车窗交代了一句："那你自己小心点。"

卢永根答应一声便回家了。下午，他把以前几本残破的英语课本找来，按课文的难易程度制订了循序渐进的学习计划。不过，这个计划将十篇课文的内容叠加在一起，照这个计划，只需半年卢永根就能将初中两年的所有英语全部学完。他怕这个计划交给父亲的时候，父亲会要自己再细加琢磨，于是又粗略地翻了一遍教材，比照了一下自己的读书进度，感觉没什么困难，便定了下来。晚上，卢国棉回家见了卢永根的学习计划，果然感到有点不切实际："孩子，有热情是好的，但你不能贪多求快。"

卢永根把思路和想法向父亲和盘托出，卢国棉毕竟律师出身，考虑问题比较缜密，心存疑虑地说："永根，你一天要学人家十天的课程，能坚持下来吗？并且，你这仅仅是英语一门功课的计划，还有数学、自然怎么办？"他回头看了一眼儿子，忽然觉得他长大了，可以谈点大人方面的事了，接着说，"我们律师行的约翰律师向老板建议，想接手香港沦陷时期日本人侵占香港人利益的所有官司，你想这有可能吗？且不说我们刚来架构还没有完全打好，人手不够，何况那是国家层面的事，一个小律师行能承载得了吗？"

看到父亲的职业病又犯了，卢永根没有说什么。良好的家教让他纵使在叛逆期也不会同父亲产生矛盾和争执，更何况他看出父亲一脸的疲惫和憔悴。他想，到时候用实际行动来告诉父亲足矣。于是，他说："我只是列个计划，还会根据老师的教学进度进行更改。"

教会学校的氛围和环境很对卢永根的胃口，但是，有一件事让卢永根不适应，那就是华仁书院每天十点半后做弥撒。这是他最困顿的时间，在做弥撒的时候就会昏昏欲睡。博育贤神父也没有少来教诲过他，刚开始还和颜悦色地规劝，劝得多了便表现出了相当的不耐烦。好在卢永根几门功课成绩都在优等，在老师和同学之间的口碑也比较好，才没有导致神父的反感。

看出了卢永根的情绪有点低落，梁爱莲很关心，又不敢多问，便抽空告诉卢国棉要他关心卢永根的情况。卢国棉心想：莫非儿子的学习压力太大？他找博育贤神父了解儿子在学校有没有做令学校难堪的事。神父见卢永根虽然做弥撒有点分神，但成绩却不赖，于是不但没有在卢国棉面前提卢永根半个"差"字，而且还表扬他谦虚上进，是棵好苗子。卢国棉也就没有再过问这件事，只是回家交代老婆："多煲一些汤给永根补补身体，学习真不是一件轻松的事情。"

初二上学期，卢永根的学习进步很快，特别是英语，父子俩在家里可以用英语直接交流。卢国棉发现儿子英文词汇量猛增，一口纯正的伦敦腔——这不通过一番刻苦努力是达不到的。但是，他也发现儿子好像对学校还不是很满意，几次发现他想开口同自己说话，好像是发现自己太忙的缘故,话到嘴边又打住了。有一次晚饭,他见卢永根情绪还可以,一口气连吃了两碗饭,便问:"永根,我见你前几天好像有话要同我讲,有什么事吗?"

饭桌上,卢永根正津津有味地听四叔讲去西贡清水湾槟榔村遇见宝安固戍帮他们偷渡来香港的阿婆的儿子,冷不丁被父亲问起前几天的事,便想了想说:"爸,我想转学到别的学校。"

"我说你怎么见了我总像有话说的样子,原来真有事呀。你们的博育贤神父还在我的面前使劲地表扬你呢。"卢国棉转身对四弟说:"你慢吃,我同永根去书房谈点事。"

父子俩走进书房,卢国棉把书房的门关上,问:"永根,华仁书院可是香港有名的中学,那里培养了许多有用的人才。不过,教学确实比较刻板。最近,学校还想筹办中文班呢。"

"爸,我不是嫌华仁书院学校教学刻板。说心里话,我还蛮喜欢那里的学习氛围的。但是,我真的受不了每天做弥撒这件事。中国人的传统是'耕读':春种秋收时,忙农活;夏热冬冷时,忙读书。耕读传家,耕读兴家。要感恩,我想最要感恩的是祖宗留给我们的这片土地,是这片土地上生产的五谷、六畜养育了我们。"卢永根诚恳地说。

卢国棉静静地听着儿子的诉说,他没有马上回答,但是,他很欣慰。他想不到小小年纪的卢永根对自己的信仰就有独特的思考,如果武断和草率地回答他的问题,不仅不能引导他,反而会耽误他。在没有更好建议的情况下,他尊重了卢永根自己的选择:"你想去哪间学校?我来帮你想办法。"

卢永根不假思索地说:"我想下学期转学到岭英中学。"

"岭英中学?一所有骨气的学校!"卢国棉望着卢永根的眼睛说,"决定到那里学习?"

"决定了!"卢永根很肯定地回答。

"好。我帮你同这所学校的校长洪高煌说说。"卢国棉同意了儿子转学的事。

从踏入校园的那一刻起,卢永根的心里就有一种莫名的兴奋,因为,琅琅读书声钻入了他的耳朵,钻进了他的肺腑。那声音是那样缥缈又那么激昂,是那么熟悉又那么陌生,是低头不见抬头见,是此地无声胜有声,是一个青年男子火烧火燎的话:"假如生活欺骗了你,不要悲伤,不要心急!忧郁的日子里需要镇静,相信吧,快乐的日子将会来临。心儿永远向往着未来,现在却常是忧郁。一切都是瞬息,一切都将会过去,而那过去了的,就会成为亲切的怀恋。"

他循着声音发出的地方走过去,穿过一个池塘中间的曲道,来到荷池的中央——凉亭的凳子上,一个眉宇间有点忧郁的年轻人,正面对着北方高声朗读着这首诗。见卢永根好奇地走了过来,他停止了背诵,笑道:"同学,你好,莫非你也喜欢普希金的诗?"

"普希金?这么打动人的诗是一个叫普希金的人写的?"卢永根问道。

"是。这个诗人是俄罗斯人,诗的名字就叫《假如生活欺骗了你》。"年轻人说完,向卢永根伸出了右手,友好地说,"我叫林莽中,是岭英中学新聘请来的初中二年级的国文教师。我们能交个朋友吗?"

"老师好!"卢永根礼貌地伸出右手,"我叫卢永根……"

"你就是卢永根?"还没等卢永根自我介绍完,林莽中便激动地说,"早就听说你要从华仁书院转学到我们学校来。我就是你的国文老师,你以后叫我林老师吧!"

"林老师,您刚才读的普希金的诗着实能激起人的斗志。它用劝慰的口吻告诉我们生活中不可能没有挫折和失败,面对挫折和失败要正确对待它,相信未来是美好的、光明的!"卢永根放开林莽中的手感慨道。

"你的学习情况我们早就了解,怪不得你有那么独特的理解。"林莽中说,"诗人在这里是要强调一种积极向上的态度,反对悲伤消极的人生态度！"

"噢，林老师，哪里能买到普希金的书？"卢永根问道。

"现在书店里很少有俄罗斯的书。要不这样，哪天你抽空到我的宿舍来，我送一本普希金的诗集给你，就算是宝刀赠名士吧！"林莽中点点头笑道，"我希望你们年轻人能从普希金的诗歌中获取十足的养分，迅速成长。"林莽中是个文人，但是，他没有在学生面前表现得十分狂热，而是以一种教师的身份对自己的学生循循善诱。

林老师没有此时此刻就叫自己到宿舍拿普希金诗集，他肯定还有比这件事要重要的事要处理。卢永根也不便多问："多谢林老师，那我过几天再去拜访您。我现在要赶回家去了，家里等我一起吃饭呢。"

卢永根的父亲虽然在洋人开办的律师行干活，但是，中华传统礼仪在这个家庭里一点也没有改变。他告诫孩子们：大人没有上桌，小朋友要等他回来后才能开饭。所以，如果没有特殊的事要办，卢国棉一下班就会赶回家中，否则，一家人就会这么干等着他。大人还不要紧，最主要的是小孩，有几次还饿得哇哇大哭。

看到卢永根有些兴奋，卢国棉也很高兴。回来的时候，卢永根前脚还没有踏进门槛，他便问："我的孩子，什么事情让你笑得那么甜？"

卢永根便一五一十地将遇见林莽中老师的事说了一遍。末了，他微眯着眼，陶醉地说："假如生活欺骗了你，不要悲伤。心儿永远向往着未来，现在却常是忧郁。一切都是瞬息，一切都将会过去，而那过去了的，就会成为亲切的怀恋。"

等他背完，卢国棉轻轻地敲了一下他的头，笑道："'不要心急！忧郁的日子里需要镇静，相信吧，快乐的日子将会来临'，我的孩子，你把其中比较重要的句子落了。"

"老爸，你也会背普希金的诗？"卢永根惊讶地张着嘴巴。

"难道老爸在你的心目中就是只知道替人家打官司的律师？我也有情调的。"说完，卢国棉冲梁爱莲笑了笑。

梁爱莲用手在裙边上擦了擦,说:"吃饭。别给我玩虚的。"说得一桌人哈哈大笑。

吃过饭,卢国棉拿出一份当天的《华商报》给卢永根看:"这里面的文章说到抗日后的中国,还蛮中肯。还报道了美国投放在广岛的原子弹,真的有那么可怕?"

第二天一大早,卢永根就来到了学校。上午第一节课就是林莽中的国文课,卢永根端坐在座位上,抑制住内心的激动,等待着他的闪亮登场。林莽中穿着一套浅灰色的西装走进教室。对这位中等身材的老师,昨天在校园的荷池旁自己光顾兴奋没来得及细看,现在仔细打量,卢永根感到他是神一般的人物。

林莽中教课与众不同,站上讲台的第一句话不是做自我介绍而是念了一首艾青的诗:"同学们,老师叫什么名字无关紧要,你们迟早会知道的。上课之前,我给你们背诵一首诗,那是艾青的名句,题目叫《我爱这片土地》。如果你们不反感的话,我以后每天都这么做。"说毕,他清了清嗓子背诵道:"假如我是一只鸟,我也应该用嘶哑的喉咙歌唱:这被暴风雨所打击着的土地,这永远汹涌着我们的悲愤的河流,这无止息地吹刮着的激怒的风,和那来自林间的无比温柔的黎明……——然后我死了,连羽毛也腐烂在土地里面。为什么我的眼里常含泪水?因为我对这土地爱得深沉……"

林莽中背诵这首诗的时候,班上鸦雀无声,随着他最后一句"因为我对这土地爱得深沉"读完,课堂上响起了热烈的掌声。卢永根脸带微笑地拍着手,他还陶醉在这首诗带给他的美感当中,这首诗对他内心的震撼不亚于美国在日本广岛投放的原子弹。

林莽中等同学们的掌声停下来,对这首诗的创作背景做了简短的介绍。

踏入岭英中学的第一课让卢永根永生难忘,但不是由于对新环境的好奇,而是林莽中的绘声绘色的背诵,更是因为林莽中授课的内容给卢永根一种开窍式的启迪。在林莽中的引导下，艾青、普希金从此成了卢永根心中的偶像。他梳理了自己懂事以来所经历的一切，从香港回花县，从花县偷渡回香港，入读粤华中学附属小学、港侨中学、华仁书院、岭英中学，从潘炳真到陈圣柱到岑公钺到林莽中，一幕幕、一件件，都在脑海里过了一遍，最后凝聚成一个画面：日本人掌掴中国老人！这是他心头的痛，也是他心头的伤疤。艾青的诗让他明白，他对老百姓的爱是基于他对自己生长的这片土地的爱；普希金的诗让他对生活充满自信和希望。对人生的感悟，让他心情激动，他明显感到脸上发烫，心跳加快了，他解开了衣领最上面的两颗纽扣……

"别感冒了。"林莽中老师边讲课边走下讲台，来到卢永根桌旁轻轻地提醒道，"放学后来我办公室。"

卢永根感激地点了点头。

放学后，卢永根来到了林莽中的办公室。他不在，一位中年男老师见了他笑道："你是卢永根同学？林莽中老师刚才还在办公室里等你，但是，正好有一位熟人来找他。他要你去他家，你放学回家正好路过他的住所。"中年老师说完，交给卢永根一张纸条，"这是他留给你的地址。"

拿过纸条一看，上面写着"筲箕湾东大街17号"，卢永根再看了一眼背面，没有其他标记。确认了林莽中的住处与自己家在一条大街后，他便不用先回家去向父母说明情况了。

外表看起来，卢永根是个十分文静的人，但是，他的内心却像一把火。铜锣湾是香港比较繁华的地方，除了著名的维多利亚港，崇光百货、时代广场、世贸中心等也集中在这里，同时也不乏娱乐场所。在去林莽中老师家的路上，他一边欣赏着美景一边温习着老师白天所教的诗句。他甚至希望自己像普希金一样、像艾青一样，做一位爱国的诗人，他拿着纸条一路找到了林莽中老师的家。

说是家，却又不像家的样子。几捆书用软软的长绳捆着，横竖不一地放在两只大箩筐里。桌子上、床头上垒放着许多书，有文学类的、社会类的，还有许多俄罗斯作家的译著，显眼的位置上放着的是鲁迅和艾青的作品。一看就知道这是临时租来的住处，没有厨房，公共的过道上架了一个烧煤的炉子，过道的尽头是共用的卫生间。林莽中老师在狭窄的房间里，伏案书写着文稿，背上披着一件褂子，汗水浸透了他的衣衫。见到他的狼狈样，卢永根忍不住扑哧一笑，心想：白天你还提醒我不要解扣着凉呢，原来你是这样捂春的。林莽中马上放下手中的活计，说："永根，你来了。你看我这里乱的，没有一个落脚的地方。本来，我在学校等你，后来有两个朋友来找我办事。他们一个叫凌海，一个叫李渊明，都是喜欢普希金的狂热分子。如果有缘分，你们还会认识呢。"

"不要紧的。"卢永根轻松地说，"林老师的书真多。"

"搬过去搬过来已经损失了不少了。"林莽中叹息道，又站起身来从床头拿了一本《普希金诗选》给卢永根，"这本书送给你，希望你成为中国的普希金。"

卢永根没有像别的孩子那样谦虚地说"不"，而是用"谢谢"二字来回应老师的希望。这也是林莽中所喜欢的。本来他想送一本《共产党宣言》给卢永根，但是，他想慢慢地加以引导，让他自己领悟家国情仇的全部内涵和意义。

卢永根接过老师的书后，飞也似的往家赶。他的家人正在等着他开饭呢。

在岭英中学学习期间，卢永根的情绪十分稳定，学习也有了广度和深度。林莽中单独找他交心过几次，初二上学期，为他解读魏源的《海国图志》一书，要他树立救亡图存和振兴中华，中学为体、西学为用，师夷长技以制夷，物竞天择、适者生存等思想。

初二下学期一开学，林莽中便给卢永根读了一段话："一个幽灵，共产主义的幽灵，在欧洲游荡。为了对这个幽灵进行神圣的围剿，旧欧洲的一切势力，教皇和沙皇、梅特涅和基佐、法国的激进派和德国的警察,都联合起来了。有哪一个反对党不被它的当政的敌人骂为共产党呢?又有哪一个反对党不拿共产主义这个罪名去回敬更进步的反对党人和自己的反动敌人呢?从这一事实中可以得出两个结论:共产主义已经被欧洲的一切势力公认为一种势力;现在是共产党人向全世界公开说明自己的观点、自己的目的、自己的意图并且拿党自己的宣言来反驳关于共产主义幽灵的神话的时候了。"

此时的卢永根不仅对正能量的文学作品充满渴望,而且对政治理论也开始产生兴趣。林莽中本来不想这么快引导他读《共产党宣言》这样高深的理论,但卢永根已经懂事了。有一次,他主动地问林莽中:"老师,我们中国以后的出路在哪里?日本人占领了香港,中国作为战胜国不顺便收回香港却又让英国对香港实行殖民统治。"

林莽中没有直接回答:中国的出路在共产主义。他只是给卢永根详细地阐述并分析了香港在日本战败后如何重新被英国实行殖民统治的——香港抗战胜利后又被英国实行殖民统治的现实,是一部活生生的教材,它教会了所有有智慧和理想的中国人,什么样的社会制度才能救中国。

林莽中说:1945年,美国在日本的广岛、长崎投掷两颗原子弹,日本宣布无条件投降!谁来收复战后的香港,成为全体中国人关注的焦点。远东盟军统帅麦克阿瑟曾在日本投降后,发布第一号受降令:凡在中华民国台湾、越南北纬16度以北地区之日军,均应向中国军队投降。驻港日军理应向中国军队投降。但是,英国早已展开抢先收复香港的活动。1945年8月13日,英军参谋总长提议,派遣一支特遣舰队专程接收香港。美国新任总统杜鲁门同意将香港受降权让给英国。英美两国完全撕去了脸上"同盟国"这块遮羞布。8月25日,英国特遣舰队驶抵中国担杆列岛海面。特遣舰队司令官夏悫宣布成立香港临时军政府。当天,英国政府知会蒋介石委托夏悫接受香港日军投降。杨慕琦返港重任总督,恢复了英国对香港的殖民统治。

"英国太可耻,美国太可鄙,中国太软弱。我们中国与他们可是一个阵营的，同属同盟国，美国怎么好意思把我们的土地私自送给英国？在这样不守底线的阵营，我们将永无出头之日。"卢永根听了林莽中的话后说。他忽然想起去年8月下旬的一天中午，自己独自去西贡清水湾槟榔村，有村民码头边上的一根枯杆上绑了一面青天白日旗——国民政府的软弱和不作为，坑苦的是自己的老百姓呀！

"与强盗结盟，想他帮你，不给好处不仅不帮，还会落井下石；给了好处，又如'抱薪救火，薪不尽火不灭'！所以，我们中华民族想要自立于世界之林就必须强大，靠我们全体中国人努力，团结起来，抵御外侮，建立平等、自由、民主、富强的新国家。"林莽中尽量压低自己的嗓音。

卢永根就在与林莽中的这种亲切的交流中成长着，林莽中以他个人对国家解放、民族独立的理解，对共产主义世界的理解，感染着卢永根，激励着卢永根。他们的关系超出了一般的师生关系，更像是生死与共的战友。在岭英中学读书期间，卢永根与林莽中畅谈普希金、艾青，畅谈马克思、恩格斯、列宁，畅谈延安、解放区，畅谈中国的前途和命运。铜锣湾的海浪声听过他们对国家前途的争论，铜锣湾的海鸟见过他们对民族命运的悲叹，铜锣湾的大街小巷留下了他们了解香港民情的脚印……

马上就要毕业了，卢永根又同恩师林莽中在学校的林荫道上进行了一次长谈，最后，他问："老师，我高中就读哪间学校比较合适？"

"香港培侨中学。"林莽中不假思索地说。

"好。"卢永根不假思索地回答。

两人对望了一眼后，忽然发出一阵哈哈大笑，笑声把树上的鸟都震飞了。

六、熔炉

　　培侨中学是一所新成立的学校，校址设在跑马地乐活道 6 号朗园，这里与岭英中学相隔不远。1946 年，为了让东南亚华侨子弟了解中国国情，培养他们成为建设国家的力量，叶廷英等人筹备建立了这所学校，命名为培侨中学。叶廷英担任首任校长。

　　1946 年 9 月 1 日开学那天，卢永根早早地就起床了。精心收拾了一番后，随意吃了点早餐，他将《普希金诗选》揣入书包就上学去，口中还不断地念着普希金的诗句："爱戴，信赖，肃穆的颂扬，未能长久地把我们蒙诳，消逝了，那年少的欢狂，就像一场梦，就像朝雾一场；但在暴政压迫之下我们依然怀着渴望，我们正以焦急的心情倾听祖国的召唤。我们忍受着信念之苦期待那神圣的自由时光，就像年青的恋人期待着真诚的约会一样。只要自由之火还燃烧在胸膛，只要正直的心还在跳荡，我的朋友，把我们心灵的美好激情对祖国献上！同志，相信吧：她——迷人的幸福之星必将升起，放射光芒！俄罗斯定会从睡梦中跃起，并在专制政权的废墟上面把我们的名字写上！"

　　梁爱莲送他到门口："口里别老念念叨叨，小心看路。你看路上过来过去的车，根本就不顾行人。要不还是让你老爸送你去吧？"

　　"不用老爸送我了，路上我会注意的。"卢永根头也不回地说。

　　快到校门口的时候，他遇到了同班同学李民辉。他们俩早已认识，7 月 15 日，培侨中学举办了一个暑假补习班，他俩都报名参加了。李民辉是华侨子弟，父亲在马来西亚经营橡胶生意，抗日战争时期他父亲就捐款捐物资助国内抗战，是位爱国华侨。两人打过招呼后便一前一后走进学校大门。

开学的仪式很有岭南地方特色，学校周边的铁槛上插满了红黄绿的彩旗。9点30分的时候，全校400多名学生集中在操场上听校长训示。叶廷英站在教学楼前面的台阶上，发表了将近一个小时的讲话。他讲的都是国内的形势，国共两党的合作和中国青年的使命。他号召广大华侨青年积极投身祖国建设，不要辜负他们的前辈对他们的期望。演讲中，他多次提到了爱国华侨陈嘉庚，还特别提到了"当代花木兰"李月美。李月美出生于马来西亚，父亲是一位华侨商人。卢沟桥事变发生后，几千名南洋华侨抛弃海外安逸的生活，参加抗日。李月美和同学们组织义演，抵制日货，支援祖国抗日救亡。后来，广州沦陷，香港通道被阻，大批军火需要移往仰光再从滇缅公路运入云南。陈嘉庚号召华侨青年回国服务。李月美女扮男装报名参加了筹赈会，被分配到红十字会当司机。1940年，李月美在滇缅公路不慎翻车，身负重伤，过路的南侨机工车队把她送往医院急救才保住了性命。叶廷英先生希望培侨中学的全体师生继续发扬爱国华侨的传统，努力学好本事报效国家。

回到教室，卢永根和李民辉参与了班上同学们的讨论。大家对李月美的事迹很感兴趣。李民辉感到自己有点孤陋寡闻，华侨中出了这么一位英雄自己竟然不知道。卢永根劝道："我也不清楚，我相信我们班也没几个人清楚。民辉，你大可不必为此悲伤。从今天起，我们就以陈嘉庚先生和李月美女士为榜样，做报效祖国的好儿女。"

同学们对卢永根的观点报以热烈的掌声。

"大家的学习氛围很浓烈呀！"正当大家兴高采烈地讨论爱国侨胞的事迹的时候，一个瘦高个子的年轻老师走了进来。

同学们马上停止了讨论。瘦高个老师没有走向讲台，而是走进同学们中间，说："谁叫卢永根？"

"我叫卢永根。"卢永根上前向老师自我介绍道，"请问您怎么称呼？"

"我叫凌海，是你们的老师。"瘦高个老师答道。

"凌海?"卢永根惊愕地问。

"凌海,如假包换。"凌海微笑着看着卢永根。

"真是有缘呀。"卢永根笑道,"在岭英中学的时候,我听林莽中老师提起过您,还有李渊明老师。"

"是呀,李渊明老师也在这所学校。我们也从林莽中老师那里知道了你的情况,听说你特别喜欢普希金的诗。"凌海爽朗地说。

"跟着林老师一起欣赏而已。"卢永根有些腼腆。

"林老师自己就是一位才华横溢的作家,他的诗歌和散文在《大公报》和其他报刊登载后反响很大,许多女孩子都很崇拜他。做他的学生可是很幸运的。"凌海笑道。

卢永根见凌海夸赞林莽中老师,心里像吃了蜜糖一样甜,是林老师帮他打开了一扇看世界的窗口。

等大家平静下来,凌海说:"下面我们请卢永根同学为我们背诵一首普希金的诗吧。"

凌海说完,大家向卢永根投来期待的眼光。卢永根清了清嗓子,大方地朝同学们鞠了个躬,说:"那我献丑了。"说完,他字正腔圆地把普希金的《假如生活欺骗了你》背诵了一遍。

凌海这次是受叶廷英的委托来的,他想让培侨中学的师生尽可能多地了解卢永根,但是,直接的介绍怕引起同学的猜疑和误解,欲速则不达。最后,他想了个办法让卢永根在同学们跟前展露才华。卢永根背诵完毕,凌海靠近他耳语道:"校长在校长室等我们。"

来到校长室,叶廷英正坐在椅上梳理近期学校管理方面的事情,见了卢永根,他说:"来,永根,这边坐。凌老师没有一起来吗?"

"我在这儿呢。"凌海笑嘻嘻地跟着走了进来。

卢永根侧了侧身子,凌海走上前来与他并肩站着,对叶廷英说:"我同他说还是您说?"

叶廷英和蔼地说:"还是你说吧!"

凌海介绍说:"永根,学校想在本学期结束的时候举办酒会、学生成绩展览会、游艺晚会，招待学生家长及协助建校的社会人士。整体的计划书由我和李渊明老师完成。就是学生参与的部分需要你的帮助，也请你列一个分计划。酒会举办的时间初步定在 11 月 12 日。你有没有兴趣和信心做好这件事？"

卢永根将凌海的话在脑海里重过了一遍，他的话虽然很简略，但条理还是清楚的。感到完成方案不会太难，卢永根便点头说："没问题。"

"为了更好地协助你完成任务，我们将成立培侨中学学生自治会，学校董事会和校领导希望你竞选学生自治会主席。到时要进行演讲，希望你提前做好准备。"叶廷英坐直身子补充道。

沉默了几秒钟的时间，卢永根自信而又低沉地答道："没问题。"

叶廷英盯着卢永根的眼睛，说："永根，你要知道，我们培侨中学的目的就是要为国家培养未来的建设人才。学生自治会主席是一个很好的锻炼机会，我希望你珍惜，更希望你发挥自己的聪明才智，把你的同学们带好！我们中国人一定不比外国人差，搞经济、搞科学、搞政治都是一流的！"

9 月上旬，培侨中学包括高中、初中共计 11 个班 400 名学生，每班选出 5 名代表，然后由 55 名代表组成选举委员会，选举培侨中学学生自治会主席 1 名、副主席 2 名。卢永根全票当选为培侨中学学生自治会首届主席。

当选后，他除在生活上关心、照顾同学外，在课外活动方面，同学们有什么需要，他也及时同学校进行沟通。学校为了增强凝聚力，创作了校歌，他找凌海请教。那一天，正好是周末，卢永根一大早找到凌海说明了自己的来意。凌海把一份标注有简谱的歌曲给他，并教他唱了三遍。卢永根嗓音不是很动听，但悟性很高，仅仅唱了三遍便将歌学会了。看看天色还早，凌海说："永根，我们去维多利亚港湾走一走吧！"

本来卢永根找凌海除了请教唱歌外，还想就学生自治会以后的工作听听他的意见和建议，经凌海一提议，他们便一拍即合："谢谢凌老师，我今天也同母亲讲好不回家吃饭。等一会儿我请你在街上随便找家饭店充充饥吧。"

"我现在可是有薪酬的人，当然我请你。"凌海说完，回里屋找了件半新不旧的外套披上，"等会儿海边风大，加件衣服吧。你要不要？"

"不用。你看我刚才走了这么长的路，又张嘴就唱歌，鼻尖上还在冒汗呢。"

两人便从东往西沿着海堤漫无目的地散步。凌海对卢永根的家庭背景似乎很感兴趣，卢永根轻描淡写地说了说家里的人员结构。凌海感叹地说："生活还很优渥嘛。"他怕卢永根不高兴自己像审犯人一样地追问，便引开话题，"你们班李民辉好像不太爱说话？"

对凌海东一句西一句的提问，卢永根有点摸不着头脑，但还是用心地回答道："很可能是因为对着您。在同学们的眼里，李民辉还是很活泼、有思想内涵的一名男生。"

他们来到了鹅颈桥。天桥上人来人往，好不热闹。西边就是维多利亚公园，凌海说："这里太喧哗，我们去公园走走吧。"

公园里也有不少人，但空间大，没有刚才在天桥上拥挤的感觉。大门口的条椅上，一对白人青年男女相偎着，他们的手中各自拿着一罐饮料；一名印度裔男子手中拿着一条白色的短棒在公园门口来回地走；一名华人少女在向条椅上的白人青年男女兜售着花儿……凌海看后不无感慨地说："这是我们的土地！"

这句话引起了卢永根痛苦的回忆：在回花县乡下避难的路上，汽车站外，一个日本兵掌掴中国老农。他对凌海说："为什么我们中国人命这么苦？为什么外国人都想欺负咱中国人？那是因为我们落后，那是因为我们贫穷，那是因为我们自己不团结，那是因为我们软弱……"

"别说了,永根,你都把我说哭了。"凌海打断卢永根。

"不知怎么回事,我真想不读书了,直接回内地参加建设。日本人不是投降了吗?国内各派势力应该团结起来,用心用力建设国家才对呀!"卢永根态度诚恳地说。

"永根,作为这个时代的青年,我们有义务担负起建设国家的重任,但世事很可能没有你想的那么平坦。"凌海看着卢永根说。

两人往公园的深处走去,话题也从刚才试探性的交流到个人理想前途的讨论再到国家民族生死存亡的现状。忽然,卢永根想起自己昨晚写的那首诗,他从裤袋掏了出来,念道:"假如那么的一天到来哟,人人有田耕,人人有屋住,人人有饭吃。假如那么的一天到来哟,人人有书读,人人都是诗人,都是音乐家,我们的生活啊,就是诗境。我们的语言啊,就是音乐。"

凌海充满激情地说:"永根,我还不知道你这么有才气。放心吧,你所希望的那天一定会来的。"

他们的观点和思想是如此的契合,时间不知不觉到了中午,但是,他们总感觉还没有谈够。最后,凌海说:"永根,我们找个地方去填填肚子吧!"

在找小食店的路上,卢永根建议组织一些志同道合的青年一起利用空闲时间进行学习和讨论。他还提到了对参加组织的人员的要求。

从卢永根表述的情况看,凌海发现,他已经不止一次也不是一时兴起在考虑这个问题。于是,他凝重地说:"或许这样的组织已经存在,也许就在我们的身边,只是我们不知道而已。容我细心查找一段时间,如果真有这样的组织存在,我介绍你加入。"

培侨中学在叶廷英等人的打理下办得风风火火。11月12日,学校举办了酒会、学生成绩展览会、游艺晚会,答谢一直以来关心学校发展的学生家长和协助建校的华侨、社会人士。卢永根组织高年级的部分学生来帮忙,他们主要从事些服务工作。

开幕式上，叶廷英做了热情洋溢的发言。他肯定了华侨是一支爱国的力量，同时也是一支建设祖国的力量。今天创办培侨中学的目的就是要细心培养华侨的孩子，让华侨的精神世代相传。他感谢华侨对学校的支持，感谢学生家长们对学校的信任。他表示有能力、有信心将华侨的子女培养好。

林莽中也应邀出席了酒会和游艺晚会，他的到来引起了许多到会嘉宾的关注。晚会上，卢永根表演了一个节目，朗诵艾青的《大堰河，我的保姆》。他是在朗诵开始的时候看到林莽中的，林莽中就坐在前三排的靠左位置。可是当卢永根表演完后去找他的时候，他的座位是空的，人显然已经走了。他正要去找，却被人一把抓住胳膊：
"永根。"

卢永根回头一看，抓住自己胳膊的不是别人，是自己的四叔卢国辉。他惊喜地问："四叔，你也来了？"

"怎么？我就不能来吗？"卢国辉笑了笑，"我是代表你的父亲来参加酒会的，我是你的家长。"

"四叔，你自己找地方坐，我还有事。"卢永根拿起一块糖塞进四叔的嘴里，转身就走开了。他一定要找到林莽中老师，他猜想林莽中出席培侨中学的酒会也有想同自己会面的打算。可是，转眼之间人去了哪里？凌海和李渊明怎么也不见踪影呢？他们不是林莽中老师的朋友吗？关键时刻，一个人都不见。作为学生自治会主席，在这么重要的场合，他也不能有太多的走动。他一边维持秩序一边用目光搜寻着林莽中老师。一位华侨走过来问他洗手间怎么走，他轻轻地告诉他方位。同班同学李民辉走过来，对他耳语道："叶校长要你去他那里一趟。"

"好的。"卢永根有些遗憾地点了点头，便朝叶廷英坐的位子走去。

来到叶廷英身边，卢永根低声说："叶先生，我来了。"

"你去图书馆那边看看，好像阅览室的灯还没关。带两名同学一起去。"叶廷英一边同客人交谈一边交代卢永根。

"好的。"卢永根答应一声,马上招呼旁边的两位同学一同前往。

卢永根等人穿过操场,来到图书馆大楼。图书馆的阅览室果然还亮着灯,卢永根加快了脚步:"快点,回来还有闭幕式呢。"

"快看,卢永根主席,图书馆的灯灭了,还要不要去?"同去的一位同学指着阅览室的门说。

卢永根抬头,果然看不见阅览室的灯光了,说:"我们是同学,因为大家的信任,我才被举荐为学生自治会主席,正好也可以给大家做榜样。以后请大家不要叫我主席,叫我卢永根吧,或叫我阿卢。"

听卢永根这么一说,那位同学马上改口说:"阿卢,我看我们没必要去了。"

卢永根愣了一下说:"还是去看一看吧!"

"永根,是我呀。"还没等卢永根等人商量停当,林莽中带着一帮人从图书馆方向走了过来。

"林老师,我刚才看见你,来找你的时候你却不见了。还想继续找呢,叶廷英校长要我来图书馆巡查一下。"卢永根笑着走上前去。

与林莽中走在一起的凌海开玩笑说:"你眼里就只有林莽中,没有我凌海,小心我期末考核给你个不及格。"

从图书馆的另一侧又走出一拨人来,走在前面的是李岳。他语重心长地说:"永根,不要去巡查了。我刚才巡查过,把阅览室的灯关了。等会儿你向叶校长建议:最后离开阅览室的人,一定记得关灯,这也包括教室和寝室。"转身又对林莽中说:"莽中,你几时到我们学校?我就看你同凌海好,成天找他玩。刚才凌海对永根讲的:朋友之间不能厚此薄彼呀。"

林莽中想分辩几句,李岳挥手打断他的话继续说:"永根,我给你介绍一下。"边说边指着身旁的两位朋友说,"这位叫王文彬,我们叫他'矮脚虎',踢足球很厉害。这位叫陈文靖,写得一手好字。"然后指了指卢永根说:"这位是我们培侨中学学生自治会的主席卢永根。"

卢永根把林莽中往前推了推，谦虚地说："这是林莽中老师，一身都是艺术细胞。"

"噢，对对对，忘了介绍，这一位是岭英中学的林莽中老师。"李岳忙不迭地介绍道。

一干人说笑着，好像没把操场上的酒会当回事。凌海提醒道："永根，你赶紧带着你的人给叶校长复命去。李岳，我也不管你们了，我和林莽中从侧门走，我们还有事要谈。"

于是大家便道了晚安，分批走了出去。

1947年对中国来说是不同寻常的一年。经过一年的军事、政治、经济等多个领域的斗争，国共双方的力量对比发生了根本性变化。国民党在各方面逐渐陷入被动，彻底失去了民心。5月，华北地区21所大中学校学生，在北平、天津举行反饥饿、反内战大游行。南京、天津游行学生遭国民党军队和特务殴打，造成了震惊全国的"五二〇"血案。从5月下旬到6月中旬，"反饥饿、反内战、反迫害"的游行，扩展到武汉、西安、长沙、重庆、成都、福州等国民党统治区60多个大中城市。同年12月，中共中央召开"十二月会议"。军事上，提出了十大军事原则；经济上，明确宣布了新民主主义的三大经济纲领；政治上，重申了成立民主联合政府的基本政治纲领。香港地下党和爱国人士的活动也越来越多了。

12月中旬的一天，与卢永根关系密切的凌海把他叫到操场一角，说："你多次要求参加进步组织的事，有些眉目了。学校新进了一批图书需要整理，我们已经请叶廷英校长批准今晚图书馆不开放。晚饭后你到学校图书馆阅览室来，我们开个会。"

晚上，卢永根扒拉完一大碗饭，用毛巾擦了一下嘴巴，对家人说："今晚学校有事，我先去了。"

"你还没喝汤呢。"梁爱莲想让他慢点走。

"孩子大了，你让他去吧。"卢国棉说。

来到学校图书馆，有好几位同学和老师在整理书架。见卢永根来了，有的同他打招呼，道"卢主席好"；有的自顾自地埋怨"有同学看完书后不归位，造成我们的工作很被动"；有的说"向学校建议，多请几位管理员，以后借书还书都由管理员负责，就不会把书放乱了"……卢永根穿过书林，来到里间的阅览室，里面的人他都认识。凌海、李渊明、李岳、王文彬、陈文靖、李民辉等，卢永根一一与他们打过招呼。等卢永根坐下，凌海说："今天召集大家开个会，我们都是志同道合的朋友。很长时间，我们都在探讨建立组织的事。特别是永根，意愿还很迫切。培侨中学因为以爱国为办学宗旨，经常聘请一些爱国华侨和爱国人士来学校讲课，引起了港英当局的不满。所以，我们的组织活动要注意保密。现在，我给大家发一份章程，请大家看一看。卢永根、李民辉是我们的新成员，看过后，如果没有其他的意见，我们举行一个仪式。另外，还请大家把看过后的章程交还给我。"说完，他给每人发了一份早已准备的章程。

卢永根看过章程后才知道自己即将宣誓加入的组织叫新民主主义青年同志会。今天他和自己的同班同学李民辉将成为这个组织的新会员。

等大家看完章程，凌海说："请文彬、文靖到门口观察，不要让不相干的人进来。我们在这里举办宣誓仪式，欢迎永根和民辉。"

李渊明从布制的书包里拿出一面红色的旗帜，并将红旗悬挂在阅览室北面的墙上，由凌海领誓、李岳监誓，卢永根和李民辉宣誓加入了新民主主义青年同志会。宣誓完毕，凌海告诉卢永根和李民辉，新民主主义青年同志会是中国共产党的外围组织，组织的任务是积极培养和组织香港的进步学生和其他人士，开辟后方战场，声援全国进步学生的游行示威活动，迎接和支持全国的解放。会后，卢永根询问有什么具体的任务。凌海说："你目前的任务就是'读好书，练好本事'。"

七、庄严时刻

　　加入新民主主义青年同志会后，卢永根晚上的活动更频繁了。有一次，他竟然没有回家吃晚饭。一家人等了他近一个小时，梁爱莲难免有些牢骚。卢国棉倒对儿子打破"常规"的事看得很开，他说："我当时说要等齐全家人才一起开饭，是因为孩子们还小。现在他们都大了，各有各的事，只要不去干违法的事，回不回家吃饭，从此不再强求。永根现在是培侨中学的学生自治会主席，工作忙着呢。"

　　卢国棉的话对梁爱莲的冲击很大。当然不是他说的话，而是他所说的事——她是一个视家庭为生命的人，一天围着灶台转是她的全部。丈夫和孩子们吃饱喝足了，她就高兴；满桌的饭菜如果没动几下筷子，她就会失落。但是，为了孩子们的前途和理想，她忍受了，默默地站起身，拿来一只大花碗，要给卢永根拣一些菜。卢国棉见状，深情地接过妻子手中的碗每一样菜夹了一筷子。

　　1948年，人民解放军在各个战场上相继取得胜利。华东野战军解放了除少数据点以外的山东全境。西北野战军收复了延安。在华北，晋察冀和晋冀鲁豫野战军分别出击察绥、保定以北和晋中，包围了太原。

　　这年五一国际劳动节前夕，中国共产党发布了《中共中央纪念"五一"劳动节口号》，提出："各民主党派、各人民团体、各社会贤达迅速召开政治协商会议，讨论并实现召集人民代表大会，成立民主联合政府。"得到海外侨胞的迅速响应。

　　《美洲华侨日报》发表《香港南洋民主党派及团体申明同意中共号召》讲话，首先提及香港各民主党派一致支持中共，同意"迅速召开新政治协商会议,讨论并实现召集人民代表大会,成立民主联合政府"。在《星洲十万华侨响应中共号召》文中写道:5月4日,新加坡侨团召开大会,表示支持中国共产党的政治主张,120个华侨代表致电中共中央,表示拥护中共"五一口号"。

"五一口号"在欧美华侨中同样产生了巨大影响。旅法参战华工总会致电表示,中共"五一口号""极符人民时势之要求"。古巴华侨拥护民主大同盟总干部执委会致电毛泽东:"恳请先生即刻领衔召集新政治协商会议负责过渡之民主政权。"加拿大温哥华华侨民众社、美国纽约华侨妇女团体等也通电响应中共号召。

一些爱国民主人士建议中共中央,尽快成立全国政权机关。陈嘉庚提议:解放区应紧急成立联合政府政权机构。民盟中央负责人沈钧儒提议:解放区应成立产生联合政府的筹备机构。他希望中共考虑,可否由中共通电各民主党派,建议开人民代表会,成立联合政府。

民主党派、民主人士的这些意见,立即引起毛泽东、周恩来等人的高度重视,公开回电欢迎他们来解放区参加各民主党派、各人民团体的代表会议,讨论召开人民代表大会成立民主联合政府和关于加强各民主党派、各人民团体的合作及纲领政策问题。

国际国内形势发生了天翻地覆的变化,卢永根肯定会站立潮头——这是卢国棉对儿子的基本判断。所以,他安慰妻子:以儿子的事业为重,别让"儿女情长"成为他的绊脚石。

卢永根确实比较忙。国民党对广州的封锁比较严,宪兵对北方来的一些包裹和邮件查了又查,在街上遇见年轻学生用来包小吃的报纸都要进行查看和没收,许多资料只能通过香港传递进去。卢永根每星期都要去林莽中那里领取《新华社电讯》《华商报》《群众》等资料报刊进行分派。为了保密和稳妥,所有这些,卢永根都亲力亲为,事情办得又快又妥。这天晚上,卢永根刚从林莽中处领到资料,听他介绍内地形势,心情十分激动。回到学校,赶紧起草了一份申请书,要求回内地参加解放战争。林莽中看了他的申请书后,说:"永根,你还是中学生,祖国需要你认真学好知识和本事,你应该把主要精力放在学习上。"

好说歹说,林莽中总算把卢永根安抚好。一看时间,已是晚上 8 点多钟。林莽中想留卢永根吃过晚饭再走,卢永根道谢:"老师,我还是赶回家吃吧,他们已经等我好长时间了……"

回到家来正好 10 点。见卢永根回来了,梁爱莲放下手中正在编织的毛衣,说:"儿子回来了,我去帮你热热菜。"

卢永根走上前来抱着妈妈的双肩,让她在沙发上坐好,笑道:"对不起,妈妈。儿子今天回来晚了,真的有事。我都长这么大了,热菜的事我自己来吧!"他今晚心里想了好多:自己写申请回内地参加解放战争,如果真的被批准的话,离父母这么远,很难尽孝心了。想到这些的时候,他的言辞更加体贴、更加温柔,说完,端起碗来走进厨房自己热菜。

1948 年,卢永根听从林莽中的吩咐,安安静静地在培侨中学完成了自己的高中学业。

高中是人生的一大转折点。临近毕业的一天晚上,卢国棉把卢永根叫进书房:"你高中快要毕业了,你想去国外深造还是留在香港上大学?"

卢永根不假思索地说:"我想回广州读大学,报考岭南大学。"

"回广州读大学也可以,但凡事得有理由。比如说,出国深造,那里的学习环境好、学的东西多。留在香港的话,离家里比较近,也比较安全。"卢国棉停顿了几秒钟后,对卢永根说。

"老爸,你要我讲真话还是假话?"卢永根看着他父亲的眼睛。

"做老爸的当然想听听儿子的真心话。"卢国棉说。

"从您把我送回花县避难那年开始,我的心里就对日本人充满了痛恨。在花县车站的时候,我看见一个日本兵狠狠地打了中国老农一记耳光,我感到如果不把国家建设好,落后就要挨打。我回广州读书的目的就是想以后留在内地为建设国家服务。"卢永根诚恳地说。

"可是现在内地很乱,共产党虽然在北方节节胜利,但是,蒋介石在南方还有很大的势力。战争会很快结束吗?"卢国棉不无担心地说。

"其实我也想过了,现在内地确实显得有点乱。但是,这种乱象应该很快就会过去。共产党得到了人民的支持,发展壮大得非常快,国民党民心尽失,很快就会失败。目前各民主党派纷纷致电中共中央,要求召开政治协商会议共商国策。国家马上就会稳定下来。国家稳定下来后是需要大量建设人才的,如果祖国需要我的时候,我却远走他乡去过安稳、悠闲的日子,我心里过不了这个坎!"卢永根说。

卢国棉见卢永根主意已定,也就没有多说。他心里很清楚:国家羸弱,动乱不堪,百姓是没有好日子过的。儿子说得对,只有国家强大了,我们才有安稳日子过。香港沦陷,就是一个很好的明证——国家落后挨打,最后纵使赢了也守不住。永根想去内地读书未尝不是一种好的选择,因为,香港终究要回归中国。香港回归后广州离香港那么近,来去不就是一两个小时的事吗?再说岭南大学的钟荣光校长和陈序经副校长,自己都有过一面之缘,他们都是学贯中西的人,并且廖仲恺的儿子廖承志不也毕业于这所大学吗?这确实是一所名校……想到这里的时候,他说:"男孩子就是要有自己的思想。既然你已经选择好了自己的道路,我希望你不后悔!"

"把自己的命运与祖国捆在一起,纵使受尽苦难也不后悔,像岳飞、文天祥等人一样。"卢永根笑道。

高中毕业后,卢永根按"自己的意愿"考入了广州私立岭南大学医学院。"自己的意愿"其实是组织的意图。临近毕业的时候,党组织告知他有三个去向:一是回内地打游击;二是继续留在香港升学或工作;三是回内地升学。党组织最后决定派他回广州岭南大学升学,迎接广州解放。卢永根的意愿其实是回内地打游击。上一次,他写申请想回内地参加解放战争,林莽中给他进行了分析:你高中还未毕业,并且一直在学校读书。解放战争现在进行得如火如荼,你去能吃得了这个苦?纵使你能吃得了苦,你的身体吃得消?你去不仅起不了作用,而且还会给部队添麻烦。你现在的主要任务就是读书。解放战争胜利后,我们的党需要像你这样的知识分子,需要我们自己培养的知识分子。你安心学习,将来回内地上大学,或去北平、天津,或去上海、广州,听从组织安排。

那一次见面后,林莽中还送给卢永根两本书:《共产党宣言》和《论共产党员的修养》。卢永根回来后,将两本书认真地读了一遍。在读《共产党宣言》时,他忽然想起当初林莽中给自己读的一段话:"一个幽灵,共产主义的幽灵,在欧洲游荡。为了对这个幽灵进行神圣的围剿,旧欧洲的一切势力,教皇和沙皇,梅特涅和基佐、法国的激进派和德国的警察,都联合起来了。"看到此处,他的内心深处更加充满了对林莽中的敬佩:原来他一直在培养我、关心我呢。

考虑到广州私立岭南大学医学院录取通知书应该到了,卢永根吃过早餐,对母亲说:"我要去学校领录取通知书,中午不回家吃饭了。"

"身上带钱没有?"梁爱莲永远先从生活上关心着儿子。

"上次给的钱还没有花呢。"卢永根说着,人已经走出了家门。

来到学校教务处,卢永根正好遇见凌海,凌海拦住他压低嗓音说:"永根,我正要去找你呢。林莽中老师叫你8月9日晚上,也就是后天晚上再来学校找王文彬和陈文靖,他们在学校图书馆等你。学生自治会那边还有什么工作,你可以交给我。千万别忘了后天晚上来学校图书馆。"

1949年8月9日一大早,海面上就传来了清晰的汽笛声,卢永根的心情高兴到了极点。前天去学校领取大学录取通知书的时候,凌海要他去图书馆找王文彬和陈文靖,虽然凌海没有告诉他具体有什么事情,但是,他预感到自己的人生将会发生很大的改变。他今天哪里也不想去，吃过饭后便从床垫下面取出《共产党宣言》随意地翻看着。他随手拿起书桌上笔筒里的一支4B铅笔，在自己认为重要的句子下面画一条线。因为通读了好几遍，他很快便将全书看完了。然后他走回自己的卧室，翻过枕头，取下枕套，从里面拿出一个红绸包，一层一层解开红绸子，最里层是一个牛皮纸做的信封，他小心翼翼地取出信笺。这是他写的入党申请书的誊写件。

这块红绸子是卢永根1946年考进培侨中学读高中后，学校办酒会留下的，被卢永根捡起来熨平包装信笺用。刚开始，他将入党申请书藏进枕套里的时候没有用绸子包好，后来拿出来看的时候，发现信套上的字迹被汗渍浸得有些模糊，于是他便找来了这块绸子。他仔细地检查枕套和绸子，确定没有被打开过，又小心翼翼地封好。记得初中毕业前夕，林莽中老师给他介绍了一些进步的书，包括《联共（布）党史简明教程》《现代中国革命运动史》，同时也给他介绍了中国共产党带领八路军、新四军与日本侵略者艰苦斗争的情况。卢永根的心里燃起了熊熊的火焰，回家后，连夜写了这份入党申请书。

林莽中看过后十分高兴，告诉他："我一定帮你把入党申请书交给组织。"

在等组织批准自己入党的这段时间，卢永根积极努力地为党工作。在送进步书籍和散发进步传单的时候，即使只是稍稍耽误了点时间，他也会非常自责。回家后，他会偷偷拿出入党申请书的誊写件来对照，看自己有没有违背申请书上的承诺。

卢永根在心里温习一遍入党申请书的内容后，又小心翼翼地用红绸子包好放回原处。预想到了今天应该是自己的入党申请被批准的日子，他真的想不吃饭就去找林莽中老师或者凌海老师，但是，他还是压抑住了自己的冲动，他告诫自己：遇事一定要淡定！要沉得住气！要做一个器宇轩昂的新中国青年！要做一个有担当、有理想、沉着勇敢的人，才会被组织所接纳！

想到这里，卢永根重新检查了一遍自己刚才查看的进步书籍有没有藏好，等确定一切恢复原样后，他又回到书房，拿出普希金的诗集平心静气地读着。

今天的晚饭也特别丰盛。母亲梁爱莲用心做了一道糕点——马蹄糕。卢永根洗手后捏了一块吃了。母亲微笑着说："永根要回广州读大学了，人也懂事了。以前，但凡有好吃的，他哪里顾得上洗手呀。"说得一桌子人都笑了起来。趁一家人高兴之际，卢永根说道："老爸、老妈，我今晚还有一点其他的事情要办，我这就去了，很可能要晚点回来。"

"那你再吃几块马蹄糕吧。正是长个子的时候，你不多吃点，以后谁家的姑娘会嫁给你呀。"梁爱莲关心地说。

"我吃饱啦。"卢永根头也不回地走了出去。

平时一个小时的路程，卢永根今天只花了半个小时。来到学校门口的时候，他在操场上走了一圈。王文彬来了，他招呼道："永根，吃饭了吗？"

卢永根高兴地回答："吃了。"

王文彬走到卢永根的面前悄声说："永根，你知道吗？你的入党申请书党组织已经批准了。今天，由我和陈文靖当你的入党介绍人，陈文靖当监誓人。"说完，王文彬走在前头道，"请跟我来。"

王文彬领卢永根来到校长办公室隔壁的会客室门口，说："叶廷英校长去印尼拜访一位向学校捐款的华侨了，我们临时改在这里宣誓吧，图书馆今晚有人读书。"

两人进入校长会客室，陈文靖刚好把党旗挂好，说："我从窗口看到你们来的时候，就开始挂党旗了。"

"好。我们马上进行宣誓仪式。"王文彬说，"卢永根同志，你做好准备了吗？"

"请放心，我已经做好准备了，我早就等着这一天了。"卢永根答道。

"好，现在我领誓，卢永根同志宣誓，陈文靖同志监誓。"王文彬说，"卢永根同志，请站到党旗前面，举起你的右手，握紧你的右拳，向党宣誓。"

卢永根往前走了一步，面对着党旗，举起自己的右拳，庄严地跟王文彬念道："我志愿加入中国共产党，作如下宣誓：一、终身为共产主义事业奋斗。二、党的利益高于一切。三、遵守党的纪律。四、不怕困难，永远为党工作。五、要做群众的模范。六、保守党的秘密。七、对党有信心。八、百折不挠，永不叛党。"

宣誓后，王文彬上前紧紧地握着卢永根的手："欢迎你加入党的组织。"陈文靖也握手祝贺："我们党又增加了新鲜血液。"卢永根一一谢过两位入党介绍人。王文彬说："永根同志，现在国内的形势一片大好，人民解放军节节胜利，国民党部队溃不成军。但是，港英政府对我们的监视相当严。我们一定要保守好秘密，不要让敌人发现了我们的联络方式和行动，一定要保护好我们的组织。现在，我们分头离开。另外，我马上要离开香港去内地参加游击队，去迎接解放军解放广州。永根同志，我们党正在与其他民主党派和民主人士协商成立新中国的事。来，我们一起祝贺我们的祖国！"

于是，三个人伸出自己的右手叠在一起说："祝愿祖国强大！"

1949年8月9日，卢永根在这天宣誓加入中国共产党，正式成了一名中国共产党党员。他暗暗地在心里起誓：以后这一天就是我的生日！

八、我的大学

岭南大学前身为格致书院,在广州创办。1927 年 4 月,学校停办。同年 7 月,经国民党广东政府批准,学校收归中国人自办,并更名为私立岭南大学。将文理科改办为文理学院;合并农科大学设为农学院;1928 年,增设商学院;1930 年,成立工学院,同年,奉令成立学校董事会。后接办博济医院为岭大医学院,接办夏葛医科学院为岭大医学院分院。

1938 年 10 月,广州沦陷,学校迁到香港。1941 年香港沦陷后,学校迁到曲江仙人庙大村,农学院则迁往乐昌县坪石镇,医学院分散在韶关市河西医院及江西中正医学院上课。抗日战争胜利后,学校迁回广州原址复课。1948 年,由陈序经继任校长。

卢永根于 1949 年 9 月上旬来学校报到。他刚把床垫铺好,就发现宿舍门口站着个笑吟吟的年轻人,他的手里拿着一本《普希金诗选》和一网兜零食,问:"你是卢永根吗?我是花县罗洞村你表姐邓翠琼的邻居,也在岭大读书。听说你考到了我们学校,你表姐托我给你捎来了你爱吃的糍粑!"说完,来人交给了卢永根一网兜糍粑、油炸饺子和小麻花。

以前经常去表姐家玩,可是并没有见过有这么个邻居。是组织派人来找我了,你看来人手里拿着的《普希金诗选》就明白是怎么回事了——来之前,香港地下党组织告诉他,到时组织会派人拿着《普希金诗选》来找他。卢永根心里这么想着,嘴里高兴地说:"照理说,我也该叫你大哥了。"

"我叫吕宝琅,虽然同你表姐是邻居,但你还是叫我师哥的好。"

吕宝琅同卢永根同宿舍的另外两个新生点头打过招呼后,接着说,"你今天初来乍到,我请你去学校外面吃份广州特色的炒河粉吧!"

卢永根把一网兜零食交给同宿舍的同学,说:"你们拿去吃吧,我同师哥吃个便饭就回来。"

岭南大学医学院的地址在十三行。两人走出校门后,吕宝琅附在卢永根的耳边说:"卢永根同志,我刚才所说是你表姐邓翠琼的邻居是假,我的名字是真的。现在,我代表岭南大学地下党组织欢迎你!不过,广州很快就要解放了,我们都会从地下转到地上。我的自行车放在校门口的栏杆旁,等会儿你坐在我的后座上。"

"正好我的自行车也放在那里。上午进校门,一位医学院毕业的师哥拦住我,说他的自行车不用了,折价卖给我,我就买下了。要不我们各骑一辆车?"卢永根怕吕宝琅带不动自己,建议道。

"正好!"吕宝琅侧身看了看卢永根,笑道,"你那么高,那么壮实,载不好会把你摔了。你那台车多少钱买的?"

"港币十块钱,很便宜。不过……"卢永根欲言又止。

"不过什么?"吕宝琅边走边说。

"他不要法币和金融券。"卢永根不解地道。

"他要法币和金融券才怪呢。要用这些东西,你这台车得花上百万元。"吕宝琅站在自行车旁给卢永根介绍了当前的情况,"目前,广州的社会秩序已经混乱不堪了。偷盗和抢劫现象非常严重,许多家庭不得不以各种方式防备,一旦发现小偷和抢劫现象,大家用吹哨子、敲打铜盆的方式报警。我听朋友说:一天,他家所在楼的二、三楼之间楼梯处,发现墙上挖了个小圆洞,吓坏了二、三楼的住户,小孩子特别惊恐,女人更是不安。大家都说是小偷踩点用的观察点,第二天就会来偷东西,于是大家将扫帚的长竹竿伸出圆洞警告小偷。还有一次,朋友的母亲直接受到了惊吓。一天晚上,他母亲带着妹妹一起去看电影,散场回家的路上叫了辆黄包车。到了家门口,黄包车主不停车加速往前跑,他母亲知道遇上了坏人,连声大叫也不管用,最后不得不抱着孩子跳车逃回了家。回家后，他母亲的手上、腿上还东一块西一片的伤，搽了好些红药水，幸亏他妹妹没受什么伤。市面上，物价飞涨，货币贬值。别看许多商店都悬挂着'不二价'牌子，那都是骗人的。一次，岭大一位教授的妻子去市场买菜，旁边的纸板上写着价格，可是当她挑好后付款时，老板问她要两倍的钱。教授的妻子质问小贩'为什么这样'，小贩指着菜篮子里两大堆纸币哭丧着脸说'你以为我愿意呀！'你听过《你这个坏东西》这首歌吗？'你，你，你，你这个坏东西，市面上日常用品不够用，你一大批、一大批囤积在家里，只管你发财肥自己，别人的痛苦你是不管的，你这个坏东西，你这个坏东西，坏东西，坏东西。'就是骂地下钱庄'剃刀门楣'的。真是民不聊生！不过，解放军马上要解放广州了。"

说完，吕宝琅左脚踩住左边踏板，右脚往后一蹬，骑车一溜烟往前去："你快跟上呀！"

"好的。"卢永根猛踩踏板紧紧跟上。

半个小时左右后，他们骑车绕过康乐园的格兰堂来到怀士堂。怀士堂坐南朝北，他们拾级而上，走进高两层的门廊，登楼来到楼顶的露台。十多名年轻学子就席地坐在露台上，等着吕宝琅和卢永根的到来。

这真是个开会的好地方：视野比较开阔，前后左右四条路上来来去去的人都能看得清楚楚。路上的行人谁也不会想到怀士堂的露台上，坐着一大群进步青年在讨论如何迎接解放军进城。当然，他们今天还要迎接一位新同学、新战友，他就是卢永根。

吕宝琅来到大家跟前，面对十多双惊异的目光，轻轻地拍手道："同学们，今天我们来认识一下新来的卢永根同志。卢永根同志是从香港培侨中学考入我们学校的。他虽然是新生，但是几年前就在为我们党工作了。为了避人耳目，我们就不鼓掌欢迎了，请大家为卢永根同志的到来竖起大拇指。"

十多个人便齐刷刷地为卢永根竖起了大拇指表示欢迎。接下来，吕宝琅给他引见了几位同学:"他们都是地下学联的骨干成员。从左边开始,这是黄淑暖、盘筱鑫、简竹专、欧振远、王屏山、李宗浩、胡景钊、吴维光、林如彤、陈慎旃……"吕宝琅停顿了一下说,"永根,我这样介绍的话,你也记不住。我就不一一介绍了。我和黄淑暖是岭南的'老人',组织另有安排。其他人你以后在工作中慢慢认识吧。"

"好的。"卢永根点头答应道。

那一晚,岭南大学地下学联在怀士堂楼上开会主要讨论了三件事:一是为了迎接广州的解放和解放军入城,每班安排一位骨干力量组织师生到解放军入城的主要街道进行欢迎;二是面对目前广州社会、经济乱象,配合解放军军管会保护广州城的安全;三是发展进步学生青年和积极分子加入组织。吕宝琅提出三个议题后,得到了地下学联骨干们的积极响应。他等同学们的议论稍平静下来后问一旁的黄淑暖:"最近党组织有什么特别任务?"

黄淑暖是岭南大学与广州城地下党组织的联络员,她说:"地下党组织的负责人要我们积极发动群众举行欢迎活动的同时,注意自身的安全!"

"好的。现在我们要成立活动领导小组。谁的毛笔字写得好?"吕宝琅问。

"我来写吧!"卢永根没有回答毛笔字写得好还是不好,而是直接请战,在场所有的人都看呆了。

"好,就这么定了。卢永根同志负责撰写,胡景钊、欧振远负责采购红纸和墨汁。张贴标语的工作由黄淑暖负责,张贴标语的人员必须是三人一组,一个人拿资料和提糨糊,一个人张贴,一个人站岗注意国民党特务袭击。"吕宝琅安排道,"卢永根同志,你的任务比较重大。"

"什么时候开始写?"卢永根问道。

"到时候等通知吧!"吕宝琅说,"卢永根同志,你还有什么要说的吗？"

卢永根摇了摇头。

吕宝琅又问："其他同志呢？"

"没有。""没。"……

"散会。"吕宝琅说。

卢永根骑单车回十三行医学院的路上心情非常激动：从香港转来的《新华日报》和其他进步的刊物中，他看到了近日正准备成立新中国的消息。同时，他也从各种渠道获悉解放军马上就要剑指广州，广州的解放指日可待。

回到坐落在十三行的岭南大学医学院家属楼，卢永根跳下车来推着车慢慢地走。经过一个金发中年妇女家的门口，见她正在台阶上做转体动作，屋里传出的收音机声虽然很小，但还是非常清晰，内容是解放军突入广东境内的消息。原来，岭南大学里的外籍教师也在关心着战事……

学校表面上十分平静，白天学生们都在按部就班地学习，下课后就各忙各的了。卢永根每天晚上都挎着一只书包，骑着车往外跑。老师和同学都知道他是从香港来的，只当他是去熟悉广州的风土人情，殊不知他是去参加岭南大学地下学联的活动。

1949年9月30日晚，卢永根骑车从十三行出发去岭南大学康乐校区，途中经过师管区（国民政府于1936年开始设立的一种区域机构，负责办理征兵事宜，有团管区、师管区、军管区之分）时，被两个宪兵拦住。卢永根跳下车来。一个矮个子的宪兵问："去哪里？"

卢永根不慌不忙地答道："我是岭南大学医学院的学生，现在去康乐校区给老师送东西。"

瘦高个子的宪兵态度暴躁地说："你说送东西就送东西！打开包，检查！"

卢永根把书包从肩上取了下来，递给瘦高个子，说："你看吧，里面是一本英文原版的小说。我们学校的戴维斯老师要我给她带过去的，你千万别弄坏了，引起外交争端，别怪我没有事先告诉你。"卢永根把检查的宪兵奚落了一番，因为戴维斯是他杜撰出来的一个名字。

两个宪兵真被卢永根唬住了，规规矩矩地把书放归书包，并把书包挎到卢永根肩上，挥了挥手："走走走，快走！"

来到岭南大学康乐校区怀士堂楼上的露台，卢永根把刚才的情景同大家一说，大家乐得捂着嘴巴笑。简竹专说："有一天，校车在粤中师管区停车接受检查时，宪兵连我包月饼用的报纸都要打开来检查。医学院的一位同学，有一次乘校车经过师管区，遇到宪兵上车搜查，他就把袋子里的《华商报》转给坐在座位上的女同学，女同学立刻把报纸垫在屁股下坐着，这才过了关。你这次可给我们出气了。"

见大家已经到齐了，吕宝琅说："我知道同志们今天为什么这么早到这里来了：明天一个崭新的国家将会诞生在我们华夏大地上。同志们，我们广州虽未解放，但是，解放军即日南下已是众所周知的事，也是众望所归的事。因此，地下党组织指示我们保存实力，密切注意事态的发展。现在，我们面向北方为我们祖国的成立行注目礼吧！"

于是，露台上全体到会的地下学联的同学表情庄重地面对北方，心中默默地祝贺着新中国的成立。有的同学还轻轻地哼起了《义勇军进行曲》。

这是个难忘的日子：1949年10月14日傍晚6点30分，中国人民解放军第十五兵团先头部队从广州北郊攻入广州市区。广州解放后，19日，中央人民政府正式任命叶剑英为广东省人民政府主席，方方、古大存、李章达为副主席。21日，叶剑英同方方及第十五兵团邓华等人一起，进入刚解放的广州市，开始了城市接管和建政工作。叶剑英进入广州后，立即宣布成立广州市军管会，接管了国民党广州市政府、市警察局、报社、工厂、银行等部门。10月28日，广州市人民政府正式成立，叶剑英兼任市长。

广州解放了，岭南大学秩序井然地按自己的节奏进行教学活动，老师和学生的工作和生活并没有因为战争而受太大的影响。

卢永根不辞辛苦地工作着。从广州解放的那一天起，他就组织同学自拟了近百条欢迎标语，然后每条标语都书写了数十条，让同学们拿到广州的大街小巷张贴。广州的冬天虽然不像北方一样冰天雪地，但是，冷起来也足够让人喝一壶，大家都穿了加厚的衣服。经过地下学联沟通，学校同意腾出会议室来作为书写宣传语的场所。整个会议室忙忙碌碌的人里，只有卢永根身穿衬衫，脸上还在不停地冒汗。累了困了，他也不休息，仅仅甩甩手臂、摇摇脖子又继续往下写。有一位叫徐雪宾的女同学看到他的这股劲头很受感动，想去帮他擦擦汗，但少女的羞涩让她心里刚刚冒出的这个想法又被自己掐灭了……

1949年11月11日上午9点，中国人民解放军在府前路的公园北面举行解放广州入城仪式以及庆祝广州解放大会。第四野战军第十五兵团、粤赣湘边纵队和广州各界群众20多万人接受检阅。部队从连新路进入府前路，然后经过吉祥路与在市内的群众会合，再从惠爱路、永汉路至丰宁路，举行了声势浩大的游行。

站在欢迎的队伍中，卢永根一边维持着秩序一边挥舞着手中的旗帜，右手写标语写肿了他便挥动左手……

进入岭南大学参加地下学联后，卢永根结识的中共党员和朋友也越来越多，党员同学包括王屏山、李宗浩、胡景钊、吴维光、林如彤、陈慎旃；也认识学校的不少老师，包括学校董事会的杨重光、教授岑家梧；上级领导包括中共中央华南分局宣传部代理部长李心清、中山大学副校长冯乃超、中央工作组组长袁永熙和共青团广州市委书记陈恩也与他共过事。同大家一起工作，卢永根不仅激情满怀，而且视野也比以前开阔了不少，换句话说，如果过去对祖国是怀有一种热爱的话，现在则把这种爱付诸了行动。总之，他感到自己的工作和生活越来越充实了。现在，他的工作更多，担子更重了。

新中国成立后，卢永根作为中共党员参与的第一件有意义的工作就是捣毁"剃刀门楣"。

新中国成立前夕，国民党政府滥发钞票，加上推行所谓"币制改革"，造成了物价暴涨、恶性通货膨胀。当时的广东省，货币形形色色，私营钱庄500多家，金饰店585家，大量游资疯狂地炒买金银、外币，抢购物资、囤积居奇和大规模走私。人们称这些地下钱庄为"剃刀门楣"。

1949年11月21日，中国人民银行华南区行和广东省分行同时成立。中共中央华南分局审慎应对金融，公布人民币为本位币，取缔伪币，禁用外币银元，短期内允许港币流通。打击"剃刀门楣"，维护经济稳定成了当地人民银行的重要职责。

12月4日下午，卢永根接到团市委书记陈恩的通知，要他明天早上7点前带领岭南大学地下学联的20名同学赶往市公安局集合。他连夜召集岭南大学地下学联的同学开会，确定了参加行动的人员名单，强调了纪律。第二天一大早，卢永根等人来到市公安局才知道，这次行动的目的是扫荡"剃刀门楣"。他们坐上卡车，与陆续前来参加行动的公安人员、工人纠察队员、学生一起赶往河南区海幢公园一带。市公安局的一个工作人员把卢永根叫到跟前，交给他一大沓材料纸和几捆笔，说："你是卢永根吗？我们现在分一下工，公安负责搜查和抓人，纠察队负责看守，学生队负责做材料和登记物品。"

"好的，保证完成任务。"卢永根表态说。

然后他返回学生队伍，与中山大学和其他几所大学负责带队的人进行了简单的分工，各自跟上一台车出发去河南区海幢公园。

队伍一下车，公安人员便两个一组进入周围以出租屋和商店形式出现的"剃刀门楣"。有的人正在交易，见公安人员来了欲往外跑，被拦住告知："对不起，请配合我们调查以后再走。"

卢永根也将同学们分成两个一组分别进行跟进，然后将交易双方的币种、金额和存量进行登记。对交易数量少，存量也不多，比较配合工作的一些地下钱庄户，他交代同学们在登记表上标记出来；对那些交易量大，设有专门金库，拒不配合的顽固户，他交代同学们另行登记。登记过后，他还将登记的情况交给随去的邮电职工进行复核，让邮电职工对照地下钱庄与香港的往账进行检查，做到不冤枉任何人。

在中共中央华南分局、广州市委、市政府及中国人民银行华南区行的领导下，卢永根与银行职员、公安人员、解放军官兵、工人、学生、邮电员工 2000 余人一起，大举扫荡广州市内的"剃刀门楣"，查封地下钱庄 130 多家，"剃刀门楣"549 档，扣留人犯 995 人，使形势即刻逆转。此举震动了全国。

卢永根认真负责的态度，受到了中共中央华南分局、广州市领导和市公安局领导的首肯，也引起了中共中央华南分局领导对他的关注。回岭南大学的路上，政治系哲学专业的胡景钊同学对卢永根说："永根同学，你的思路蛮清晰的呀。"

卢永根笑了笑，谦虚地说："也没什么。或许与我父亲在律师行工作有关，凡事得重证据！"

两人回到岭南大学康乐码头，物理专业的一位同学正在摄影，他招呼道："永根、景钊同学，你俩过来，我给你们合张影。"

卢永根看了一眼胡景钊，会意地一笑，两人便靠在栏杆上，合影留念。摄毕，卢永根说："谢谢你呀。孙中山先生曾三次到岭南大学演讲，每次都是从这里上岸的。感谢你给我俩留下这么好的纪念。"

时局的发展真的很快，如果人的认识水平跟不上，就会被时代和社会所抛弃。卢永根是个与时俱进的人，思想和行动上，他都能与党中央保持一致。1949 年 12 月底，共青团广州市工委给卢永根打来电话，说："卢永根同志，我们下个星期在中山大学举办广州市学生干部短期培训班，岭南大学地下学联的同学全体参加。"

卢永根又仔细地问了遍时间、地点后，便骑自行车一个一个地通知了岭南大学地下学联的同学。地下学联是时代的产物，同学们参加在中山大学举办的广州市学生干部短期培训班后，全部转为中国新民主主义青年团正式团员。

1950年1月，卢永根从岭南大学医学院转到农学院。

正像当初报考岭南大学是党的需要一样，这次从医学院转到农学院也是党的需要。一天，共青团广州市委书记陈恩把卢永根叫到办公室，与他讨论如何在岭南大学和广州市其他大学学生中开展团组织工作问题后，说："永根，你在香港就参加了地下党组织，是个'老党员'。我们广州刚解放，百废待兴。市长朱光说，'目前我们党的力量还比较单薄，在广州我们主要靠两股力量，一是工会，二是共青团'。以后，你担负的任务会更重。医学院的学科比较多，我们考虑让你换到学科比较少的农学院。你个人意见怎样？"

卢永根有些担心地说："我回来读大学就是听从党组织安排来报效祖国的，我个人完全听从党的安排，但是，如果我个人去申请换学院，学校方面会允许吗？"

"市里会跟你们学校沟通。对广州市的大学，我们的态度还是明确的：保护稳定并让其正常开展教学科研活动。当然，我们也提出了要求：一是增加老师和学生进学校董事会的数量；二是增加新的学科内容、增设课程。我们正好利用这个机会给你换个学院。现在主要看你自己的态度。你刚才的意见很重要，到时候，我们与岭南大学方面沟通好以后，让他们来通知你转读农学院的事。"陈恩说。

卢永根刚走出团市委的大门，陈恩又把他叫了回来，关心地问："永根，我还忘记问你了，从医学院转去农学院学习，学习上有没有什么压力？"

"没有，因为大学一年级医学院和农学院的课程是一样的。"卢永根回头答道。

"好，你去吧！"陈恩挥了挥手。

回到岭南大学后，卢永根找到王屏山说："眼看要过年了，你回不回家？"

"不想回了。再说，我们课程又紧，工作又忙，老家福建冷得擤鼻涕都会掉鼻子，还是在广州过年好了。"王屏山笑道。

"好呀，我也不想回香港过年。本来想到花县去看一看，可是爷爷奶奶又不在了。我们一起吧，刚好有好多事情呢。"卢永根说，"团市委马上要召开寒假青年学习班，我们以学院为单位造表登记现在团员的名册，然后由我来汇总，从而确定参会的人数和人员。"

听说有新的任务，王屏山的眼睛都亮了，说："没问题。也没那么复杂，以前各学院青年团花名册在我的手上，前不久在中山大学举办广州市学生干部短期培训班的时候，我们登记过一次，这一次只要通知每个学院的负责人把新增加的团员名单附上就可以了。"

"好的。那我们趁这次机会召集各学院的团组织负责人开个会，把团市委的学习通知发下去，免得晚了以后，有的同学放假回去过年了。"卢永根边说边从背包里拿出一份通知，"险些忘记把学习通知给你看了。到时候在会上，我来给大家传达一下团市委的这份通知吧！"

王屏山接过通知认真读了一遍，惊叹道："这个会议的规模比较大，全市共有 1200 多名进步学生参加。"

"所以，在传达通知的时候，我要着重强调一下纪律。"卢永根说着，跨上自行车边骑边说，"医学院那边由我通知就行了。"

"还是我一块儿通知吧！"王屏山故意拉长嗓音开玩笑说，"卢永根同志，我现在通知你明晚 7 点在怀士堂会议室开会。"

卢永根马上意识到自己的失误，便道了一声"谢谢"，飞也似的走了……

1950 年 4 月初，团市委在广雅中学举办广州市寒假青年学习班，全市有 1200 多名进步学生参加，岭南大学参加的有 108 人。市长朱光出席了开学典礼，他主要强调了青年工作的重要性，表扬了青年在广州解放初期和解放军进城时发动群众力量的作用，希望大家既要做推动社会向前发展的动力，又要做稳定社会的"定海神针"。新成立的文教方面的人员也做了表态发言。会上，团市委书记陈恩建议成立临时团总支。鉴于在发展新团员和打击"剃刀门楣"中的表现，卢永根被直接任命为临时团总支书记，负责发展新团员工作。卢永根通过与中山大学以及广州其他大中学校的团组织负责人探讨，摸索出了一套申请、考察、登记发展团员的程序和方法。陈恩听了汇报后，将这套方法作为这次寒假青年学习班的学习内容加以推广，为之后广州各学校成立团组织打下了组织基础。

寒假青年学习班结束后，卢永根也顺利地从医学院转到了农学院。骑自行车赶往农学院的路上，卢永根遇到了身着一袭长袍的校长陈序经。卢永根急忙跳下车，同陈校长打招呼："陈校长好！"

陈序经腋下夹着一部历史教材，关心地问："永根，你换学院的事办好了吗？"

"谢谢您，办好了。"卢永根说。

"农业和粮食是一个国家的根本，医疗是百姓民生的保障，二者都不好学呀。你的事务忙，多头兼顾，确实难为你了。"陈序经边走边说。

"校长是就两门学科的最终目的来说的，从现在学的课程来说，医学院比农学院确实要忙得多。"卢永根很有礼貌地表达了自己的思想。

这让陈序经心里着实高兴了一番：现在的青年已经有了自己的主见，与读死书、死读书的书呆子比不知要强多少倍，我们的国家以后就要靠他们了。想到这里，他朝卢永根挥了挥手说："永根，你快去忙吧！"

卢永根推车往前快走了几步，抬脚上车，说："好的，陈校长，我先走了。"

岭南大学的前身是所教会学校，经过有志之士多年努力争取，虽然没有让学校实现完全自办，但是，中国人在学校董事会和管理层有了很大的话语权。这与校长陈序经的努力是分不开的。

有一次，团市委书记陈恩问卢永根："你们学校校长陈序经教授在办学理念和对待新中国的态度上有什么倾向？"

卢永根如实说："他是一个做学术的人。时下，不少名教授和学者对党的政策存在疑虑而纷纷南下，准备经香港转往台湾或外国。陈校长却毫不动摇地坚守岗位，以自身的行动和礼贤下士的风范，把一批来自北方的名教授罗致到岭大，说服他们留下来，使他们成为广州解放后的学科带头人。"

"这一点我们是知道的。著名数学家姜立夫已于1948年去了台湾，陈序经写信将他请了回来；陈寅恪先生是史学泰斗，是国民党政府抢救学人运动的主要对象，最终出于对陈序经的信任而留在岭南大学。周恩来同志也对他很肯定呀。"陈恩说。

"他的突出表现是在'识才'与'容才'上。陈序经对于教授学者们不分是不是'海归'，只要有真才实学，他都很敬重。也从来不忌才，只要是学校需要，他都想邀请来岭大。像语言学家王力、古文字学家容庚、测绘学家陈永龄、土木工程专家陶葆楷、经济学家张纯明、历史学家梁方仲、医学放射学专家谢志光、眼科专家陈耀真毛文书夫妇、教育学家汪德亮、经济学家王正宪，以及王德辉、吴大业、秦光煜、陈国祯、白施恩、许天禄、潘孝瑞、端木正、林为干、郑曾同、蒋相泽、钟一均、廖翔华、杨绣珍等等，他们都来了岭南大学。我们学生新民主主义青年团活动的场所也是他提供的。"卢永根说。

"听说他还做生意？"陈恩问。

"这个我不太清楚。听人说陈校长为了实现'校长要为教授做好服务'的理念，也为了保证学校的正常运转和保证岭大教师能在物价飞涨的情况下按时拿到工资，他利用开学时的学费购入物资储存，需钱用时再卖出去保值、增值。"卢永根摸着后脑勺笑问,"这与我们去扫荡的'剃刀门楣'有没有区别?"

"这个区别大了,他又不是为了个人,他赚来的钱都用在学校运转上。"陈恩说,"像这样难得的高级知识分子,我们一定要保护。"

对如何在岭南大学开展工作,卢永根心里还是有底的。这个"底"就是毛泽东同志在中共七届三中全会上的讲话:"企图用粗暴方法进行文化教育改造的思想是不对的;观念形态的东西,不是用大炮打得进去的,要缓和,要用十年到十五年的时间来做这个工作……教会学校,不要在里头硬性教授'猴子变人'的唯物主义原理,要有灵活性。"

在内心深处,卢永根还对陈序经充满崇拜之情,当陈恩问起他对陈序经的看法时,他情不自禁地说了上面一段话,他甚至想:如果我当校长,也一定要像他一样容才、爱才、用才。

按照团市委的指示,岭南大学的团组织工作有条不紊地开展起来。

1950年9月23日,新民主主义青年团岭南大学总支部在怀士堂开会,团市委书记陈恩出席会议。本次大会选举卢永根为新民主主义青年团岭南大学总支部书记,王屏山为副书记和宣传委员,李宗浩为组织委员。

当时国际、国内形势风云突变,岭南大学也受到了很大的影响。国际上,美国发动了对朝鲜的侵略战争,悍然把战火引向了中国的家门口;国内,盘踞在台湾的蒋介石叫嚣着重返大陆,指令潜伏在大陆各地的特务对成立不久的新中国进行破坏活动。美国政府首先冻结在美中国资产并禁止向中国汇款,中国政府以冻结在华美国资产还击。社会上掀起了一股反对美国侵略朝鲜和打击美蒋特务破坏新中国社会主义建设的浪潮。岭南大学由于历史原因,还聘有20多名外籍教师,他们的去留问题、学校课程的设置问题一时间成了人们热议的对象。

在声讨美国对朝鲜的侵略方面，校长陈序经的态度是鲜明的，是坚决反对的。学生们的情绪也比较高涨，校园里反对美国文化侵略的呼声此起彼伏。为了更好地把控局面，卢永根找到团市委书记陈恩汇报。陈恩也感到自己拿捏不准，便带他直接向中共中央中南局宣传部代理部长李心清报告。李心清对岭南大学学生的爱国热情给予了充分肯定，指示卢永根要积极加以引导。另外，他还交代卢永根，要主动争取学校校长和其他爱国人士的支持；对美籍教授要采取分别对待的策略，对那些本意为文化交流的学者要善待，对那些进行文化侵略和发表针对新中国的反动言论的外国人要进行坚决斗争；同时，态度上要坚决，坚决克服恐美的心理；行动上要慎重，避免引起不必要的外交纠纷。

在国内全民进行抗美援朝运动之际，11月初，岭南大学一名姓李的牧师发表了"亲美""恐美""反动"言论。一石激起千层浪。这个李牧师的言论被媒体记者公之于世，岭南大学的美籍教师们则成了中国人民具体指责和控诉帝国主义罪行的现成标靶。

在卢永根、王屏山和胡景钊的带领下，岭大掀起了控诉美帝国主义文化侵略的热潮。校长陈序经明确支持师生们的爱国行动，他参加了第一天的控诉会，后面几天的会因为有事没有参加。

当然，批判美籍教师只是表面行为，而清除岭南大学原来深受美国文化影响的校园文化氛围，才是真正的目的。因为新中国要建立属于自己文化意识形态的大学，如果岭南大学的旧有文化不改，即便赶走美国人，它仍然不会成为共和国机器上的一枚螺丝钉。通过批判美籍教师的言论和行动，改变岭大人过去的思维模式和认知，使革命逻辑成为行为准则，此即统一思想的实质。这是一种与西方以及旧有传统不同的新文化，在这一新的思维下，美国人在岭大已无立锥之地，没过多久他们便全部离去。

控诉会后，岭南大学的师生在校园里进行游行，许多青年学子踊跃参加军干校，以实际行动支持抗美援朝运动。

1951年1月的北京,天气十分寒冷。

临出发前,陈序经反复交代:"晴带雨伞,饱带干粮。你虽然年轻,但北方的天气太寒冷,不多穿点衣服会感冒的。"在陈序经的一再提醒下,卢永根来到商场想买件厚一点的棉衣,但是,走遍了附近的大街小巷都没有现货。结果回家的时候,在校门口的一家公私合营的商店里看到一件外套,他掏了15元钱买下,心想:多一层纱总比少一层纱好。这是一件棕色灯芯绒夹衣,比一般的褂子要长,大小比较得体。卢永根试过后,也不脱下,便直接穿上走回家。还没走几步路,鼻子上就冒汗了。可是,到了北京,外面的气温足有零下20摄氏度,灯芯绒夹衣穿在身上像一块铁板一样。但是,他一点也感觉不到冷。卢永根这次到北京是参加教育部召开的"处理接受外国津贴的高等学校会议"的,岭南大学一共三人参加:杨重光先生代表校董事会,岑家梧教授代表教师,卢永根则代表学生。

会议期间,大会秘书处来电话找卢永根。

卢永根想:自己在北京不认识人,有谁把电话打到这里呢?他拿起电话,话筒里传来一个中年男子的声音:"你是岭南大学的卢永根?我是廖承志,是岭南大学的校友。今天晚上有空吗?你7点后到北京东城王大人胡同来找我好吗?"

"好,好。"廖承志的邀请让卢永根感到有点突然,但是,他无意识地连连答应了他。

如约来到廖承志家,卢永根感到十分惊奇:像廖承志这样有名的大人物家里,除了几个放满书的书架,也只有几件必要的家具。廖承志对母校岭南大学十分关心,卢永根一落座他就问了学校目前的教师情况、学生情况以及课程设置情况等等。卢永根尽己所知一一做了介绍。问到学生对美籍教师的控诉会的情况时,廖承志一脸凝重:"难为陈序经校长了。"

最后,廖承志说:"中国人是有能力把自己的事情办好的。希望你回去后努力学习,带领同学们与学校董事会和老师一道处理好岭南大学的公办问题。"

对如何处理好岭南大学以后的事,廖承志没有其他的想法,因为这次会议上马叙伦部长代表政务院做了具体的部署。临出门的时候,廖承志握着卢永根的手说:"会议期间有什么困难一定来找我。另外,学校转公办的过程中,教育部还会派人协助各学校,也会派人进行检查验收。"

会后,岭南大学与全国11所学校一道改为公办。这是一项复杂和政策性很强的工作,马叙伦既是建言谋策者,又是执行决策者,他坚决贯彻执行了中共中央和政务院确定的方针政策,使这项工作开展得比较顺利。

无疑,陈序经是位饱学而又开明的知识分子,他和所有的有正义感的知识分子一样,爱国家也爱学校,但是,知识分子就是知识分子——他们过于看重自己的学问和专业,对其他新兴事物的态度就是"不排斥,不干预,少参与"。当然,他们也不知道怎样参与进来。卢永根充分发挥自己善于沟通的特点,利用各种机会和场合同陈序经校长和其他老师谈心,把党的政策及时地传达给他们,让他们也一心一意跟党走。

木棉花盛开的5月,团市委书记陈恩来到岭南大学找卢永根,说:"广州市委正在研究如何在大学里成立党支部的问题。你有什么想法吗?"

"很有必要。陈书记,我要写材料进行专题汇报吗?"卢永根十分高兴地问道。

"不需要写专门的汇报材料了,因为在高校建立党支部的问题,是全国教育界的统一认识,是共识的问题。"陈恩说,"团组织是代替不了党组织的作用的。"

卢永根好像从陈恩的话里听出了另一层含义。果然,没过多久,广州市委给岭南大学、广东省文理学院和广东省法商学院等几所高校发来通知，决定成立中共岭南大学支部，直属广州市委，由卢永根担任支部书记，广东省文理学院和广东省法商学院各派一名党员担任副书记。

一次党支部会上，一名同志提出："岭南大学的陈序经校长主张教授治校，并且，搜罗了那么多知识分子，这是与党争夺人才。"他建议对陈序经进行批判。卢永根则提出了不同的看法。他说："陈序经主张教授治校，确实有局限性。但是，说他网罗高级知识分子是同党争夺人才，我看未必。"

"卢永根同志，你可是党支部书记，你要对自己的行为负责。"那名同志说，"控诉美国人文化侵略的后几个晚上，陈序经就没有露面——这显然是刻意回避。"

"我就是本着对党负责任的态度提出这个观点的。"卢永根实事求是地说，"数学学院的姜立夫教授夫妇，1948年就到了台湾，是陈序经专门写信请他回来。他们还在澳门见了面，当时回来很不容易。姜教授当时回来的理由是身体不好需要治疗。后来，姜教授以照顾自己的身体为由，写信把妻儿从台湾接了回来。在国民党如此严密的封锁下，陈序经能把著名教授从台湾请回来，我们还要怀疑他对党和国家的忠诚吗？另外，关于陈序经在对美国文化侵略的控诉会后几天没去的问题，他是请了假的，有书面请假报告，我们可以查得到。"

卢永根的话有理有据，得到与会其他人的赞成。但是，这时的中国处在社会剧烈变革的时代，各种思潮风起云涌，弄不好会招来同事们的抨击。当时的卢永根是本着对党和国家的赤诚才发表上述观点的。他的这种观点无疑也在一定程度上保护了岭大像陈序经一样的高级知识分子。

1952年6月19日，岭南大学师生结束了农村土改的体验回到了学校。三个月前，全校师生放假，深入各地农村帮助农民进行土地改革，同时改造自己的思想。

姜立夫教授不知从哪里听到对土改工作的体验还没有完，一时思想压力很大，也不知道怎样才能让自己跟上形势的变化。这天晚饭后，他来到陈序经的家里，说："费孝通教授在北京都发文呼吁要进行思想改造，我们就更要跟进了。但是具体怎样进行？我来向校长请教。"

"我们去找一下卢永根吧，他是我们学校的党支部书记。"陈序经提议说。

"卢永根也同我们一起去了农村进行土改体验，上午的时候中南局宣传部还找他过去商量事情，他在不在学校呢？"姜立夫问道。

"走，我们一起去找找。"陈序经再次说，"他应该在怀士堂。当时，他问我要一间办公室，我就在怀士堂给他安排了一间办公室。"

姜立夫忽然站在原地不动，用眼角的余光看着陈序经，问："听说要开展院系大调整，你将去中山大学？没有校长当了？"

"不要提这件事好不好？对你我做学问的人来说，不当校长未尝不是一件好事。"陈序经说。

"好，不提就不提。我看我们也不用去找卢永根了，走一步看一步吧！"姜立夫说。

于是，两人便沿着怀士堂北面的路往校外走去。

"陈校长、姜老师，你们去哪里？"正当他们快要走出校门的时候，正巧碰到卢永根骑着一辆自行车从校外回来，向他们打招呼。

陈序经和姜立夫你看看我，我看看你，愣了好一会儿，谁也不知道说什么好。

"这是怎么啦？两位老师，发生了什么事情？"卢永根不禁问道。

还是陈序经首先打破了尴尬，说："刚才我们正想去找你呢，可巧在回来的路上碰到你，这样的巧事，历史上也记载得少。"

"在数学方面来说，也是小概率事件！"姜立夫说。大概认为以陈序经校长的身份问卢永根知识分子思想改造的问题不合适，姜立夫问卢永根："永根，听说对农村土改的体验还没有完成，我们还要继续下乡吗？"

"据我所知，已经完成了。现在回来学校开展思想改造运动，头一阶段是'忠诚老实'运动。"卢永根认真地说。

陈序经怕姜立夫说错话，便接过话头说："对对对。我们学校原来是教会学校，虽然已经收回自办，但是，毕竟以前是教会资助的学校，并且现在的教学体制和课程设计还是沿袭以前的，没有完全改过来，我们老师的思想受西方教育方式的影响还是比较大。我们一定好好改造，好好检查。"

卢永根顺水推舟地说："思想改造运动是中央定的，上一次已经与陈校长商量过了。您说是吗？"

"记得，记得。"陈序经连声答道。

"中央工作组明天就要进驻学校了。袁永熙受中宣部、教育部和团中央委派，率领工作组到广东岭南大学和中山大学领导运动。中共中央华南分局在我们学校成立党组领导运动，由分局宣传部代理部长李心清任书记，中山大学副校长冯乃超任副书记，中央工作组组长袁永熙和我为党组成员。到时候，还要请陈校长和姜老师多多支持呀！"卢永根诚恳地说完便与两位老师道别回到了自己的宿舍。

这是新中国成立后第一场针对高级知识分子的思想改造运动，由于李心清、冯乃超、袁永熙和卢永根等人思路比较清晰，在开展思想批判的同时，又注重尊重和团结知识分子，岭南大学高级知识分子的思想觉悟有了飞速的提高。

卢永根的工作得到了上级领导特别是中南局领导的充分肯定。

根据新中国成立初期培养人才的需要，参照当时苏联的大学设立模式，政务院决定对全国高等院校进行院系调整。中山大学农学院、岭南大学农学院和广西大学农学院合并组成华南农学院，由著名稻作专家丁颖担任新组建的华南农学院院长。

1952年，卢永根随岭南大学农学院迁往学校新址石牌。离开康乐校区的时候,他专门来到学校北门码头。他手把栏杆,注视着波光闪闪的珠江,充满了无穷的怀念。他刚来的时候,是从这里上岸入学的。他也听说当年孙中山曾经三次来岭南大学演讲,也是从这里上岸的。前两年,他带领岭南大学地下学联的先进青年参加打击"剃刀门楣"回来,还专门与政治系哲学专业的胡景钊同学一起在这里合影留念……

念念不舍地离开了康乐园,卢永根真的流下了眼泪。骑在自行车上,他任由秋风吹着自己的头发。只有这样,他的思路才更清晰;也只有这样,他才感到自己肩上的担子确实不轻。此时的卢永根虽然还是学生,但是,他已经参与到学校的管理工作,特别是学校的党组织和团组织的工作。

10月15日,卢永根参加了华南农学院的筹备会议。会议由新任院长丁颖主诗。昨天晚饭后,丁颖教授派人将卢永根找去,两人谈了足足有三个小时。虽然从岭大医学院转学到农学院后,他常常听到丁颖教授的大名,但是,今天还是第一次见到他本人。政务院院系调整的通知下发后,卢永根获悉新成立的华南农学院将由丁颖掌舵,便做了一些功课,到岭大图书馆查阅了丁颖教授的有关资料。

丁颖,于1888年11月25日生于广东省高州县谢鸡镇石塘村的一个普通农民家庭,从小立志"科学救国"。1912年和1914年两度留学去日本。1919年毕业时,国内掀起五四运动,他声援中国学生运动上街游行示威,受到日本军警镇压,辍学回国。1921年4月,他第三次考进东京帝国大学农学部攻读农艺,研修稻作学。1927年回国后,他在茂名县公馆圩筹建了南路稻作育种场,随后又增设了石牌稻作试验总场和虎门、东江、北江等试验分场,对发展粮食生产做出了贡献。1938年,日军侵入广州,丁颖不顾生命危险抢运稻种和甘薯苗。中华人民共和国成立前夕,丁颖加入了地下党领导的护校行列,并出面保释被捕同学。中华人民共和国成立后,丁颖被任命为华南农学院院长,并当选为广东省政协副主席。丁颖对稻种的起源、演变、稻种分类、稻作区域划分、农家品种系统选育以及栽培技术等进行了较系统的研究,将中国稻作区域划分为地域分明、种性清楚的6个稻作带,得出温度是决定稻作分布的最主要生态因子指标结论,创立了水稻品种多型性理论,为品种选育、良种繁育和品种提纯复壮工作奠定了理论基础。丁颖倡导理论联系实际和教学科研生产三结合,为国家培养了大量的人才。

见到卢永根,丁颖很高兴,即刻站了起来:"你就是卢永根?怎么这么眼熟?"

"丁院长好。"卢永根上前握住丁颖的手。

丁颖快言快语地说:"了不起。别看你还是学生,据说是个有多年党龄的'老党员'了,还放弃家里的优渥条件,专门报考内地大学报效祖国,值得称赞。现在岭南大学农学院、中山大学农学院和广西大学农学院合并在一起成立华南农学院,怎样在我们学院成立党组织,我是一头雾水。今天请你来,想问问你的思路和想法。你是我党建方面的老师,我是你的学生。"

卢永根不好意思地说:"先生过奖了。新中国成立后,我们的重点工作马上就要转入以经济建设为中心这方面来。我一定要好好向先生学习才行。"接着,卢永根便就如何在学校成立党组织、党组织如何有效运行等方面的问题一一向丁颖做了介绍。

"明天我们学院要召开筹备会议,希望你在会上就党组织的成立和作用谈谈你的想法。"丁颖客气地说。

"明天的会议我会参加,但是中南局有领导来开会,发言由他们来做。我们党的原则是'下级服从上级,个人服从组织,全党服从中央'。"卢永根认真地说。

11月11日,华南农学院正式成立。团市委任命卢永根和吴维光分别担任华南农学院临时团总支部的正、副书记。

四个月后,即1953年3月,中共华南农学院支部成立,林如彤任书记,陈慎旃任组织委员,卢永根任宣传委员。

同年8月,卢永根从华南农学院农学专业毕业,省高校毕业生统一分配委员会决定他留校任作物遗育种学助教。留校教书,一是党的需要,二是丁颖的力荐。拿到毕业分配通知书的当天,卢永根来到丁颖办公室,师生两人再一次进行了长谈。这一次长谈,更加深了师生之间的友谊……他们的交往,也成了共和国教育史上的一段佳话。

中部

先党员,再校长,后院士

多干一点；少拿一点；腰板硬一点；说话响一点。

——卢永根

一、新任院长

1983 年 10 月 20 日。

透过办公室玻璃，赵善欢看到太阳底下的红色云朵和连绵的青山。如果不是站在窗前，他看到的则都是校园里的教学楼和绿化带里的树。就那么几分钟，精力有些不济，太阳底下的云朵和青山都幻化成了彩色的蝴蝶，他轻轻地叹道："夕阳无限好，只是近黄昏。"转身来到办公桌前，他拿起电话，拨通了农业系系主任卢永根的号码："永根，你到我办公室来一趟。"

他称卢永根为"永根"，而不是职务，足见彼此之间的关系非同一般——他们是师生。赵善欢留美回国后，便在中山大学农学院担任副院长。1952 年院系调整，中山大学农学院、岭南大学农学院、广西大学农学院合并成立华南农学院时，赵善欢任副院长，卢永根虽然担任学院的党委委员，但他并没有毕业，赵善欢还任过卢永根的老师。也正因为这层关系，在华南农学院，他从来没称呼过卢永根职务，卢永根见了他也从来没有改口叫过其他称呼。

"老师好！"推门而入的正是卢永根。

"永根，坐。"赵善欢从办公椅上直起身子，借着手的撑力站了起来，"岁月不饶人呀。永根，你看你额头的头发也掉了不少，两鬓也花白了。我呢，看东西都不能太久，如果太久的话便成了'看花不是花'啦。我今年整整 69 岁，如果我再干下去，就把你们都耽误了。"

卢永根径自在沙发上坐下，问："老师，怎么忽然发出这样的感慨？你是我们的领头人，你看你在昆虫学上的成就，哪怕不干事，只要在那里一坐，就是一块招牌。近年来，国际上几所比较著名的大学愿意同我们交往，不都是冲着你的名气来的吗？"

绕过办公台的右边，赵善欢拿起桌上的一份任命书给卢永根。卢永根接过看了一眼，说："谢谢老师的极力推荐。"

"没错，这与我个人的推荐有些关系，但是还是看你自己的表现和组织的信任。按资历和成果来说你早就应该是部级干部了。"赵善欢拣与卢永根打拐角的单人沙发坐下，俯过身子，"永根，你在新中国成立前就参加地下党，不简单呀！多年的媳妇熬成婆了。明天上午9点，全体教职员工和学生会干部到红满堂开会宣布任命。参加任命大会的还有农牧渔业部人事司司长宿镇坤、教育部和广东省委组织部的领导。到时候，你自己表个态吧！"

"就这件事吗？我记住了，我先走了。"卢永根站起身。

"别忙。同你搭班子的胡守训、吴维光和庞雄飞等会儿都会来。"赵善欢指着任命书说，"你们正好预先碰一下头。以后华南农学院就靠你们了。丁颖老院长可是把我们学院搞得红红火火，我没有他的能耐和水平，勉强维持到现在。国家正是用人之际，希望在你们身上。永根，你干党务工作是一把好手，也是一把老手，记得老院长在69岁高龄的时候你介绍他加入中国共产党。但是，考虑到你的专业特长，上级还是想让你做院长。我们的体制是党委领导下的院长负责制。"

即将出任华南农学院院长的消息，卢永根很早就已知道。三个月前的7月18日，他随赵善欢出访美国宾夕法尼亚州立大学农学院，就是以候任院长的身份同行的。卢永根今天能出任这个职务，离不开两位恩师的培养：第一位就是丁颖院士；另一位就是赵善欢。两位恩师对党和国家的忠诚、对学术的严谨、待人的谦卑，对卢永根的人生产生了很大的影响。

赵善欢教授是我国著名昆虫学家，在水稻主要害虫综合防治、有机合成杀虫剂、植物性杀虫剂、昆虫毒理学、作物根区施药、害虫不育技术与昆虫激素等方面，成果斐然。

他是广东省高要县（今肇庆市高要区）人，出生于1914年，从小喜欢捕捉千奇百怪的昆虫，萌发了研究的志向。

15岁那年，他进入了中山大学农学院学习，水稻专家丁颖、植物学家陈焕镛、土壤学家邓植仪和昆虫学家尤其伟等名教授十分喜爱他。赵善欢的课余时间不是去图书馆，就是在野外捉虫制作昆虫标本。1933年，赵善欢毕业留校任教；两年后，他被选派留学美国。仅用一年时间，他获得了美国俄勒冈农业大学学士学位，又用一年时间获得康奈尔大学硕士学位，再用两年时间拿到博士学位。读书期间，他不仅自学了法语、德语，而且还发表了多篇有影响的论文。

1939年，他受聘于康奈尔大学研究院，不久，他毅然回到了中山大学农学院担任副教授，26岁时晋升为教授。

赵善欢说："做学问要善于抓两头：一头是了解国际先进科技成果，一头是了解国内生产实际，包括学习和总结群众的生产经验。"

赵善欢在华农校园里建立了杀虫植物标本园。每次出差收集到各种杀虫植物，他便直奔杀虫植物标本园，将带回的植物种植好才放心回家。

想到这里的时候，卢永根发自内心地说："老师，您和丁颖老师一样是我们学院的耀眼星星。"

"永根，你别给我'盖棺定论'！行政上我退休了，学术上我还年轻呢！"赵善欢笑道，"永根，你以后就用我这间办公室好了，采光很好。"

"谁说不是呢？老师还年轻着呢。"随着一阵哈哈大笑，胡守训和吴维光、庞雄飞一同走了进来。

新班子人马便都来齐了，农牧渔业部的任命书上，胡守训任书记，卢永根任院长，吴维光和庞雄飞任副院长。

从赵善欢院长那里出来，卢永根回到了农业系办公室。从1979年被任命为农业系副主任到现在，他在教学的同时，坚持做科学研究。1980年1月,他发表在《华南农学院学报》上的论文《水稻初级三体及其在遗传研究上的应用》就是在这间办公室的办公台上完成的。在他的学术生涯中,这篇论文具有划时代意义,因为它标志着卢永根对水稻遗传育种方面的研究从传统的方式向分子研究方面的转变。在这篇论文中,卢永根对三体植物的分类、水稻初级三体的来源、水稻初级三体的形态分类、水稻初级三体的细胞遗传学、水稻初级三体在遗传研究上的应用等方面展开论述,提出水稻三级在遗传研究上的用途为:检验用传统方法所得连锁遗传分析结果的可靠性;测定连锁群的独立性;对新的突变基因进行定位。

他很享受自己的学术研究和研究成果。当年,卢永根在香港加入地下党组织时面临着三种选择:一是回内地打游击;二是继续留在香港升学或工作;三是回内地升学。党组织最后决定派他回广州岭南大学升学,迎接广州解放。他是新中国自己培养出来的科学家。大学期间,他遇到的老师都是泰山北斗级的人物,像陈序经校长、丁颖院士及至后来亦师亦友的赵善欢。政治上也是如此,像香港培英学读书时的林莽中、中共中央华南分局宣传部李心清、团市委书记陈恩等。想到这些,他便感到自己活得十分充实和自在。今年7月,他以候任院长的身份随赵善欢院长出访美国宾夕法尼亚州立大学农学院,他便提出想看看他们的管理体系和学科构成的要求。他从有关资料上了解到:宾夕法尼亚州立大学是美国最早建立的公立大学之一,建校于1855年,一度被《新闻周刊》评为"培养企业家最出名的大学"。

该校农学院成立于1861年,是全美国第一个农学院。该学院设有农业管理、农业教育、农学、农村系统管理、土壤生态学、动物学、环境聚落发展、环境资源管理、食物学、森林科学、园艺学、传染病学、景观学、毒理学、草本研究、生物医药学、渔业研究、木材研究等专业,有12个学术项目组以及67个办公室。该学院被认为是美国最大最好的基层农业研究教育基地,在研究蜂群崩坏症候群CCD以及水资源管理方面做出过巨大贡献。

结合自己 1981 年至 1983 年在康奈尔大学做访问学者的经历和这次考察宾夕法尼亚州立大学农学院的心得，卢永根正在写对华南农学院进行改革的报告。报告已经写了一半，正在兴头上，赵善欢就来了电话，请他过去。

赵善欢要他去他就一定得去，哪怕是叫他去闲聊也得去，因为农牧渔业部对自己的任命虽然还没有正式下达，但担任院长一职的消息全院的老师几乎没有不知道的。如果自己以写报告脱不开身而拒绝前往，一定会招来非议。并且，赵善欢是世界著名的昆虫学家，又是在职的院长，无论从哪方面说自己都得去——除非家里死了人。

想到"家里死了人"，卢永根心里隐隐作痛——1954 年 10 月 15 日，学校门卫室的大爷大呼小叫地找到他，要他听电话。他赶到门卫室的时候，听筒里只剩下嘟嘟的声音。他正准备离开，看门的大爷说："等了你这么长时间，对方肯定把电话挂断了。不过，你先别急着离开。我听对方的口气有急事，过不了几分钟，他还会再打过来。"

卢永根听了门卫的话留了下来。果然没过几分钟，电话铃就响了。大爷拿起听筒，说："请等一会儿，他在这里呢。"

拿起电话来一听，卢永根的心都要蹦出心腔了，电话里传来四叔低沉的声音："永根，你老爸病逝了。"

卢国辉的话，像天上的滚雷把卢永根几乎震倒。停了几分钟，卢永根才缓过气来："四叔，我老爸病了多久？"

"病了两年多，他一直叫我们不要告诉你。这一次，他也留话不让家人告诉你，但是你妈妈实在忍不住，要我把消息传给你。你回得来就回，回不来就别回。"卢国辉稍许平静了情绪。

"叔，我回不来，手续很难办。"卢永根强忍心头的悲痛说，"四叔，能不能把老爸的骨灰迁回花县安葬？"

"孩子，香港回内地审查更严！"卢国辉低沉地说，"只要你有孝心，你爸就会安息的。生前他留话说，'自古忠孝不能两全，让永根好好报效祖国'。告诉你是你妈的主意，她说，'不告诉你的话怕你会责备我们'。如果太难的话,你就不回来吧!"

"四叔,晚上我给我爸叩头。我不孝,你告诉我爸:家训我记得了。"

"好吧!我要去帮忙料理后事了。你自己要保重。"卢国辉无可奈何地说,"这不怪你。你好好地干,把国家建设强大了,把香港收回了,就没有骨肉分离了。"

"四叔,拜托了——"卢永根把话尾拖得很长。

那一头把电话挂了,卢永根拿着话筒愣了半天。

卢永根默默地坐下,打开笔记本认真地写着。学校后勤处要给他安装一台电脑,他拒绝了。他当然知道办公自动化会给自己带来很大方便,但是,现在学校仪器和设备奇缺,教育经费紧张,自己怎么舍得花上万块钱安装电脑呢?给家里安装电话,他虽然也反对,但是,后勤处的人请动了院长赵善欢。赵院长说:"永根,给你家里装电话的事是我安排的,主要是为了工作方便。你不装电话是想给我撂挑子吗?"

话说到这个份上,卢永根就同意给家里安装一台固话。这电话今天还真派上了用场。他抬腕看了一眼电子表,时间是 6 点 50 分,他拨通了家里的电话。话筒里传来妻子徐雪宾的声音:"阿卢吗?过了饭点不回家吃饭了吗?"

1955 年 3 月 15 日,学院党委批复,同意卢永根和徐雪宾确定为恋爱关系,1957 年 8 月 9 日,两人正式登记结婚,十分恩爱。夫妻双方任何一方有事不能回家都会预先设法告诉对方。今天也一样。

"徐老师,我还没开口呢,你怎么知道是我?"卢永根高兴地反问。

"除了你还有谁往家里打电话?"徐雪宾平淡地回答。

"从结婚到现在,我知道你一直逗我开心呢。你当我真的不清楚电话有来电显示?"卢永根笑着说道。

"阿卢，你真的小看我了。家里的电话机哪里有显示？有显示的那台，你给了骆世明。你给骆世明送电话机的事不知被谁向外泄露了，人家问骆世明是不是'骆'永根的亲生儿子！"徐雪宾微笑着。

"我怎么没听说过？骆世明真要是我儿子，我也要把电话机送他。举贤不避亲嘛！"卢永根认真地说。

"你是系主任，又是美国康奈尔大学的访问学者，谁敢当你的面说？"徐雪宾轻言细语地说。

"好了，不说这些鸡毛蒜皮的小事了。我跟你说，我晚点回家吃饭，你把饭热在锅里。我要写一份材料。"卢永根说。

挂断电话，卢永根就沉下心来写考察报告。管理体制上，如何改制；仪器和设备的购置上，有什么轻重缓急；人才的引进和使用上，如何打破论资排辈的常规；教职工队伍管理上，应该以树立正确的人生观、价值观、世界观为导向……洋洋洒洒，一篇上万字的考察报告即将完成。

办公室的门被轻轻地推开，徐雪宾提着保温饭盒侧身走了进来，轻轻地把门关上。

"这么晚了，你还来干什么？"卢永根写完最后几个字，抬起头。

"我不放心呀。"徐雪宾微笑。

"年纪这么大了，你还有什么不放心的呢？"卢永根因完成了考察报告显得特别放松。

"你当我不放心什么？我是不放心你的身体。人是铁饭是钢，赶紧先吃饭再说。"徐雪宾态度很坚定。

"我已经写完了，真有点饿了。"卢永根凑到徐雪宾跟前，傻傻地看着她。

徐雪宾有些不好意思："几十年了，你还没看够？这个行为可不是'老布'的行为。"

"什么'老布'？"卢永根问。

"你真不知道？我带的育种班的同学暗地里称我们俩为'老布'，

意思是老布尔什维克。"徐雪宾说,"不过,同学们真没有什么恶意。"

"你怎么知道的?"卢永根笑问。

"还不是那辆自行车惹的祸!那天,自行车链子掉了,我只好推着走,结果迟到了两分钟。同学们以为我没到,结果在教室外,我听到同学在说:'老布从来不迟到的,今天怎么了?难道是病了?如果是这样,我们要去看看她。她的老公更加布尔什维克,很不会照顾人的。'孩子们这是在关心我呢。"徐雪宾笑道。

卢永根伸手帮她理了理鬓角的头发,面带歉意地说:"真难为你了,又要教学又要顾家庭,把你头发都累白了。"

"我们年纪都大了,你也要注意身体。"徐雪宾边给卢永根倒汤水边说,"听说你的任命书下来了?"

"才下来。怎么传得这么快?刚才赵善欢院长召集我和老胡等几个人谈话,说的就是这件事。"卢永根边吃边说。

"你慢点吃好不好?又没人同你抢!"徐雪宾笑道,"噢,你快到学院任职了,要不要与系里的同人举行个告别仪式?开个会什么的?"

卢永根夹了一条菜心塞进嘴里,说:"让系里做主吧。他们的班子也早就定下来了,我不宜干预太多。另外,我以后回到实验室做实验并到学校的试验田观察都以普通教师身份前去,否则新班子的压力太大出不了成果,我这个前系主任不就成了罪魁祸首了吗?"

"那我以后怎么做?"徐雪宾问。

"这么多年你不都这么过来了吗?潜心做学问,潜心教学生;行政方面的事少发表意见和建议——这不是你一贯坚持的吗?"卢永根咽下那口青菜。

徐雪宾娇嗔道:"别给我戴高帽子,你告诉我怎么做就行了。"

第二天,华南农学院红满堂召开有学生代表参加的教职员工大会。会上,农牧渔业部党组派人事司司长宿镇坤公布了对卢永根等人的任命,广东省委组织部副部长古志德参加了会议。

红满堂建于1958年,是华南农业大学的历史文化符号,采用砖拱结构，大厅面积700多平方米，没有一根柱子。专家们称这种独特的建筑为"广东壳"。微波荡漾的洪泽湖，葱茏馥郁的白兰花林，让红满堂成了学校里最美的风景。无论是学校工作会议、学生开学典礼、毕业典礼，还是师生文艺晚会、周末舞会，都在这里举行，红满堂成了华农的一张名片。

会后，卢永根问赵善欢："老师，退休后你有什么要求？"

"永根呀，退休就退休嘛，还有什么要求？如果你硬要我提要求，那就是科学没有'退休'一说，我们学院的实验室还让我进、昆虫标本还让我用就足矣。这以后，无官一身轻，我就可以潜心做我的研究了。"赵善欢挥了挥手。

卢永根感激地说："老师，教授是终身制的。你永远是我们华农人的骄傲。"

二、老师，安好

1984 年，对华南农学院的所有师生来说都是不同寻常的一年。

教育部批准华南农学院改名为华南农业大学。这次改名，意味着在华南地区一所综合性的农业大学的诞生，它不仅仅从名字上进行了更改，更是从学科、管理体制以及在国家经济发展中所起的作用方面进行了改革。华南农业大学改名后，下属的各系也改变为二级学院。

骆世明走马上任成了华南农业大学农学院副院长，他来向卢永根汇报工作，一进门就毕恭毕敬地说："卢校长，你写的美国宾夕法尼亚州立大学考察报告刚一递交上去，教育部马上同意我们学校更名。了不起！"

卢永根盯着骆世明的眼睛看了半天："世明，我怎么越看越不像你呢？"他上前扶着骆世明的肩膀请他在沙发上坐下，语重心长地解释："学校改名是教育部早就定下来的，我可不能贪为一己之功，顶多敲了一下边鼓。你说是吗？你骆大学者不也有这个想法？"

一句话说得骆世明有些害臊起来，他忐忑地说："校长，我没别的意思……"

"我知道。"卢永根亲切地说，"我们学校从 1909 年到现在有 70 多年办学历史。在 70 多年的办学历程中，形成了优良的办学传统、鲜明的办学特色和'修德、博学、求实、创新'的优良校风。今天，我们改名的目的就是要把我们学校建立为有研究生教育、本科教育和继续教育多层次多形式的办学体系。我们要完善学科门类，除了扩大本科专业，还要建立博士学位授权一级学科和硕士学位授权一级学科，要建立国家重点学科、农牧渔业部和林业部的重点学科、广东省的重点学科。我知道,你在农业生态学科研究上倾注了很多心血,这个领域的研究其实可追溯到20世纪60年代我们的老院长丁颖院士开展的全国性水稻生态学协作研究。我们要争取让我们的生态学科成为广东省重点学科和农牧渔业部重点学科,并先后列为省部共建的重点建设学科,要形成'学士—硕士—博士—博士后'全程人才培养体系。这个专业要以研究热带亚热带农业生态系统模式的形成、演变和系统优化与调控规律及可持续发展为特色,突出生态系统内部生物间化学关系和营养关系的研究。"

骆世明边听边点头赞同:"我就是冲这个来找你的。"

"我才刚上任呢,你就来提建议,并且一进门就给我戴高帽子。"卢永根接过骆世明手上的材料。

卢永根打心眼里喜欢骆世明。1968年,骆世明从华南农学院农学系农学专业毕业,后来在华南农学院读研究生,1981年到1982年到美国佐治亚大学生态所进修,毕业后留在华南农学院即现在的华南农业大学工作。倒不是因为他与自己有共同的留学背景,而是骆世明热爱党的教育事业,热爱科学研究,具有良好的师德和科学家风采。在科研与教学过程中,骆世明十分重视实践,一有机会就下到基层考察,下田进行观测实验,而且他还重视理论研究。

骆世明紧绷的神经放松了许多,他说:"老师,中国是一个农业大国和人口大国,要解决中国人的吃饭问题,就必须首先解决农业的问题。"

卢永根边翻阅材料边说:"所以你大学毕业后下到基层农村,从事农业技术研究和农业生产指导工作,一干就是10年。"

"老师,你说过不表扬人的。"骆世明腼腆地说,"不过,通过在农业生产第一线的实践锻炼,我现在研究农业生态学感觉有了深厚的实践基础。"

卢永根笑道:"我的表扬可是实实在在的。"

一谈到学术层面,骆世明更加兴致勃勃:"老师,我想尽快召开全国农业生态学培训会议,把我对农业生态学、化学生态学以及计算机技术在农业中的应用等方面的研究,对华南地区热带亚热带生态农业模式长期而系统的研究的理论见解,如人口密度梯度理论、城乡经济梯度理论等以及研究和总结的一系列生态农业模式和相关的关键生产技术,传授给国内同行和科技工作者,进而成立中国国际农业培训中心,建立我们学校在这个领域的主导地位。"

"你这个思路很好。不过,我们没有相关的教材。"卢永根说。

"我可以把我平时的讲义改编成《农业生态学》教材。"骆世明胸有成竹地说。

"好。你再花一点心血写一个请示上来,需要我们做什么你尽管提,我经过校长会议讨论后,给你答复。"卢永根满意地点了点头。

卢永根喜欢骆世明,骆世明很少谈及私事。当然老师们有什么生活上的困难和要求,卢永根只要能做到的也一定尽量做到,但是,他总觉得年轻人就是要做一个有理想的人。骆世明离开后,卢永根决定把生态农业作为主要专业来抓。

助手张桂权推门而入,身后跟着腋下夹着文件夹的学校党政办公室文书。文书走到卢永根跟前,将文件一一拿了出来,指着明天要召开的纪律教育工作会议通知,说:"这个会议需要全体院领导参加。"

她又翻到另一份校长会议纪要:"这个学期将要结束,会议纪要上研究决定明天要举行丁颖教授逝世 20 周年纪念大会。接到省委办公厅的通知,广东省委副书记郭荣昌将来我们学校一起参加。明天要着正装,由您和郭副书记共同主持丁颖塑像揭幕仪式。您的讲话稿不知是否写好了,写好了的话,我马上交给打字员帮您打好。"

卢永根从抽屉里拿出自己的手稿,交给文书说:"丁颖院士的塑像完成得怎样?这份稿件除了谈了丁颖院士的生平和功绩外,最主要的是谈他严谨的治学态度和对党的热爱,号召全校师生向他学习,把他的精神代代传承下去。20 周年纪念活动就在丁院士的塑像前举行,不另外找场地。低年级和上公开课的师生都要求参加,也是一次受教育的机会。"

文书答应着离开了。

张桂权则十分恭敬地把最近的课题研究进展向卢永根做了汇报。

1984年12月3日上午8点30分,广东省委副书记郭荣昌早早地来到了华南农业大学校史展览馆。卢永根和学校的班子成员一起到展览馆外迎接。郭副书记与大家打过招呼,话题主要是广东如何在改革开放的大浪潮中发挥农业大学的专业作用。他希望华南农业大学锐意进取,培养出一大批又红又专的农业科学家。

郭荣昌的话又把卢永根的思绪拉回到与丁颖院士朝夕共处的日子——

事情还得从1958年说起,当时整个社会都在进行整风反右运动,学术上苏联米丘林遗传学成为主流,卢永根对米丘林的学术观点发表了不同的看法,还有,在向院党委上交的交心材料上对"大跃进"也发表了自己的观点。结果,大会小会地对卢永根进行了批判,还给予他留党察看一年的处分。1962年8月,根据1961年中共中央对近年受过批判和处分的党员干部进行甄别、平反的指示精神,学院党委决定撤销1958年对卢永根留党察看一年的处分,给予彻底平反,恢复荣誉。正是在这个当口,学院党委书记宫志坚找卢永根谈话:"卢永根同志,刚刚给你平反,又有一项重要的工作落在你的肩上,希望你克服困难,服从组织安排。"

"宫书记,你尽管吩咐。你知道,我从一名懵懂的香港仔成长为一名中共党员,我的这颗心是不会变的。"卢永根说。

"经丁颖院士选定和华南农学院党委同意,卢永根同志,你须即日赴北京中国农业科学院任丁颖同志的科技助手。"宫志坚说。

卢永根心里很高兴:又能回到丁颖身边工作,那是多么惬意的事。学术上,卢永根完全接受了丁颖的观点。丁颖认为,开展作物栽培研究要掌握作物自身的生长发育规律，以及作物生长发育有关的环境条件变化规律和作物生长发育与环境条件相互关系的规律。改良种性和改善环境条件，协调好品种种性与环境条件的关系，是水稻增产的关键。他从水稻灌溉用水、吸肥特性、开花习性、产量相关等问题入手，对与水稻产量形成密切有关的分蘖消长、幼穗发育和谷粒充实等过程做了深入研究，为人工控制苗、株、穗、粒实现计划产量目标提供理论依据；同时又根据水稻在生长发育进程中的现象来检验技术措施的合理性，为总结群众经验提供科学办法。丁颖注重实践，他根据水稻既需水又需旱的特性，以及水旱交替对稻田土壤的物理性、化学性和微生物活动的促进作用，指出实行水旱轮作，做到"以田养田"，"以小肥生大肥"是今后水稻丰收的重要途径。

在环境条件对作物生长发育的影响上，丁颖与米丘林的观点基本一致，丁颖曾进行多年的水稻周期播种试验，加深了他从生态学角度开展水稻品种栽培研究的观点。晚年，他还亲自主持了"中国水稻品种对光、温反应特性的研究"，组织了12个协作单位，选用各稻区有代表性品种157个，在8个省（自治区）的10个试点进行历时3年的实验，取得了详细的科学数据，并根据部分资料整理成专题论文于1964年在北京科学讨论会上宣读。丁颖去世后，遗留下来的工作由卢永根及其学生来完成。这项研究验证了丁颖关于中国稻种起源、演变、稻作区域划分和品种分类的学术见解是符合实际的，并在分类上补充了品种光温反应型与熟性关系，把全国水稻品种分为14种光温反应型，为地区间的引种原则、育种目标以及一些特殊品种资源的利用，提出了具体的科学的依据。

为了学好本领报效祖国，卢永根对米丘林遗传学进行了认真系统的学习。1955年8月，卢永根与徐雪宾确定恋爱关系后不久，卢永根便由华南农学院选派到北京农业大学参加由教育部举办的为期两年的作物选种进修班，该班聘请了苏联专家费·米·普罗茨科夫讲授。告别热恋中的女友，卢永根一头扎进了米丘林的学术里。

米丘林认为：生物体与其生活条件是统一的，生物体的遗传性是其祖先所同化的全部生活条件的总和。如果生活条件能满足其遗传性的要求时，遗传性保持不变；如果被迫同化非其遗传性所要求的生活条件时，则导致遗传性发生变异，由此获得的性状与其生活条件相适应，并在相应的生活条件中遗传下去。从而主张生活条件的改变所引起的变异具有定向性，获得性状能够遗传。这个学说中关于无性杂交、辅导法和媒介法、杂交亲本组的选择、春化法、气候驯化法、阶段发育理论等，对提高农业生产和获得植物新品种具有实际意义——卢永根对这些都是认可的，但是，他认为：米丘林关于生活条件的改变所引起的变异具有定向性，获得性状能够遗传的理论，缺乏足够的科学事实根据。卢永根把自己的观点写进汇报材料里，正因为这个，1958年他受到了批判，直到4年后，他才被平反。

上午9点还差5分钟，张桂权来到一楼休息室对卢永根耳语道："老师，时间到了。"

卢永根起身，对郭荣昌副书记扬了扬右手，说："请。"

于是一干人等朝三楼丁颖纪念馆走去。

丁颖的半身铜像坐落在正中的屏风前面，在大家的掌声中，郭荣昌与卢永根分别站在丁颖的半身铜像的两旁举行了揭幕仪式。

丁颖铜像一座安放于华南农业大学校史展览馆三楼丁颖纪念馆，一座安放于广州白云山和黄神农草堂中医药博物馆。

丁颖纪念馆是学校为纪念丁颖院士，在百年校庆前专门装修设立的。此外，华南农业大学为继承和发扬丁颖精神，多次举行丁颖教授逝世纪念活动和学术报告会，专门设立了丁颖科学基金。

郭荣昌在揭幕仪式后代表省委、省政府讲了话。他从康有为说到孙中山到叶剑英再到丁颖，历数文化界、政界、军界和科学界的广东名人，然后激情满怀地希望华南农业大学趁着学校改名的东风，不断壮大教职工队伍，多培养像丁颖一样对国家建设有用的人材。

卢永根也讲了话。他从32年前开始回忆："1962年8月，丁颖院士向华南农学院党委打电话，要求调我去北京中国农业科学院担任他的科技助手。这不仅是他对我个人的关心，更是对我们华农的关心。同年11月，华南农学院庆祝成立10周年晚会，丁颖院士因为腰痛身体不适，专门派我回来参加庆祝大会，在会上我代他宣读了《三十八年的回忆和感想》。"

在总结丁颖精神的时候，卢永根强调了丁颖细心钻研科学和"实践实践再实践"的精神：

"丁颖精神的实质就在于不断地学习和实践。丁颖从事稻作科学研究、农业教育事业40余年，在国内外发表论文著作140多篇，其中《中国稻作起源与演变》《中国水稻品种对光温反应特性的研究》《水稻分蘖、幼穗发育的研究》获1978年全国科学大会奖励。他组织全国著名水稻科学家55人，主持编写的《中国水稻栽培学》更是一部反映我国当代水稻栽培科学水平的巨著，也是他生前竭力倡导、身体力行、开展学科大协作的集体智慧结晶。

"1963年的8月至10月，丁颖那么忙，既要组织全国的农业科学院的行政工作，又要从事科研活动，另外，国务院的一些外事活动也要他一起参加，但是，他带领中国农业科学院的专家和学者对西北干燥地区水稻品种和栽培技术进行了考察。地点包括内蒙古河套、宁夏、甘肃、新疆以及陕西西部、陕北。随行的有当时国内有关方面的顶级专家，比如中国农业科学院作物所的林世威、沈锦骅，天津稻作研究所的俞履圻，广东省农业科学院的钱咏文。我们是10月份到的新疆，那时候的新疆气候已经很冷，丁颖院士还带着大家下到稻田仔细观察土壤的酸碱度、水稻的适耕性等。

"丁颖院士直到逝世前也没有停止实践。1964年8月，他还带着中国农业科学院作物所的黄清港前往山西实地考察水稻生长情况，后来在陕西考察水稻期间，陕西省农业科学院汉中水稻试验站的赵志杰全程陪同考察。

"同年9月至10月,丁颖院士到山东临沂地区考察水稻。他当时感到有点累,同去的天津稻作研究所俞履圻面对年近80岁的丁老,劝他休息一下再去实地察看,他就是不从,结果在途中就生病了,没有办法,我只得将他的情况向山东省委办公厅做了汇报,山东省委办公厅派两名医务人员护送丁颖院士回北京。下火车后,丁颖院士被送进了北京的医院,观察一星期后诊断为肝癌。10月14日凌晨,丁颖院士离开了我们。弥留之际,除家人和中国农业科学院领导外,赵善欢、吴灼年和我在场。说到底,他至死都没有停止实践,他想把水稻种到长城脚下,种到茫茫戈壁……"

讲到动情处,卢永根不禁哽咽。

最后,卢永根说:"丁颖院士办农业教育,倡导理论联系实际和教学科研生产三结合,为国家培养了大量的不同层次的教师和科技人才。他尊重人才,爱护人才,任人唯贤。华南农学院是由中山大学农学院、岭南大学农学院与广西大学农学院共同组成的。在他的领导下,三校师生不分彼此,融洽相处,教师队伍稳定,教学质量逐年提高。这是他调动知识分子积极性的成功范例,也使同行晚辈深受感召。'学农、爱农、务农'是丁颖经常对师生进行教育的一句名言,也是他身体力行的座右铭。他的言传身教,对青年学生巩固专业思想,树立深入基层、艰苦朴素、踏实工作的作风起到了潜移默化的作用。前不久,华南农学院改名为华南农业大学。我们要在丁颖院士精神的鼓舞下,好好做学问,好好练本事,深入实践,把自己培养成为像丁颖一样又红又专的人才。"

揭幕仪式举行得简短而又庄重。省委副书记郭荣昌本来很忙,开完会后还要去粤北重镇英德县调研,在临离开前,他忽然对送自己到楼下的卢永根说:"卢校长,我还有一段时间,既然来了,就不妨再到你们的水稻生态研究室去参观一下吧!"

卢永根一听,高兴地说:"难得郭书记今天有空,欢迎之至。那我的车在前面带路。"然后回头向一起参加揭幕仪式的老院长赵善欢说:"老师,你坐我的车一起去吧。"说毕,拉开车后门,照顾赵善欢上车。

"卢校长,郭书记请您坐他的车一同前去。"一个年轻人从郭荣昌所乘车的副驾驶位上走下来对卢永根说。

"好的。"卢永根关好自己的车门,交代司机:"你和赵老在前面带路吧。"转身便钻进了郭荣昌的车里。

"卢校长,你的母亲和亲戚在美国生活了这么些年,打下了很好的基础,但是,你去美国做访学者时却不愿留下来,与那些千方百计想办绿卡留在那里的人截然不同。省委书记任仲夷同志交代:我们党需要像你这样既懂科学又爱国的知识分子。"郭荣昌侧过头来说,"听说,你们的水稻生态研究室办得很红火,并且是全国比较先进的研究室,丁颖院士的野生种子标本也在那里?"

对共产主义的信仰是卢永根一生的追求。真正了解卢永根的人,知道他成长历史和经历的人,都清楚这一点;不了解他的人或了解不深的人,会认为他犯傻或装蒜。但这一切的一切对他来说都无关痛痒。他常常告诫自己:不要在不理解的人面前谈理想、信念,更不要在不懂的人面前解释自己的观点。今天听了郭荣昌的当面表扬,他有点不好意思,脸马上红了。当郭荣昌提到丁颖院士收藏的野生稻种时,他的兴致又高涨起来,说:"1965 年 5 月,在中国农业科学院处理好丁颖院士的后事后,我陪他的家属回到了华南农学院,当时被安排在水稻生态研究室工作,专门负责整理丁老的科学遗产,院里还派符国惠协助我。现在,华南农业大学在农业机械化及其自动化、植物保护、农林经济管理、生物技术、动物科学、食品科学与工程、食品质量和安全、动物医学、茶学、林学、农学、园艺等学科上,与全国其他农业大学相比无论师资、科研成果和毕业生人数排名都比较靠前,特别是农学院的作物遗传育种学科是国家重点学科,作物遗传育种和生态学学科是教育部和广东省重点学科。这些成绩的取得与丁颖院士打下的基础分不开。"

"听说丁老收藏有 8000 多份野生种子标本,经过'文化大革命',那些标本还保持完好吗?"郭荣昌关心地问。

"从 1958 年开始,由于'反右''文化大革命'等政治运动影响,华南农学院经历了将近 20 年的坎坷。1958 年,华南农学院林学系扩建成立广东林学院,4 年后,广东林学院重新成为华南农学院林学系。1964 年,林学系又与湖南林学院合并成立为中南林学院。1970 年,华南农学院与中南林学院合并,成为广东农林学院。1977 年 9 月,华南农学院再度恢复校名。从'文化大革命'开始,华南农学院停止招生 4 年,直到 1970 年起恢复招生,研究生招生则在'文化大革命'期间被迫中断。十年动乱,华南农学院的建设和发展遭受严重破坏。但就是在这样恶劣的环境下,学院的专家教授们凭着对科学技术发展的坚定信念、对高等教育事业发展的忠诚、对华南农学院的深厚感情,坚持开展科学研究,培养人才服务社会,保持校园的完整性,特别是保护了许多教学设备和动植物标本,为我们以后华南农业大学的继续发展发挥了关键性的作用。丁颖所收集的 8000 多份野生稻谷种子标本也得以保存下来。改革开放,给华农的全面发展创造了难得的历史机遇,学校的发展也驶入了快车道。1978 年 3 月,全国科学大会召开,学校有 7 项成果、1 个集体和 1 名个人获全国大奖。当年,我还参加了那次大会呢。1979 年 11 月,华南农学院被列为全国重点高等农业院校。半年前,经国家教育部批准,华南农学院改制改名为华南农业大学。"卢永根在车上将近年来华南农业大学的曲折经历向郭荣昌做了简单的汇报。

郭荣昌补充说:"华南农业大学现在实行农业部与广东省双重领导,以农业部领导为主。你还是我们广东省委委员呢。在考察每一位省委委员的档案时,省委书记任仲夷说:'卢永根同志是我们党自己培养的知识分子,是个排污不排外的典型人物,自小放弃香港的优渥生活投身革命,人才难得。'"

卢永根露出少有的腼腆,说:"谢谢省委领导的评价。"

"噢,还有一件事想当面同你讲一下。你是解放前就参加地下党组织的,但是,你参加工作的时间却从你大学毕业时的1953年算起。省委组织部正在核实这件事,你个人有什么看法?这也是在考察省委委员的档案时,工作人员发现情况后,向省委组织部反映的。"郭荣昌说。

卢永根很淡然地说:"郭书记,参加地下党是从1947年开始,但是,大学毕业参加工作是从1953年开始。这个无所谓。"

"卢永根同志,这个不行。你参加地下党的经历不仅是你个人的事,还事关我们党的事业,这可马虎不得。"郭荣昌认真地说,"回头你向省委组织部写一个申请报告。"

"我个人提出申请,是不是有些不妥?"卢永根不大愿意在个人的问题上向组织提申请。

"没问题。回头我同组织部门去个电话,讲明情况。要你个人写一个请示也是本着对党组织负责任的态度。"郭荣昌解释道。

送走郭荣昌副书记后,正好到了午餐时间,卢永根径直来到教职工餐厅左边的餐位上找妻子徐雪宾:他们已经约定,如果没有接到对方出差的电话或有重大公务活动的电话,谁先到谁就在教职工餐厅的这个餐位上等对方。热烘烘的餐厅里,卢永根深情地走过去,拉起妻子的手排在了最后一位……

丁颖院士塑像揭牌后,记者就丁颖院士学术成就、为人、农业教育等方面的问题对卢永根进行了一次采访。

记者:丁老一生建树丰硕,在您看来,他最重要的学术成就包括哪些?

卢永根:首先他是杰出的农学家,被称为中国的稻作科学之父。丁颖在中国稻作学史上创造了多个第一,从水稻育种试验方面来讲,1926年,丁颖在广州市东郊发现野生水稻,1927年,在茂名县公馆墟，丁颖创建了我国第一个稻作试验基地——南路稻作育种场。1930年开始，他又先后开辟了石牌稻作试验总场和沙田、韩江、东江、北江等五个稻作试验分场。1933年，他从野生稻的自然杂交后代中选育出著名新品种"中山1号"，这是世界上第一个把野生稻抵抗恶劣环境的基因转移到栽培稻的成功先例。之后十几年间，几个试验场共培育出良种60多种，广泛推广到南粤大地。"中山1号"及其衍生品种"中山白""中山红""包胎矮"等在国内累计推广60载，推广面积达1亿多亩。因此，中国农业界又有"南丁北赵"一说（"赵"是指我国著名农学家、细胞遗传学家赵连芳）。

从学术研究方面来谈，他长期运用生态学观点，对稻种起源演变、稻种分类、稻作区域划分、农家品种系统选育以及栽培技术等方面进行系统研究。20世纪二三十年代，"中国稻起源于印度"的说法在国际学术界流行一时，丁颖不苟同这种说法，1933年发表了《广东野生稻及由野生稻育成的新种》，令人信服地证明了中国是比印度更早的栽培稻原产地。又经过30多年潜心研究，他从历史学、语言学、古生物学、人种学、植物学及地理分布学等方面进行了深入探索，1956年发表了《中国栽培稻种的起源及其演变》，引起了国际轰动，1978年荣获全国科学大会奖。我觉得"水稻起源"不仅是一个学术问题，也关乎民族尊严，丁老的这一发现是其分量最重的学术成果。

此外，他还率先开展了水稻品种的生态特性研究，早年在广东，他就特别注重通过水稻周期播种试验，研究不同品种在各种气候条件下生长发育与光、温条件的关系，为广东地区稻农掌握适宜的播植期提供了理论依据。1963年，在丁颖的主持领导下，依托华南农学院成立了我国第一个水稻生态研究室，并协同全国12个科研单位，在8个省区设置了10个试点，开展中国157个有代表性的水稻品种的光温反应试验，这是一项我国少见的科研大协作。试验结果写成《中国水稻品种的光温生态》专著。

记者：丁老在您的印象里是一个什么样的人？在您和他交往的过程中，哪些事让您特别难忘？

卢永根：第一次上课，他慈祥的面孔、渊博的学识，就把我吸引住了。他为人低调谦虚、不善辞令，他喜欢别人称呼他"丁先生"，而不是"丁教授"。他工作上一丝不苟，对下属温和体谅，我是他的助手，可他和家人都一直称呼我"卢先生"。每一篇文章发表前，他总要反复修改，逐字推敲，一个标点符号也不放过。有一次我帮他誊写一篇学术文章，他反复修改，字斟句酌，当时没有电脑，我抄写了七八遍。文章完成后，他很不好意思地对我说："卢先生，真对不起，害你抄了这么多次。"丁老的治学作风很严谨，我从没见过他躺在床上或者斜靠着桌椅看书，总是正襟危坐的。

丁老时间观念很强，事事以身作则，上班"早到迟退"是他的习惯。一辈子活到老学到老，对自己的成就永不满足。他担任中国农业科学院院长期间，白天时间都花在行政工作和各种会议上，只能利用晚上休息时间来学习，周末就去书店。到田间地头去考察时，无论酷暑寒冬，他总是挽着裤脚带头第一个下田。

他在生活上非常简朴，当时他和我都当选为广州市人民代表，我常乘他的"顺风车"一同出席会议。有一次中午1点多了，他同我都还没吃午饭，空着肚子就赶去开会，在车上他递给我两粒椰子糖"充饥"。

记者：在紧张忙碌的科研教学之外，丁老平时有什么业余爱好？喜欢文艺吗？据您观察，他在教育子女和学生方面有什么特别之处？

卢永根：他平时闲下来就是看书，除了专业书，他经常看毛主席的《矛盾论》《实践论》。他曾告诉我，从这些理论书里悟出很多道理，用来指导工作特别管用。有时会和外孙一起下下象棋，给孩子们讲述岳飞、文天祥等的故事。无论对学生还是子女，他"身教"居多，"言传"甚少，从不发脾气，不会训斥人，其实他不说你反而让你更难受。举个例子，每天上班时间前10分钟他人已到办公室，经常让我们这些"准点开工"的后辈感到汗颜。

记者："大跃进"时期，浮夸风盛行，作为中国农科院院长的丁老，当时是怎么面对虚报粮食产量这一问题呢？

卢永根：那时很多人都被迫虚报粮食产量，两广地区其实平均亩产只有500斤左右，但虚报产量竟然高达1万到10万斤，为了作假，有些地方把好几亩地收割来的稻子堆成一座小山，拍照为证，自欺欺人。身为农科院院长的丁老其实很难做，那段时期他很痛苦，他不愿意曲意逢迎，违背科学和良心，又受制于"纪律"和"规定"，只能"不出声"，默默承受、挣扎，内心感受虽然他从不对人提及，但是朝夕相处可以感受得到。有时候经常看见他一个人独自站在窗前，皱眉深思，久久不说一句话。

我记得1963年北京举办了一个国际性的农业研讨会，当时一位与会的日本农学家问丁老，中国的水稻亩产量是否真的有1万斤。丁老略一思索，巧妙作答，大意是"中国老百姓的出发点，是想通过实验探索水稻生产的潜力"。他的回答赢得了领导的赏识，也没有违背身为科学家的原则。在当年那个"说假话者高升，说真话者入狱"的年代里，想要不说假话，是很难的事。

记者：丁颖是华南农学院首任院长，也是华南农业大学校史上早期开拓者之一，在您看来，他的研究和教育实践为华农乃至整个广东科学界留下了一份怎样的"精神遗产"？

卢永根：在担任华南农学院（华南农业大学前身）院长的12年间，丁颖以他全国性的重要影响，推动华南农学院稳步发展，并走向全国科研合作的广阔平台。直到今天，华农在野生稻、生态农业、分子育种等领域仍走在全国前列。

在大力加强学校的自身建设和发展外,丁颖还从广东全省大局出发,积极发起筹建华南农业科学研究所。1956年该所成立后,丁颖兼任首任所长,后来在此基础上发展扩建成为今天的广东省农科院。

今天,丁颖已当之无愧地成为华农人尊崇的精神导师,"笃学明德、躬行践履、建业自强、求精图新"的丁颖精神,就是他留给我们的一份沉甸甸的"精神遗产"。

记者:刚才您也提到丁颖不仅是中国稻作科学之父,也是近现代中国高等农业教育的先行者,"为振兴中华农业而兴办教育"的指导思想贯穿其一生。那么在您看来,他的哪些办学措施直至今天仍有重要的借鉴意义和启发性?

卢永根:早在20世纪30年代初,丁颖就在一次题为"农业教育与农政"的演讲中,精辟地阐述了他对农业教育的几个基本观点:一是为了振兴农业、复兴农村、安定农民生活;二是为了解决农业技术推广问题;三是为了提高民族文化素质。担任华南农学院首任院长的12年里,他为进行教育改革,改善办学条件,扩大学校规模,提高教学质量和学术水平做了大量工作,使华农进入了全国知名大学的行列,为广东高等农业教育进一步发展打下了良好基础。

在漫长的办学过程中,他特别注重从国情出发,以开拓精神探索具有中国特色的办学道路,他一直反对原封不动、"全盘西化"的教育方式。新中国建立后,在"一边倒"学习苏联的情况下,他一方面肯定苏联教育经验中诸如专业设置、课程安排和加强思想教育和实践环节等举措,一方面也提出不能脱离我国实际,不能照搬苏联高校经验。他认为,我国是农业古国,农民在长期农业生产中积累了丰富经验,而且我国农业环境条件复杂,作物品种类型繁多,因此他翻阅了大量古书,搜集资料,虚心向农民请教,积极组织编写具有中国特色的教材,并开展配套的稻作试验研究。

  他还特别注重对学风的培养，从上任伊始，就确立了"教学、科研、生产（推广）"三结合的办学思路。他强调"农学是应用的科学"，"不应该离开生产实际问题来进行理论研究，也不可能离开理论要求系统地、完整地来解决生产实际问题"，40多年来他一直深入田间，亲力亲为，以身垂范。丁老的弟子、水稻专家吴灼年教授说过："在丁颖教授身上汇集了我国许多科技界的优良作风和传统的民族美德。这是祖国的宝贵精神财富，很值得我们去继承和发扬。"

  记者：1909年，丁颖中学毕业之时，就已经立志学农，"当为农夫温饱尽责努力"。从东京帝国大学留学回来，丁颖把毕生心力投身农业科研教学工作。反观今日中国年青一代，愿意学农的人日渐稀少，经济、电子、外语等专业炙手可热，而与农业沾边的专业门庭冷落，您认为采取哪些措施才能改善这种现状？

  卢永根：我去过号称"小麦州"的美国堪萨斯州，一个州的人都在种粮食，公路两边都是金黄色的麦浪，当时我真是百感交集，为什么人家乐于务农，偏偏我们以务农为苦，甚至为耻？我觉得，在中国对农业的歧视是最厉害的！中国学农的人少，根源在于农民普遍收入偏低，特别是在过去没有补贴，生活困难；由于体制关系，农村户口也享受不到城市户口的福利。农民的孩子都想通过读书"跳出农门"，怎么会甘愿回去种田？我常在乡下看到一整条村子都是老人孩子，青壮年都跑到城市打工去了，这种情况再不改变，中国亿万人口的粮食问题怎么解决?!

  其实丁老在世的时候，这个问题就已经凸显出来了，受"轻农思想"影响，那个时候就有不少青年不愿报考农科，害怕毕业后工作艰苦，或者读了农科但毕业后不愿回农村下基层，经常跳槽。当时，丁老也对此事深感忧心，他经常对师生进行学农、爱农、献身农业的思想教育，时常勉励农学院毕业生，要以"热烈的心情,坚决的意志,摆脱一切,遄赴农村"。

就今天的情况来说,有些措施是刻不容缓的,例如要切切实实提高农民的收入,至少不应低于城镇居民,"以工哺农",实现可持续发展;解决基层农业技术人员的编制和待遇问题;在高校里,对于农业相关的专业,免除学费,吸引生源等。但我最担心的还是如今的社会功利主义盛行,像"女嫁公务员,男娶女教师"这些说法就是一个体现。但在丁老那一代人身上,你真的看不到一点功利的影子,只有理想的光辉。一个人若是没有理想作为支撑,是断然无法取得他那样的成就的。

卢永根谈起丁颖院士来简直是滔滔不绝,但是,他最不愿意谈他自己,南方日报记者多次提出采访他都被他婉言谢绝!

三、马尼拉的中国旋风

  1985年6月的一天,马尼拉街头很难得有这样晴朗的好天。

  早上,卢永根和袁隆平等到菲律宾国际水稻研究所参加国际水稻会议和洛克菲勒基金会资助的国际生物工程项目讨论会,他们与五位中国专家一起走进会议室。这是卢永根第二次来国际水稻研究所,第一次是1978年8月11日。那时"文化大革命"结束不到两年,卢永根的户口正式从翁城农村转回广州,结束了十年的农民生活。由国家农牧渔业部派遣转道香港到国际水稻研究所举办的"遗传评价与利用"培训班学习,为期四个月;培训结束后再以访问学者的身份留所做研究工作两个月。同行的还有华南农学院的吴荣宗、郑有因和广东省农业科学院的周亮亮。回来后,卢永根被广东省革命委员会任命为副教授。

  国际水稻研究所成立于1962年,由洛克菲勒基金会和福特基金会出资,菲律宾大学租用300公顷土地,建立了国际水稻研究所总部。中国是水稻生产的大国,自然与国际水稻研究所交往密切。

  卢永根同袁隆平有讲不完的话、探讨不完的问题。他们从杂交水稻的现状谈到水稻的遗传性,从不育系、保持系、恢复系谈到隐性单基因控制的水稻胞核雄性不育系花粉败育的细胞学基础……轮到袁隆平做报告时,卢永根给予了热烈的掌声:袁隆平对杂交水稻所做的贡献,对人类社会发展所做的贡献,每一个生活在地球上的人都有目共睹,这是袁隆平对人类的贡献,也是中国人对全人类所做的贡献。作为大学教授,作为水稻研究的同行,卢永根感到由衷的高兴。

  袁隆平演讲完后,有几位外国专家向他提问,他都以英文一一作答。卢永根为自己的同胞和同行有如此的学识而十分高兴,为中国的农业稻作专家取得的进步而激动,他一遍又一遍地为袁隆平鼓掌。袁隆平也在台上对他点头示意。

袁隆平演讲完后,由卢永根进行演讲。

卢永根则从细胞学的角度对水稻诱导胞核雄性不育突变体进行论证,他要告诉人们:我们中国人不仅有袁隆平培养出的杂交水稻领先世界,而且在水稻的分子结构研究方面也走在了世界的前列。卢永根这次演讲的题目是《水稻诱导胞核雄性不育突变体的细胞学观察》。文章是他1980年11月至1982年5月在美国加利福尼亚大学戴维斯分校做访问学者时完成的,1983年6月20日就已寄到了会议筹备组,于1983年10月13日按会议的要求进行了适当的修改。

面对在座的水稻栽培及育种方面的世界顶级专家,卢永根说:"本文对由隐性单基因控制的水稻胞核雄性不育系花粉败育的细胞学基础进行了观察。可染花粉败育型、部分花粉败育型、完全花粉败育型和无花粉型等四种胞核雄性不育类型同原种做了比较。减数分裂期间,染色体行为观察和四分体分析表明,明显的染色体畸变同胞核雄性不育系的不育性有密切的关系。这些不育系在花粉发育期间发生的细胞学异常性远较已报道的水稻胞质雄性不育系深刻而广泛。自减数分裂阶段以前到减数分裂阶段以后,在本试验至少看到了13种异常性。小孢子母细胞拟胞质团、粘连花粉和花粉溶解等现象的存在,暗示花药壁层特别是绒毡层将同时发生异常性。"

接着,卢永根又分别从实验用的材料和方法、结果和讨论三个方面进行了详细描述、分析。

卢永根的发言也引起了同样热烈的掌声。

会议结束后,卢永根等人一起入住了坐落在马卡蒂区的马尼拉饭店。晚饭后,他正准备去邀请袁隆平来自己的住处讨论如何加强双方合作的事宜,总机转来一位故人的电话。他接过电话,对方在电话里说:"卢永根院长?我是您的学生武宣黄。"

卢永根在脑海里努力搜寻着……还是回忆不起来。对方说:"您还记得有一位越南留学生吗?"

"噢,对了,记得。武宣黄,越南留学生,那个又矮又黑的蓄着分头的越南留学生。你也来参加会议了吗?"

"是的,老师,我们阔别了25年。"武宣黄博士说,"1960年,我来华南农学院留学,是您给我报的到。"

"是呀。"卢永根说,"教了你不到半年的课我就去了潮汕地区。"

"25年不见了。老师,您有时间的话,能否到大堂来一起喝杯茶?"武宣黄发出邀请。

"好的。我叫一下我的同事和朋友袁隆平先生,看他有没有时间。"卢永根本来想同袁隆平单独沟通一下。自从1978年全国科技大会相识,直到1983年两人一起去美国进行访问进行过深谈后,虽然还有过多次见面,但都没有时间进行学术探讨。现在武宣黄要求见面,正好邀他一起探问一下咱们邻国同行在这方面的进展情况。

武宣黄听说卢永根要把袁隆平也一起请来饮茶,非常高兴地说:"您是说'杂交水稻之父'袁隆平先生吗?那您快请他也一起来吧!我正好可以向我的两位老师汇报我的情况呢。"

卢永根便挂断了武宣黄的电话,直接来到了袁隆平的房间敲开门。袁隆平正好洗漱完毕,一见面,袁隆平就给了卢永根一个"熊抱"。卢永根说:"袁兄,才几年不见,你的英语水平突飞猛进了。会场上,许多国外同行用英语向你提问,你回答得那么流利。你是用培育杂交水稻的精神在学英语?"

"与你这样喝过洋墨水的大教授相比,我还是小学生呢!"袁隆平放开抱着卢永根的手。

"如果不是湖南抱着你不放,我宁愿让你来我们学校做校长,我来做你的助手,那要为国家培养多少人才呀!"卢永根笑道,"老兄,玩笑就不开了。我有一位越南来开会的学生,叫武宣黄,是位博士,他叫我去楼下茶餐厅喝茶,我想你也正好可以去交流一下,有时间一起去吗?"

其实,卢永根同袁隆平一样年纪,都出生于1930年。不过,卢永根出生在12月2日,而袁隆平出生在9月7日,所以,每次见面,卢永根都尊称袁隆平为"老兄"。由此可见两人的关系非同一般。

袁隆平略略思考了一下,愉快地接受了卢永根的邀请:"好的。等我把外套穿上。"

看到袁隆平清瘦的背影,卢永根心里生出了无限的感慨:这就是我们中国科学家的杰出代表。他的清瘦是辛勤劳动的明证。也正是他和千千万万像他一样的农业科技工作者的努力,使我们中国人再也不用饿肚子,我们中国才可以在有限的土地上养活更多的人。在基层进行科研活动的艰辛是不言而喻的,记得那是1976年1月,华南农学院翁城分院天气十分寒冷。翁城是粤北韶关地区与湖南交界的一个县城,气候与湖南相似,常年气温要比广州低两至三摄氏度。卢永根与吴灼年、梁光商、俞履圻集中来翁城分院整理、总结"中国水稻品种光温条件反应研究"的实验资料。那时候的实验条件很差,就拿温室来说吧,那其实只是一间10来平方米的土坯房,没有钱买房顶,就从广州市里买了一整块薄膜盖上。也没有电子炉等加热设备,提高温度全靠一口大铁锅烧水。没有钱买烧水的木柴,都是平时大家去山上捡干树枝回来烧。记得那是1976年1月8日,那天卢永根去翁城郊外的山上捡柴回来,他将拾好的干柴放在温室门外的炉灶旁,不小心被粗糙的干枝划伤了手指,他的心里一凛:早不受伤晚不受伤,干吗在整理干柴的时候不小心受伤?难道今天有什么不好的事会发生吗?从不迷信的他也在脑海里闪现了唯心的一幕。他强忍疼痛把手指放进嘴里吸吮了一下。果不其然,翁城分院的广播响起,播送了敬爱的周恩来总理去世的消息。卢永根一听这个消息,也忘了自己的伤痛,他背靠着温室的土坯墙,滑坐到地上,泪水像关不住水闸般流了出来。幸亏当时温室周围没有其他人,否则卢永根哭泣得像个小孩子似的闲言就会飞遍整个翁城分院。卢永根对周恩来总理有一份特别的感情。在华南农学院毕业留校做助教时，周恩来总理接见丁颖院士的时候卢永根也在场，听了丁颖的介绍后，周恩来握着年轻的卢永根的手说："你是我们新中国自己培养出来的科技人才，将来无论遇到什么困难和挫折都要不改初衷，永远为国服务。就像你的名字一样，把'根'永远扎在中国的大地上，才能不负国家和党的培养！"后来，卢永根调到北京中国农业科学院工作，也多次随丁颖院士一起接受周恩来总理接见，周总理的音容笑貌好像就在眼前……想起这些的时候，卢永根怎么能不伤心呢？回到宿舍的时候，吴灼年、梁光商、俞履圻见到面容憔悴的卢永根一齐傻眼了。吴灼年上前搀住卢永根的手臂让他往床边坐。俞履圻急忙走上前来，伸手拍了拍卢永根屁股上的尘土，问道："永根，你是不是摔伤了？要不要去医院？"卢永根默默地摇了摇头。看到他一脸呆相，吴灼年说："永根，你知道吗？刚才你上山去捡柴的时候，广播播放了我们敬爱的周恩来总理逝世的消息。中国和世界再无周总理了。"卢永根忽然醒来，拍了一下自己的脸："是的，中国和世界再无周总理。快，我们加紧整理材料，以成绩来告慰总理的在天之灵。"于是几个人埋头又认真工作起来。

"走呀，发什么呆？"袁隆平快人快语地说。

卢永根收回自己的思绪，带着歉意地笑笑："走。你穿西装的样子更显精神！听说你还是游泳健将？"

"我那几下功夫，是业余爱好者中最好的，是专业队员中最差的。"袁隆平反手把门关上，谦虚地说。

卢永根转换了一个话题，说："老兄，我们都是摩尔根学派，并且也因对米丘林学派有不同看法而受到批判。"

一谈到水稻，两位中国农业科学家就有说不完的话。纵使在异国他乡的最后一晚，卢永根、袁隆平和武宣黄也没有忘记讨论学术。

上午 8 点 30 分，卢永根才从餐厅来到办公室，福建农林大学几位教授要来参观水稻生态研究室，他利用早餐时间同他们交流了一下,所以耽误了时间。他走到窗边,打开玻璃窗,一股新鲜空气扑面而来。他正转身,学校党政办公室文书夹着文件夹走了进来,说:"这次比较紧要的文件就有 30 多份。其他的我在电话里已经向您汇报过处理好了。"接着,她道歉说,"前几天有台风,我把窗户都关了,房里的空气好像不太新鲜。"

"不要紧。"卢永根说,"你把文件放办公台上就好了。处理好以后,我再电话通知你。"

"省委组织部还有一份通知,关于您人事的。"文书说,"省委组织部的文件说,'同意卢永根参加革命工作时间从 1947 年 12 月算起'。"

卢永根听后有些纳闷地说:"丁颖院士塑像揭幕那天,郭荣昌副书记要我向省委组织部写一个申请,把我参加工作的时间改为 1947 年底。但是,这段时间我特别忙,压根儿就把这件事忘了。现在省里怎么就下通知了?"

文书说:"学校的组织人事关系是胡守训书记管的,您可以问问他。要不我帮您去问?"

"噢,那应该是胡书记办的。"卢永根说,"这个老胡真是'老糊涂'了,学校刚刚改制改名,党委和行政工作都很忙,他还有闲心管我个人的事。"

说完,卢永根正要拿起电话来责备胡守训两句,却被文书阻止了:"校长,您不能打电话询问这件事,更不能责备胡守训书记。教职员工人事档案工作本来就是学校党委的事,胡书记这么做并没有违反原则,他不做反而错了。另外,您见证了新中国的成立,又是解放前参加的中国共产党地下组织,您的工作年限不单是您个人的事,还是我们大家的事,关系到我党的斗争史。"

听文书这么一说,卢永根觉得很有道理,也就没有再说别的,想放下电话却还是拿起来拨通了学校党委书记胡守训的电话:"胡书记,我是卢永根,去国际水稻研究所开会已经回来了。你什么时候有空?

我过来坐。"他想当面同胡守训说一说：以后平反也好，落实政策也好，先给教职员工办，院系领导后办。

通过这件事，卢永根对学校党政办公室这位文书也更高看一眼了：这个女孩子不仅办事有条不紊，而且相当细心，是一个从事科研和教学的好苗子。

四、参观"孙中山蒙难室"

中国驻英国大使馆坐落于伦敦市中心的波特兰大街49号。这里是伦敦的核心区域,附近就是中国人所熟悉的牛津街和摄政街。1986年7月9日晚,中国驻英国大使胡定一先生就在使馆内款待了包括卢永根在内的广东省高等教育代表团。饭后,胡定一还带领大家参观了使馆内的"孙中山蒙难室"。这次访问活动是由广东省高教局组织的,带队的是高教局副局长周鹤鸣。成员除卢永根以外还有中山大学的核物理学家张纯祥、华南工业大学的著名陶瓷专家刘振群、中山医科大学的著名教授彭文伟、华南师范大学的著名文史专家管林。款待宴上,当胡定一大使说要带大家参观"孙中山蒙难室"的时候,管林就给大家做了比较详细的介绍:

"1895年广州起义失败,孙中山被悬赏通缉。次年9月30日,他从纽约乘船抵利物浦后到伦敦。10月11日上午10点30分左右,孙中山去探望他的老师康德黎博士。路上,时任清政府公使馆官员的邓廷铿故意上前用广东话与孙中山搭讪。邓廷铿热情邀请孙中山和另一名广东老乡到自己家'吃茶'。孙中山便来到波特兰大街49号。进门以后,孙中山被两人'一边一个夹着以半开玩笑半执意,又似朋友一般地强行推了进去'。随即被带到公使馆三楼的一间屋子,'屋子的窗户上有栅栏'。一位满头白发的英国人说:'对你而言,这里就是中国,你现在是在中国。'还说:'现在总理衙门需要你,所以扣留你在这里,直到皇上令下我们即照旨办理。'这个英国人是清廷驻英公使馆英籍参赞马卡尼。公使龚照瑗为了邀功请赏,花重金租用了一艘2000吨的轮船,并特制了一只大木笼,准备将孙中山秘密运回国内。

孙中山多次试图自救，一次又一次写纸条，包上硬币或揉成一个纸团扔向窗外，希望有人捡起，送交给康德黎，然而，这些纸条无人理睬。

"这些情节，孙中山在《伦敦蒙难记》中也写得很清楚：'我完全绝望了，唯一能做的只有祷告上帝以求得些许的安慰……我偶尔得到一点纸片，就写了我的困境投于窗外。'

"孙中山最后得到公使馆英籍工人柯尔和使馆女管家霍维夫人的同情，并通过两人传递密函给康德黎：自己被囚禁。康德黎当即和孙中山的另一位英国友人到伦敦警方和英国外交部要求公使馆放人，但无结果。经过康德黎再三要求，英国警方同意监视清公使馆，防止孙中山被偷运出去。康德黎还向《泰晤士报》求救，该报不予刊登孙中山被拘捕的消息。康德黎又向伦敦刑事法院指控中国公使馆违反《人身保护法》，但法官不予受理。最终，这个消息被《地球报》记者听到并刊登，伦敦各报记者随即跟进报道，英国各界谴责清公使馆的卑劣'绑架'行径。当年10月23日，英国首相兼外交大臣索尔兹伯里不得不向清公使馆发出照会，要求立即释放孙中山。孙中山获释后，一直在伦敦居留至1897年，并在大英博物馆研读政治、外交、法律、军事、矿产和经济等方面的书。这里的书使他大开眼界，他的思想和政治主张得到进一步完善，他的三民主义的思想内涵也更加丰富。在《孙文学说》里……"

讲到这里，管林停顿了一下，接着讲："孙中山后来在《孙文学说》里写道：'伦敦脱险后，则暂留欧洲，以实行考察其政治风俗，并结其朝野贤豪，两年之中，所见所闻，殊多心得。始知徒致国家富强，民权发达如欧洲列强者，犹未能登斯民于极乐之乡也，是以欧洲志士犹有社会革命之运动也。余欲为一劳永逸之计，乃采取民生主义以与民族民权问题同时解决，此三民主义之主张所由完成也。'"

胡定一大使和全体代表团人员对管林的惊人记忆力表示赞赏。卢永根静静地听着，心想：许多先辈为了解救中华民族，不惜抛头颅、洒热血，但经过实践证明，只有走共产主义道路才能摆脱帝国主义、封建主义、官僚资本主义对中国人民的压迫，只有共产党才能救中国。胡定一大使看他如此专注，拍了拍他的肩头："卢永根校长，有感慨了？孙中山可是我们广东老乡呀。"

"'世上本没有路，走的人多了也就成了路'！"卢永根笑着用鲁迅的话回答了胡定一大使。

"说得对。我们今天的道路是对的，是包括像孙中山一样的无数前辈给我们踩出来的。如果没有前辈的实践，我们就不知道哪条道路最适合。"胡定一笑道。

卢永根会意地点了点头。

胡定一又转头对周鹤鸣说："广东省高等教育代表团真不简单，从6月20日到7月10日短短20天的时间内连续访问了包括剑桥、牛津、爱丁堡、格拉斯哥和诺丁汉在内的15所各具特色的大学，平均每天参观一所学校。这个效率真不简单，真是特有的'中国速度'。"

"我们这次来收获还是不小。所访问的15所高校毕竟办学历史悠久，经验丰富。特别是在教学和实验的结合方面，在一些前沿课题的研究方面，我们与他们相比还有一定的差距。但是，我相信，只要我们不懈地努力，在不久的将来我们一定会超过他们。"周鹤鸣充满自信地说。

"好，我们会不断超越自我的。"胡定一说。

从英国回来，卢永根认真写了一份考察报告，对英国高等教育体制与我国的教育体制进行比较分析，客观地指出了我们在教育方面投入不够、基础性科学研究很薄弱、普遍缺少科研项目带头人等问题，同时，针对华南农业大学存在的问题制订了一套人才引进和培训计划。

放下笔，卢永根才感到眼睛有点酸痛。他伸出双手并拢五指轻轻地按在眼眶上。考察报告的话题，让他想起了被"文化大革命"耽误的10年。那是1966年5月4日，正值五四青年节，本想在这一天参加华南农学院团组织活动，重温团员生活的卢永根忽然被通知，参加"无产阶级文化大革命运动"动员会。他简单地从"文化大革命"的字面意思想：既然是"文化"的"大革命"，那肯定是对一些不良思想作风的大洗礼。但是，令他没有想到的是，6月中旬，卢永根被水稻生态研究室的"革命群众"揪出并扣上"死不悔改的走资派兼反动学术权威"的帽子，成为"牛鬼蛇神"，白天挂着黑牌参加体力劳动，晚上回到牛棚学习毛主席著作和写"思想汇报"，同学院中层以上干部结队戴高帽子游街。有的"革命群众"还想弄毁丁颖院士辛辛苦苦收藏的8000份野生水稻种子。卢永根冒死站在保藏室门口说："这是'革命的种子'，这是丁颖院士生前，周恩来同志专门交代保护的。谁摧毁这些种子，谁就是'反革命'。"也不知是从哪里来的这股勇气，卢永根硬是用自己的智慧保护了丁颖院士留下来的8000份野生稻种——前年纪念丁颖院士逝世20周年的大会后，省委副书记郭荣昌问起"文化大革命"时期是如何保护好8000份野生稻种时，卢永根故意用其他事情岔开了提问。直到1966年底，"革命群众"认为按政策卢永根不算当权派，被错划为"牛鬼蛇神"，给予公开平反，恢复名誉，立即解放。

但是，个人虽然被"解放"了，正常的教育秩序却还没有恢复。1968年8月，卢永根参加由进驻学院的"广州工人毛泽东思想宣传队"领导的"清理阶段队伍"运动，晚上集中在农学楼住宿，不得回家。同年12月13日，响应毛主席"广大干部下放劳动"的号召，卢永根夫妇下放华南农学院翁城"五七"干校。9岁的独女卢红丁暂时寄养在故乡花县表姐邓翠琼家……

十年蹉跎，卢永根与华南农学院其他专家一样不能从事正常的科学活动，他的手笨了，思维没有以前那样敏捷了，想到这里的时候，他放下双手拿起笔来又对考察报告进行了认真修改。

广州的秋天雨水少，天气也干爽，卢永根最喜欢这样的日子。那天早上，他与妻子徐雪宾一起在食堂吃过早餐，绕道农学院的大楼门口才折返回办公室。女儿很小就寄养在表姐邓翠琼家，独立生活能力很强，很少回家与他们两口子住在一起。昨夜，妻子徐雪宾因为卢永根在水稻研究室工作得太晚，她一直在客厅的木沙发上等他回家，不小心睡着了。早上起床，鼻子带酸，有点感冒的迹象，他帮她冲了一包小柴胡冲剂，又陪她一起吃早餐并送她到农学院门口。

卢永根感到今天吃得肚子有点撑，妻子连一个馒头都没有吃完，他把她剩下的半截馒头给吃了。正好趁送妻子上班的机会，散步帮助肠胃蠕动加强消化。他来到学校行政大楼门口的时候，与助手张桂权碰了个正着。他是来送文件的，见了卢永根，高兴地说："校长，今天有一份国务院学位办的通知。"

卢永根想先去卫生间洗把脸再开始工作，说："好的。你先把通知放办公桌上，我马上回来批阅。"

"我已经帮您拆开了，还是请您先过目吧！"张桂权提醒他，样子有点神秘。

"这么急？"卢永根看了一眼张桂权，伸手接过他手中的文件。

原来，这是国务院学位办批准他为博士生导师的通知。他心中有几分激动，但是，在自己的学生面前，他表现得很冷静，说："你把信封给我。"

张桂权把拆开的信封递给卢永根，卢永根便把通知重新塞进拆开的信封里。张桂权说："那我先去办公室等您。"

"好的。"卢永根回答道。走进办公楼的过道时，他折进了卫生间。

学校帮张桂权配了一把卢永根办公室的钥匙，他打开校长办公室的门，又将玻璃窗也开了一条小小的缝，然后装了一壶纯净水烧上。上次在校园里遇到师母徐雪宾老师，她交代他早上到办公室督促卢校长多喝白开水。

没过几分钟，卢永根走进自己的办公室。他从桌面上重新拿起国务院学位办的信封，仰躺在办公椅上仔细地看了一遍，然后站起身子，转身从书柜的边上取下自己同丁颖院士一起去宁夏考察水稻时拍摄的一张合影看了看，轻轻地说："恩师，谢谢您多年的培养，我今天可以在更高层次上为党和国家培养专业人才了。"

张桂权轻轻地说："老师，您是全国第三批获国务院批准的博士生导师。"

"桂权，你是不是感到老师有点多愁善感？"卢永根重新放好与丁颖的合影，擦去眼角的泪花说，"一想起丁颖院士，我就有点忍不住。"

"老师，无情未必真豪杰。我们年轻人都要向您学习，懂得感恩。"张桂权诚恳地说。

"不。懂得感恩，不是感个人的恩，而是要感党的恩。"卢永根深情地回忆道，"是党把我和丁颖院士两个年龄和学识相差这么大的人结合在一起，他老人家那时就是德高望重的科学家，受到周总理和陶铸书记的接见。可是，他却没有嫌弃我这个毛头小伙。1952 年，全国院系调整，岭南大学农学院、中山大学农学院和广西大学农学院合并为华南农学院，我成为华南农学院大四的学生。在华南农学院，我认识了原中山大学农学院院长、中科院院士丁颖。早在 20 世纪 30 年代，丁颖教授就是水稻育种领域的大家。在他的影响下，我走上了稻作研究之路。那时，恩师年长我 40 多岁，是我学术上的领路人；但在我的鼓励和支持下，1956 年，他以 68 岁高龄入党，这在当时知识分子中引起极大反响。"

张桂权默默地点了点头。

卢永根好像意识到自己有些失态，马上说："你看这个文件要不要在学校教务处那里备个案？"

"我问过校办了，国务院学位办同时通知了我们学校。到时候学校会根据有关精神调整您的学生和课程。这是给您个人的。"张桂权说完,便走过去拿起台面上的国务院学位办通知,锁进了文件柜,并交代:"我把这份通知放在文件柜的第三格。"

"辛苦了。"卢永根用手指梳理了一下自己的头发,从抽屉里拿出前几天写好的《英国高等学校考察报告》交给张桂权,"你给胡守训书记和吴维光、庞雄飞两位副校长看看,请他们多提提意见。下一次在校长办公会上,我们会专门研究学校的发展问题,这也算是同胡书记通通气。"

张桂权答应一声,帮卢永根倒了一杯开水,拿起报告就走了。

卢永根翻开桌上的台历,在新的一页上写下:"9月6日,接国务院学位办通知,卢永根被批准为博士生导师(全国第三批)。"

接着,卢永根又走到保密书柜前,用密码打开书柜,从第二格的里侧取出一份手稿:《中国水稻品种的光温生态》。这是他在1976年10月与吴灼年、梁光商、俞履圻、王官远和杨秀青一起完成的著作。书中大部分实验数据是丁颖生前取得的,同年1月份他与吴灼年、梁光商、俞履圻集中在广东农林学院翁城分院进行过集中整理,而最后定稿是在新会县会城镇进行的。科学出版社编辑于拔前来指导,作者也增加了王官远和杨秀青两个。卢永根负责撰写该书的"写在前头""前言""引种和品种资源的改造利用""摘要"和全书统稿。现在这套书已经出版了好几版,但是,初稿还保存在自己的书柜里。每当有时间,他都拿出来看一看,以寄托对恩师丁颖的哀思……

五、我非伯乐，但有赤胆报国心

站在卢永根面前的是一位青年才俊，从他的穿着打扮看应该家里并不富裕。他是来请求学校帮忙协调将他分居两地的妻子调入广州的事。卢永根看过他的申请，又浏览过他爱人的简历，十分高兴：他们夫妻两人都是国内某名牌大学的硕士研究生，又都是学的农业专业。于是，卢永根在他递来的申请书上批了"请学校人事部门核实相关情况，拟调入我校农学院"。年轻人拿着卢永根的"批件"如获至宝，一连说了好几个"谢谢"。卢永根把他送到门口，说："不用谢。来了以后，我希望你们伉俪能携手为我们学校的教学做出切切实实的贡献。"

小伙子答应着，忽然从口袋里掏出一块瑞士手表塞进卢永根的手里。卢永根伸出另一只手扯住小伙子的衣袖，说："小伙子，我想帮你，主要是看中你和你爱人的才华。这块表请你拿回去。"卢永根把手表还给小伙子。

"这只是我的一点心意！"小伙子执意不肯收回。

门外的走廊上响起了轻轻的脚步声。卢永根不想当着人家的面给小伙子难堪，便说："你收回去吧，如果你不收回去，我就不帮你把妻子调过来了。"

小伙子这才收起手表，千恩万谢地走了。卢永根挥着自己的手说："干好自己的工作。"

门外，传来小伙子的问好声："温老师好。"卢永根听到"温老师"三个字，心里十分高兴，急忙迎出门外。来的不是别人，正是他从美国招揽回的青年才俊温思美。温思美一见卢永根便走上前握住他的手:"校长好!"

"思美好!"卢永根一边握着温思美的手一边朝即将离去的小伙子招呼道,"慢走。"

温思美是四川省巴中县人,西南农学院农业经济管理专业毕业,通过国家教育部出国预备研究生培训,1982年至1985年在美国康奈尔大学应用经济与管理系发展经济学专业读硕士研究生。1984年,卢永根带队到康奈尔大学考察访问,温思美正在该校读硕士,任访问团的翻译与导游。

康奈尔大学坐落在纽约州西北部手指湖地区的伊萨卡小城,风景秀丽。

校园占地面积2300英亩,约700座建筑呈现出各式的建筑风格,包括哥特式、维多利亚式、新古典主义式及少量的现代风格建筑。

一天午饭后,温思美向卢永根提议带代表团到康奈尔大学的校园各处看看。卢永根拒绝说:"谢谢了。我们这次行程比较紧,我想去你们的博物馆看一看。"

温思美点了点头,介绍道:"康奈尔大学的博物馆蜚声世界,是华裔建筑大师贝聿铭的杰出代表作。国家超级电脑中心令莘莘学子在学术殿堂里尽情遨游,此外,包括高能同步加速器研究中心、科学、工程理论和模拟中心、弗洛伊德·纽曼核研究实验室,数理科学研究所,国家天文学和电离层研究中心,国家纤细结构研究中心,美国农业部植物与土壤研究所,以及鲍依斯·汤普森植物研究院等多个国家研究中心也在康奈尔校园安家。"

代表团里,大家兴致勃勃地谈论着美食、美景,唯独团长卢永根掏出一个笔记本认真地记录着温思美介绍的学院设置情况。温思美见状,不由得想起了四川老家的一句俗语:"不当家不知道油米柴火贵呀。"卢永根是在为自己学校的发展谋划将来!温思美喝了一口纯净水,继续说:"康奈尔大学设置有农业与生命科学学院,兽医学院,建筑、艺术和规划学院,文理学院,计算机与信息科学学院,工程学院、研究生学院、商学院、法学院、酒店管理学院、人类生态学院、工业与劳动关系学院。继续教育学院与夏季学期学院则向高中毕业生、专业人员及其他成人提供教育服务。其他独立的部门有公共事务教研所和作为美国陆海空军官教育基地的康奈尔军事科学学部。理工分校在纽约市校区,医学院设在纽约市校区和卡塔尔校区。"

看到卢永根如此关注学校的设置和相关教育情况,访美代表团其他成员也不好再分心去关心别的东西,也全神贯注地听温思美讲解。

卢永根继续认真地问道:"你们的专业设置种类齐不齐全?"

"康奈尔大学是全美大学里专业设置最为齐全的大学之一。办学理念在于保持优秀的传统文科教育的同时,突出理工科和实用技能方面的教育,并致力于开辟新颖学科。"说着,温思美从背包里拿出一份资料,上面是根据学校官网下载的学校专业设置的情况。卢永根接过资料一看,里面有数十个专业。

卢永根说:"这个资料你可以给我吗?"

"这个就是给您的!"温思美答道。

结束访问后,卢永根对温思美说:"思美,谢谢你这么多天来陪着我们参观你们学校。希望你毕业后到我们学校来教书。"

当时温思美也被卢永根严谨的治学精神、对教育事业孜孜不倦的追求,以及他的人生追求与人格魅力所打动。在温思美的眼里,卢永根对国家民族有深切的热爱,他思想开放、待人处事非常包容,是具有大家风范的长者。1985年,从康奈尔大学毕业后,温思美便来到华南农业大学教书。刚回国到校的那个春节,卢永根还特意让人送来300元给温思美过春节,令温思美感佩至今。

卢永根招呼温思美在沙发上坐下,给他冲了一杯茶。温思美有些不好意思地说:"刚才打扰啦。"

"一个很有才华的年轻老师。他的爱人是他的同班同学,现在在外省工作,请求我们学校给他解决两地分居的问题。"卢永根刚想说这个年轻人思想意识有点问题,但是,话到嘴边又改口了,因为他知道这个年轻教师两地分居所受的苦是常人难以忍受的。他淡淡地补充道:"我是校长,为你们排忧解难是我的责任。这也是我们学校早年的校长陈序经立下的典范。"

"岭南大学时期的校长陈序经吗?"温思美问。

"是他。你都知道陈序经校长,看来你还是对我们学校了解了不少呀。"卢永根一边给温思美续茶,一边赞叹。

"我也就略略地知道一些皮毛。"温思美很谦虚地回答。

"你现在在学校的情况怎么样?生活上和工作上还习惯吗?我们广东菜没有你家乡菜那么重口味哟!"卢永根关切地问。

温思美说:"生活上倒没有什么问题。我留学美国时,经常啃面包当午餐,更何况我们粤菜色香味俱全呢。"中途,他停顿了一下。

卢永根鼓励他说:"说,别怕,在我这里你尽管说。我不是什么伯乐,但是,我的目的只有一个,就是要把华南农业大学办得越来越红火,要把我们的农业教学搞上去,让所有的年轻人都喜欢农业、热爱农业。"

"主要是学术上有些新的观点很难推进,许多资格老的人不是从学术层面上探讨问题,而是以自己的资格和资历对新的观点和思想进行压制!"温思美敞开心扉说。

"讲具体点。"刚刚说完,卢永根发现自己的话犯了个低级错误,做人如温思美一样是不会具体指证任何人的,于是,他说,"我知道了。学校有一个统筹计划,你们年轻人尽可放开手脚,大胆地干,大胆地闯!"

卢永根一边听温思美谈起学校的情况,一边想起了张泰岭、罗富和、罗锡文、辛朝安、杨关福、骆世明、梅曼彤等八个人的形象。

"不要急,你们的问题学校会'一揽子'解决的。"卢永根说。

这时候的温思美还不到30岁,正是朝气蓬勃的年纪,听了卢永根的话敏感地问:"'你们的问题'?什么意思?"

"也不怕同你说吧，我们学校像你一样的青年才俊还有好几位。你们的特点是学历高、成就大，但是，因为没有资历，你们没有话语权。这种问题迟早会解决！"卢永根很认真地说，"我已经同胡守训书记通过气，会拿出一个通盘计划。你们只管好好干就行。"

卢永根正与留学归来的温思美老师畅谈理想和前途的事，门口忽然响起了一阵爽朗的笑声："老卢，我们可是一个月不到又见面了。北京的积雪还没有完全消融呢，广东这边的柳树已经开始吐芽了。我的呢子大衣可是穿不住了，一直搭在臂弯里。"随着说话声，一个中年男人满面春风地走了进来。

"老宿！你怎么不打招呼就来了？"卢永根连忙从座位上站了起来，招呼道，"快请坐。"

满面春风走进卢永根办公室的人不是别人，正是国家农牧渔业部人事司司长宿镇坤同志。他看到办公室里还有别人，忙道歉道："对不起，不知道你们还在谈其他的事。"

温思美赶紧站起身来，笑着点了点头。

卢永根急忙介绍说："思美，这是我们国家农牧渔业部人事司司长宿镇坤同志。"又对宿镇坤说："这是留美回来的高才生温思美，我们学校的老师。"

"宿司长好！"温思美礼貌地问过好后说，"卢校长，那我先走了。"

"好吧！你去忙吧！"卢永根说道，"好好干！"

"是哪股风把你吹到我们华南农业大学来的？"卢永根给宿镇坤倒了一杯茶，重新问道。

宿镇坤望着卢永根微笑道："那还用问吗？二月春风吧！"

"住宿安排好了吗？"卢永根问。

"我本来就姓宿，住的地方急啥呢？"宿镇坤开玩笑说，"我是迫不及待地来想告诉你一个好消息。"

"什么好消息?"卢永根的身子往宿镇坤这边靠了靠。

宿镇坤的身子也往前靠了靠说:"老卢,经部党组研究,拟调你到北京担任中国农业科学院院长兼党委书记、部党组成员,享受副部级待遇,现在来征求你个人的意见。"

卢永根站起身来,走到办公台前端起自己的茶杯喝了口茶,返回身说:"老朋友呀,你是来宣布任命书还是来征求我本人的意见?"

"算是征求你的意见吧。"宿镇坤站起来,走到卢永根的书柜前,随意抽出一本书,正好是《中国水稻品种的光温生态》,说,"你是一位成就巨大的农业科学家。你看你和你的同事们在丁颖院士的研究基础上撰写的这本书,到现在还有很高的研究价值。如果我没有说错,这本书的数据是丁颖院士从华南、华东和大西北地区得来的,是我们中国几代农业科学家的共同心血呀!所以,部党组决定调你去北京担任你恩师从前担任过的职责是对你的科学成就的肯定和信任!"

面对宿镇坤期待的目光,卢永根抱歉地低下了头,说:"老宿,我恳请部党组把我留在华南农业大学,考虑不予调动。"

宿镇坤愣在当场,说:"老朋友,你可得考虑清楚再回答我,像这样的机会许多人可是求之不得。"

卢永根镇定地答道:"老朋友,我真的没有考虑过自己的事情。恳请组织把我留在华南农业大学,主要从以下几个方面考虑:一是目前的华南农业大学刚刚改变体制和名字,体制改革是从苏联的模式开始向具有中国特色的大学教学体制转变。这个我已经谋划了好久,我相信任何人、任何专家也没有我有这么深刻的体会。我在这里坐镇,改革起来应该容易许多。二是国务院学位委员会博士生导师的任命刚下来不久,我也刚开始带自己的博士研究生。首届博士研究生跟我还不到半年,要去的话他们也得随行吧。人随同前去其实没什么关系,但他们的研究方向都在广东,离开了广东他们未必做得出成绩。三是我们学校正在进行跨世纪人才培养计划,初步确定准备提拔八名中青年优秀人才。他们的职称才是讲师或是助教,我们准备提拔他们为副教授，进而培养他们为科研项目带头人。刚才在我办公室你见过的温思美就是他们中的代表，有留美背景，同时在国际顶尖级的学术刊物上发表了多篇有影响力的论文。四是丁颖院士从传统的方法证明稻谷起源在中国而非国外普遍认为的印度，我要从分子的角度进行更好的证明，并且这项工作我正和我的学生在做。五是丁颖院士还有8000多份水稻种子标本在华南农业大学，后来我又增添了不少，我想再增添一些。这个工作很辛苦，如果我不去做的话，估计以后就没有人去做。六是我是稻作方面的专家，水稻的主要产地在南方，前几年实验出来的矮脚稻等都与南方有莫大的关系。你看湖南的袁隆平、福建的谢华安，他们都在杂交水稻方面做出了很大的贡献，湖南和福建都属南方。另外，建于菲律宾马尼拉的国际水稻研究所离广州也近，便于我们加强沟通和交流。"

宿镇坤拍了拍卢永根的肩膀，笑道："你的理由这么充分，我不好驳回你。不过，你还是要做好两手准备。我回去后把你个人的意见向中组部、部党组和何康部长汇报。不过，你是一个解放前就加入地下党的老党员，个人服从组织的原则你是懂的！在组织下达正式文件前，我们的谈话请不要外传！我现在去找胡守训谈谈。老胡没有出差吧？"说完，宿镇坤把《中国水稻品种的光温生态》放回原处，转身同卢永根握了握手，说，"我现在就过去，中午我们一起在你们学校食堂吃工作餐吧！记得四菜一汤，主食上一份艾糍吧，不知现在有没有艾叶。"

卢永根知道宿镇坤是根据自己的口味提出的要求，笑道："北京烤鸭的味道我们食堂也能做得出来，同学们的反映很好。艾糍我们一年四季都在做，新的艾叶没有的话，我们还有去年的老艾叶呢。"

"好的，那我去了。"宿镇坤拿起外套和手提包就去找胡守训。

中午，卢永根和胡守训陪同宿镇坤在华南农业大学教职工餐厅用工作餐。主食还真没有艾糍，四菜一汤上齐后，卢永根笑道："等等再吃。"

宿镇坤说:"你是诸葛亮,我这么远来请你都请不动。要赶紧回去复命,赶紧吃吧。"

"快了,耽误不了几分钟。"

卢永根话音未落,餐厅门口张桂权便提着个饭盒来了。卢永根打开饭盒,里面是香喷喷的艾糍。卢永根说:"我表姐来我家住几天,她恰好带来了一些去年的艾叶做成的艾糍。来,快尝尝。"然后回头对张桂权说:"你吃了没有?要不一起吃一点?"

"我吃过了。我走了。"张桂权说完,转身走了。

胡守训等张桂权走后笑道:"老卢,四菜一汤,你还想留你的学生一起吃,够不够吃?"

还没等卢永根开口,宿镇坤笑道:"是我要老卢这样安排的。艾糍也是我点的,我还以为广东的春天来得早,艾叶也已经长出来了呢。老卢,你有心了。下次到北京,我请你们吃北京烤鸭!"说完,他拿起筷子夹了一块艾糍咬了一口,说:"好吃!里面还放了笋干,没加糖。好吃!"

"多吃点。这个东西不值钱,但养生。"胡守训说着也夹了一块送进了嘴里。

"老朋友,有一件事我同老胡商量过,也要经过你的同意。我们学校刚刚改制,面临着人才青黄不接的问题,老的太老,少的太少。但是,在职称的评定上历来是论资排辈,我们想打破常规,提拔重用一批中青年教学骨干。你得支持我们呀!"卢永根说着从公文包里拿出一份文件。

宿镇坤一边吃一边翻看着文件:"我这里没问题。但是,这件事情要得到部里支持,特别是何康部长的支持。"他扯出桌面上的一张纸巾擦了擦嘴说,"我拿回去先给何康部长看,然后你再向部里写份请示,把这次提拔中青年骨干的意义、人员名单、取得的成绩和选拔的步骤写清楚,报给部里。我估计何部长会大力支持的,但是,我提醒你,这件事也有风险,有人会说你改革步子走得太快。"

胡守训说:"老卢的为人我是知道的。这个人党性特强,与他共过事的人都知道。上一次,我们省委组织部还把他开始工作的时间确定到1947年呢。"

"老卢,你的青年时期我们都清楚:一心为党,一心为国,一心为科学事业!"宿镇坤说。

卢永根说:"程序上我会严格把关,让拟提拔人员在副高职称以上教师中进行述职,并进行初选,然后再聘请国内外有名望的科学家投票,按投票多少来决定谁上谁下。"

吃过饭,宿镇坤抬腕看了一下表,说:"时间还来得及,我还是赶回北京向党组汇报吧!我今天就不在广州住宿了。既然姓宿,宿字当头,哪里都可以睡的。"

送走宿镇坤后,卢永根问胡守训:"老胡,对这件事,你怎么看?"

"我没有意见。一是服从组织安排;二是尊重你个人意见。"胡守训微笑着说。

"谢谢你呀!"卢永根发自内心地说。自从两人搭班子以来,作为党委书记的胡守训在工作上给予了卢永根极大的支持。华南农业大学班子的团结在整个广东的大学里都传为佳话。

1987年6月16日,华南农业大学召开教职工大会,会上校长卢永根宣布,优先或破格提升张泰岭、罗富和、温思美、骆世明、罗锡文、辛朝安、杨关福、梅曼彤八位中青年教师为副教授。

紧接着,在学校的公告栏和门户网站上公布了八名才俊的简历。

罗富和,男,汉族,1949年9月生,广东广州人,民进成员。1968年11月参加工作,芬兰赫尔辛基大学农林学院毕业,研究生学历。1968—1973年,广州军区生产建设兵团四师十团战士；1973—1976 年，广东农林学院学习；1976—1981 年，广东农林学院助教；1981—1983 年，芬兰赫尔辛基大学农林学院硕士研究生。

罗锡文，1945 年 12 月 2 日生，男，汉族，湖南株洲人，中共党员。1969 年 7 月，毕业于华中工学院无线电技术专业，获学士学位，同年分配到贵州省铜仁县农机厂工作。1982 年 6 月，华南农学院农业机械化专业研究生毕业，获硕士学位并留校在农业工程系任教。

杨关福，男，学士，籍贯广东，1942 年出生。1968 年毕业于上海复旦大学遗传学专业，1980 年起，在华南农学院任教，从事动物遗传育种的教学和科研工作。

骆世明，男，1946 年 4 月生于广东台山。1968 年毕业于华南农学院农学系农学专业。1978—1982 年在华南农学院读研究生，其中 1981—1982 年，到美国佐治亚大学生态所进修。毕业后留校工作。

温思美，男，汉族，1958 年 1 月生，四川巴中人。1975—1978 年，四川省巴中县石门公社革委会干事；1978—1982 年，西南农学院农业经济管理专业学习；1982—1982 年，国家教育部出国预备研究生培训；1982—1985 年，美国康奈尔大学应用经济与管理系发展经济学专业硕士研究生；1985 年开始，在华南农业大学农业经济系任教。

辛朝安，男，广东汕头人，1944 年生。1968 年，佛山兽医专毕业，之后在海南黎族自治州工作 10 年；1979 年，考取华南农学院兽医系研究生，毕业后留校工作并到美国加利福尼亚大学农学院进修一年多，回国后继续任教。

梅曼彤，女，1942 年 10 月出生。1965 年，毕业于华南农学院农业生物物理专业。1983—1985 年，公派赴美国加利福尼亚大学劳伦斯伯克利研究所进行放射细胞生物学及分子生物学研究，承担国家自然科学基金项目、美国洛克菲勒基金水稻生物技术国际合作项目。

张泰岭,男,1947年出生。大学毕业后,在华南农学院农业工程系任教。

华南农业大学破格提拔八名中青年人才的消息,在《华南农业大学学报》公布后,轰动了几乎整个广州城。接着,《南方日报》《羊城晚报》《广州日报》及其他报刊进行了转载,这让退休后一直关注着华南农业大学发展的赵善欢十分高兴。那天晚饭后,他在学校操场边由他的学生庞雄飞陪着转悠。他拿起下午才印的《羊城晚报》,上面有"重德重才,'土''洋'并举,华农破格提拔八位年轻教师"的报道。他喃喃地对庞雄飞说:"卢永根就是卢永根,性格决定他是这个时代的风云人物。解放前,他义无反顾地加入地下党并回内地参加新中国的建设,20世纪60年代他极力鼓动年近70岁的丁颖加入中国共产党,今天他又打破治学陋习破格提拔年轻人……看来接力棒交给他没有错。"他回头看了一眼庞雄飞,怕他听了不高兴,便补充说,"接力棒交给你们班子。"

庞雄飞说:"老师,卢永根当校长有担当,有能力,他是班子的班长,我们都听他的。"

"这就好。当副手的能摆正自己的位置也是一种担当。我搞昆虫研究这么多年,全心全意地扑在研究上,在学校管理和人才培养上花的气力小,这就是我与永根之间的差距呀!"赵善欢不无感叹地说。

无巧不成书,两人正在操场上边散步边聊天,那一头正好是卢永根与张桂权迎面朝红满堂西边基因室走去。赵善欢高兴地挥手招呼道:"永根……"

显然,卢永根和张桂权没有看见也没有听见,自顾自朝前走去。庞雄飞对赵善欢笑了一下,说:"我帮你喊吧!"然后挥手说:"喂,老卢!老院长在这里呢!"

卢永根和张桂权这才回过头来朝这边看。见赵善欢和庞雄飞在散步，他们两人也朝这边走来。

四人走到一起，卢永根急忙扶住赵善欢，说："老师，您到这里散步来了？"

"舍不得也离不开。"赵善欢任由卢永根扶着，用另一只手指着周围的环境说，"等你以后退休了就知道了，你怎么舍得离开你熟悉的学校和朝夕相处的学生呢？我平时只是看见你忙，没来打扰你。我经常在学校周围转悠，反正也方便，坐公交车来。"

"您是老院长，不能只是来学校转悠，还要转悠到我的办公室，给我和现在的班子提意见。"卢永根说，"小心崴着脚！我们一起送您上车吧！"

"好的。你比我强多了，我只知道教学和埋头搞科研，你不但把学校治理得井井有条，最近还破格提拔了八名中青年教学骨干，人称是我们华南农业大学的'八大金刚'。那个叫温思美的，据说今年才29岁。你有魄力呀。"赵善欢回头看了一眼张桂权说，"小伙子，你也得加油呀，现在的华农正是施展身手大干一场的好地方。"

张桂权微微地点了点头："谢谢老院长。"又侧身对庞雄飞说："庞副校长好！"

赵善欢甩开卢永根扶着他的手说："桂权，你是我们学校作物遗传育种专业研究生毕业，不要辜负了你导师的心血！"

"我会像导师一样认真做学问，认真做人的。"张桂权十分腼腆地回答。

不知不觉，四个人走到了学校大门外的大街上，这里很热闹：有卖服装的，什么牛仔裤、西装，应有尽有；有卖鞋帽的，皮鞋、布鞋和胶鞋，琳琅满目；还有卖各种小吃的，包括新疆的馕饼、烤羊肉串，陕西的肉夹馍，河南的胡辣汤，黑龙江的大拉皮和兰州的牛肉面。

卢永根对此很不高兴，抱怨说："我到过美国和英国的大学校园，也到过东南亚、非洲和中东的大学校园,那里的校园也在经商,但是,大都是经营与教育相关的产品和服务。你看我们的学校周围都在卖些什么!我们要努力改变这种环境和作风。"

"是呀。这是与我们中华民族的传统相违背的,孟母三迁其居,最后才定居在学校的旁边,看中的就是环境对人的影响。"赵善欢也不无忧虑地说。

"你看人家牛津大学,还没进校园,仅仅在牛津城就已经感觉到了高等学府的学术氛围,没有高楼大厦,触目所及都是古老的建筑,周围的商铺从事的也都是与文化有关的行业。中国的大学就没有这种感觉,但从整体上来说,北方的大学要比南方的大学好很多,上晚自习的学生很多,广州的大学里就缺少这种氛围。五山一带高校林立,却逐渐演变成了一个商业中心。"卢永根显然有点激动了。

说着,几人来到了公交车站台。赵善欢转身对卢永根等人说:"永根,你们回去吧。好好干,我们华南农业大学要把我们的'农'字招牌好好地树起来!"

"别急,车还没来呢。"卢永根说,"前一段时间,有人对我说'现在许多人谈农色变',建议我把'农'字去掉。这怎么行呢?没有'农'字,我们就像失去了水的鱼呀!"

"是。这些人有偏见,我们不能同他们一样!"赵善欢说,"你们回去吧,车来了。我是一个退休的老头子,别耽误你们了。"

车停在站台,卢永根等人把赵善欢送上公交车,才慢慢地回学校。赵善欢是蜚声中外的昆虫学专家。他经常独自回学校来看看,但是,他拒绝学校开车送他回去。

广州的秋天并不寒冷,卢永根早上出门还是穿着他那件绿色的单衣,妻子徐雪宾见了,关切地说:"阿卢,我们去买几件衣服吧,你看你这件衣服穿了多少年了,也不隔寒。明白你的人都知道你比较恋旧,不知道的人还以为我这个做妻子的不贤惠呢!"

"捂三月冻九月,是我们中国的传统养生方法。你看,我不但不冷,而且还出汗了。"卢永根微笑着抱了抱妻子的肩头,"谁爱说就让他说去吧。谁不知道我们夫妻俩的感情?那是经过岁月打磨的。"

走到楼下,卢永根返回身对徐雪宾说:"你那辆单车的链子经常掉,修好了没有?要不我星期天帮你推去五山大道那边档口修一下。"

"我已经修好了。"徐雪宾笑道,"五山大道那间店铺早就关门了,那天我一直找到龙口西路打横的那条小巷子才找到一家修理自行车的店。换了个零件,花了5元钱,回头你得给我报销。"

"我们家的财务大权都在你手上,你尽管花。"卢永根打趣道。

说着,他钻进那辆旧式桑塔纳汽车上班去了。昨天,省委组织部来电话说副部长古志德要来学校传达中组部的通知,他必须尽早赶到办公室参加学校党委会。

学校党委早晨8点30分召开党委会,古志德应邀列席了会议。会上,他转达了中央组织部来电,决定卢永根不用调动,继续留任华南农业大学校长一职。但是,中央没有忘记卢永根,同年11月23日,经国务院批准,卢永根被任命为第二届国务院学位委员会委员,任期5年。

六、卢永根和他的弟子们

卢永根一生致力于水稻的遗传育种研究，并带有众多弟子。弟子中有两位比较出名：一个叫刘耀光，一个叫刘向东。他们都在进行遗传育种研究，但侧重点不一样，刘耀光主攻小麦染色体基因连锁图谱的研究，刘向东主攻水稻种质创新的研究。

刘耀光是广东韶关人，"文化大革命"后的第一批大学生，当时报考了一所工科类的院校，没有被录取，后来才进的华南农学院。在一些人看来学农没出路，不安心学习，可是刘耀光没想太多，有书读就行。

还是在刘耀光读本科的时候，有一天晚上，卢永根看到他最后一个从图书馆出来，故意问他："做科学研究很累哟，特别是做农业科学。你能不能扛住？"

"做科学研究兴趣爱好很重要，因为爱它，不管遇到什么困难，也不管别人怎么评价。"刘耀光说，"一个人热爱某项事业并坚持做下去，就一定能够成功。"

卢永根对这个粤北农村来的孩子更加另眼相看了。

1984年9月，刘耀光抱着追求科学的理想考取了赴日留学研究生，在日本香川大学遗传育种专业攻读硕士学位。虽然刘耀光远在日本，但是卢永根一直关注着自己的学生的成长。他获悉刘耀光毕业后婉谢香川大学导师希望他能够留下来做自己的博士生的邀请，而是考取日本的重点大学京都大学，师从国际著名的植物分子生物学家常胁恒一郎教授时，高兴地对学生兼助手张桂权说："你也要像刘耀光一样，要做就做到最好！他是一个追求科学、淡泊名利的人，在这样一个浮躁不安的世界里，刘耀光沉得住气，不骄不躁，他发表的文章，篇篇是精品。我们的事业就需要这样的人，等他毕业后，只要我还在校长位子上，我一定要动员他回来工作。"

刘向东出生于 1965 年，1985 年 7 月华南农业大学作物遗传育种专业毕业，获学士学位后，一直在福建农学院遗传所从事水稻遗传育种相关理论研究工作。他在水稻研究上的主要成绩有两方面：一是建立了各种关键技术（如 WCLSM 和 PEG – IM 技术等），系统深入地研究水稻和突变体胚囊发育遗传和分子细胞学机理；二是创建了一批有利用价值的水稻新种质，包括利用野生稻创建 SSSL 和一大批同源四倍体水稻新种质等，同时开展一系列的研究工作。

对这两个学生，卢永根关爱有加，每当在期刊上和学术报上看到他俩的成果，他都高兴，并且就他们的观点与助手张桂权开展讨论。一个夏天的下午，他约张桂权一起骑自行车到东圃实验场看野生稻的长势，说："刘向东的论文本质还是水稻的新本质，他的研究与丁颖院士和我们后来找到的这些野生稻种密切相关，如果他愿意来读我的博士，我一定优先录取他。"

"他大学毕业后，一直在进行理论研究和细胞观察，有许多论文的观点还很前沿，应该是个科研和教学的好苗子。"张桂权看到路上没人，便紧踩了几下自行车，与卢永根平行骑行。

"我们学校如果有他们两人的加盟，再加上你，作物遗传育种专业就可以站到世界的前列。到那时，由你接管基因室，由刘向东接手野生稻基因库，刘耀光加入梅曼彤遗传工程研究室……这只是我的构想，能不能实现，还要靠大家的努力。"卢永根轻松地踩着自行车说。

"老师，就凭您的人格魅力，这两位都会归到我们华南农大的旗下。"张桂权脸露微笑。

"有把握？"卢永根问。

"有十成把握。"张桂权回答。

"说来听听。"卢永根道。

"千金买马。"张桂权道。

"你叫我学燕昭王？"卢永根问。

"您已经学到了。"张桂权笑道，"我就是郭隗。更何况还有您破格提拔'华农八大金刚'的故事呢！"

"但愿如此。不说这些了。"卢永根见到了东圃实验场，便打住了话题，"桂权，你是一块做科研的料子，很刻苦，很细致。"

卢永根说的一点也没有错。张桂权是广东肇庆高要县（今高要区）人，出生于1957年；1978年，毕业于华南农学院农学系作物遗传育种专业，后留校任教；1983年，在华南农学院作物遗传育种专业研究生毕业，获硕士学位。

张桂权长期从事作物遗传育种专业的教学和科研，专长于水稻遗传育种和生物技术，主要从事水稻杂种不育性的遗传基础研究和籼粳亚种间育种、水稻的基因组学和分子标记辅助育种研究。

张桂权兄弟姐妹六人。很小开始，张桂权要干农活，还要帮母亲编草席，拿到镇上卖掉挣钱。小学毕业后，家里实在供不起张桂权念初中，母亲说："孩子，算了，咱别读书了，你帮你父亲干木工活也能赚口饱饭吃。"但是，父亲坚持送他上学——即使是做木工，也是文化越高，做出来的家具就越漂亮。

高中毕业后，张桂权去西江的码头当了搬运工，扛过大米、砖块、化肥、农药等。干完体力活，工友们倒头便睡，他还坚持看书。1975年11月，广东农林学院（华南农业大学的前身）到农村招收"社来社去"学员，张桂权被推荐入学。

1978年，正值全国恢复高考，学校急需一线教师，张桂权因成绩优秀留校任教。

卢永根十分喜欢这个朴实的学生，师生两人经常在基因实验室加班和观察到深夜。有人找卢永根，打电话到家里，一向温和、隽永的徐雪宾老师也半开玩笑半认真地说："你打电话找张桂权老师吧，他们准在实验室。"

不知不觉，师徒两人来到了东圃华南农业大学农学院的水稻实验田。这一片稻谷已经成熟。由于水田有限，卢永根还从厂里专门订制了一批土瓷盆来栽培野生稻。几十年来，他一直牢记恩师丁颖的教诲：要做好一个农业科学家，首先要做好一个农民。这真有点难为他，因为他出生于香港一个富裕家庭，要从一个从未下过田的"香港仔"变成一个真正的农民，谈何容易？尽管他在10来岁的时候被送回老家花县农村躲避日本人的侵略两年，但与真正变成农民是完全不一样的。卢永根却坚持了下来：1958年9月，根据中央决定，农学院师生停课一年，下放农村参加劳动锻炼，全学院组成9个大队，卢永根下放到江门地区新会县并任小泽小队队长；1959年9月，女儿卢红丁出生后还不满1岁，卢永根就和畜牧学家张天佑随梁嘉参加中共广东省委工作团海南分团，在文昌工作三个多月，主要任务是推动晚稻田间管理、大炼钢铁和人民公社化；1960年11月，卢永根参加了中共广东省委工作团，赴潮汕地区整风整社和贯彻人民公社60条，先在揭阳县梅岗公社试点，然后由学院党委书记吴枫率领小分队到潮安县意溪公社开展工作，卢永根和同事吴荣宗一同到归湖大队与农民"同住、同吃、同劳动"，直到第二年的7月早稻收割后，省委工作团才结束工作返校，卢永根足足恢复了一星期才缓过气来；1968年底，更是响应毛主席"广大干部下放劳动"的号召，卢永根夫妇下放到华南农学院翁城"五七"干校劳动，成为实实在在的"农民"；另外，他还到海南从事"南繁"育种，晚上就住在稻田附近的一个小茅屋中，周边还有蛇出没……

当然，也正是有这些当农民的经历，卢永根才如此地爱农民，才在农业科技的道路上走得扎实。前几年，有人提出应将农业大学改名，把"农"字去掉。卢永根不认为"农"字是学校的一个包袱。他对人说："现在社会上确实有不重视农业、看不起从事农业工作的人的心理，但即使是这样，'农'这顶帽子也不是随便能摘的。美国得克萨斯农工大学如今已成世界名校,但它始终没有把'农工'二字去掉。改名不是完全不可以,但一定要有实质性的内容。"

赤脚走到田间,卢永根拿起一株沉甸甸的稻穗认真地观察:"桂权,你看这一株籼稻,茎秆较粗,分蘖力较强,叶色较淡,谷粒细长,但与其他籼稻不同的是不容易落粒。"没有得到回答,卢永根回头连喊了两声:"桂权,桂权,在哪里?"

"老师,我在这里呢。来,您抬一下头。"张桂权答应道。

卢永根抬起头来,张桂权正手拿着相机对着自己拍摄呢。他心想:你拍就拍吧!可不要在媒体上乱发呀。口里却说:"刚才没看你拿相机呀!"

"我背在背上。"张桂权有些兴奋地说,"这张照片也许会成为历史性的永恒记录。要不要我再来一张?您配合一下好不好?"

"行了行了,你快过来看。"卢永根说。

"好的,来了。"张桂权把相机盒套好,稳稳地挂在脖子上,答应着走进田里。

卢永根拿起稻穗重复了一遍刚才的话:"你看这一株籼稻,茎秆较粗,分蘖力较强,叶色较淡,谷粒细长,但与其他籼稻不同的是不容易落粒。"

"怪不得您没有把这些种子与其他的稻子分开来,原来不怕它被吹倒和掉粒。"张桂权笑道。

卢永根收敛起笑容,弯腰说:"桂权,我讲这几株籼稻茎秆较粗、不容易脱粒,并没说它的抗倒性。这个还是易倒的,你看看它的茎,比较软!"

张桂权把背着的相机往背后推了推,也弯下了腰:"这株籼稻好像是从东莞采集来的。您当时讲,这种籼稻最像野生稻。"

"籼稻是首先由我国南方采集野生稻栽培而成的,慢慢地往北方栽培的过程中经过人们的不断优化和筛选才产生了粳稻。这是丁颖院士的论证。"卢永根说,"但是,以基因学为主体研究方法的西方学者还是不承认丁颖院士的说法,非得说'水稻的起源在印度'。'水稻起源'不仅是一个学术问题,也关乎民族尊严,丁老的这一发现是其分量最重的学术成果。"

张桂权直起腰来,说:"所以,老师您经过数十年坚持不懈的努力,从细胞遗传学的角度研究了中国栽培稻的起源,首次建立了我国三个野生稻种的粗线期核型,从细胞遗传学的角度证实了普通野生稻是栽培稻的祖先。"

"也许是吧。虽然科学无国界,但是,科学家是有祖国的呀。我们生活在这片土地,我不爱她行吗?"卢永根的眼睛有点潮湿了。他回忆起了引他走入正道的林荞中老师,他轻轻地背起了艾青的诗:"假如我是一只鸟,我也应该用嘶哑的喉咙歌唱:这被暴风雨所打击着的土地,这永远汹涌着我们的悲愤的河流,这无止息地吹刮着的激怒的风,和那来自林间的无比温柔的黎明……——然后我死了,连羽毛也腐烂在土地里面。为什么我的眼里常含泪水?因为我对这土地爱得深沉……"

卢永根虽然有些激动,但是,他还是小心翼翼地放下了托在手掌上的稻穗:"桂权,我有点失态了。老师也是人呀,也有七情六欲。"

张桂权岔开话题说:"粳稻米口感可是比籼稻米更好。"

"好呀,这就是你和你的同辈人要做的研究:从分子学上研究口感好的问题,要从基因组合上入手,让水稻既好吃又多产。"卢永根感慨地说,"桂权,一代人有一代人的责任和使命,我希望你和你的学生们做出比老师更大的成绩。今天天色不早了,我们回去吧。记得过几天,把育种班的学生叫过来将这些成熟的稻子收一下,晒干以后入库保管!"

师徒两人走到田埂边,用水沟里的水洗了洗带泥的脚,踩着自行车往家里驰去……

七、内骨子里的朴素

广州的 8 月是全年最热的时候。小车的玻璃虽然贴了一层蓝色的膜,但是也挡不住紫外线的辐射。卢永根坐在车后座上,一会儿就满头大汗。司机小李返身递给他一包纸巾,他从中抽出一张,擦了擦,汗水太多,透过纸片粘到了他手上。他又从纸巾盒里抽出了一张,擦干手又擦了一把汗。小李把空调的马力开到最大挡,车内充满了呼呼的响声。卢永根说:"没事,不要那么大的风,反正冷气不够。"

小李眼睛盯着前方,说:"校长,修车行的人说,'空调用得太久,压缩机坏了,加雪种也不管用',建议换一个空调压缩机。"

卢永根问:"换一个空调压缩机得多少钱?"

"这要看是原厂的还是副厂的,原厂的需要 2300 多元,副厂的才 600 多元。不过,空调的质量都是过关的。要不我们换一台副厂的压缩机吧,眼看这个夏天快过去了,到时候您就不用空调了。"小李建议说。

"正像你刚才说的,再过一个多月就到秋天了,我们还是忍一忍算了。如果要换原厂的,价格太贵了;如果换副厂的,质量怕不过关。并且,我身为大学校长去用伪劣产品,会给社会造成多大影响?算了,还是算了。"卢永根说。

小李见状便再也没开口说其他的事。

卢永根今天是去参加中山大学岭南(大学)学院董事会的。国家教委批准中山大学成立中山大学岭南(大学)学院,卢永根被聘任为筹备委员会委员和董事。来开会前,他交代校党政办公室帮自己打印一份华南农业大学的历史沿革资料,想厘清楚华南农业大学与岭南大学的历史渊源。

华南农业大学历史沿革

1909 年,成立广东全省农事试验场附属农业讲习所。

1917 年,更名为广东公立农业专门学校。

1924 年,并入国立广东大学,更名为国立广东大学农科学院。

1926 年,跟随国立中山大学更名为国立中山大学农科学院。

1931 年,更名为国立中山大学农学院。

1917 年,岭南学校设立农学部。

1921 年,更名为岭南农科大学。

1927 年,更名为私立岭南大学农学院。

1952 年 11 月 10 日,国立中山大学农学院、私立岭南大学农学院、广西大学农学院畜牧兽医系病虫害系(部分)合并组建为华南农学院。

1958 年,从华南农学院、湖南林学院分离出广东林学院独立办学。

1964 年,广东林学院、湖南林学院合并组建为中南林学院。

1970 年 10 月,华南农学院与中南林学院合并为广东农林学院,国家重点建设。

1975 年,广东农林学院拆分,两校独立办学。

1977 年 9 月,学校复名华南农学院。

1979 年,学校被国务院列为全国重点大学,直属农业部。

1984 年 9 月,学校改名为华南农业大学。

身上的汗稍稍干了些以后,他又从提包里掏出这份资料仔细地看了看。当看到华南农业大学的前身有岭南大学的字眼,他在心里告诫自己：别说漏了嘴！现在岭南大学要重建，重建为中山大学体系中的一个二级学院，你还能念念不忘华南农业大学的前身是岭南大学吗？如果自己坚持这种观点，就会被嘲讽是不服从大局，卢永根重新看过，记下了几个时间节点，又把资料放进了手提包。陈序经、丁颖、赵善欢等名师的形象又在眼前晃动：机缘巧合，历史把振兴岭南大学的重担放到了你的肩上，你可不能松懈！

国家教委批准成立中山大学岭南（大学）学院的文件，实际上在这年2月份就下达了。那时卢永根正好被澳大利亚外交及外贸部任命为澳大利亚国际农业研究中心理事会理事，任期为3年。随任命书一起到的是一个开会通知。卢永根并没有为这件事犯难，他打定主意：如果两件事有冲突，他会放弃澳大利亚召开的会议。岭南大学是自己的母校，她的重新开办是一个重大的历史事件，作为筹备委员会的委员和董事，他岂能因一场对外交流而放弃呢？

近年来，卢永根的外事活动确实有点多。但是，他是抱着学习的态度去的。特别是参加国外大学的交流活动，他每到一个学校都要向主办单位交一份详细的考察报告。每到一处，他除了考察他们的学科设置、人才结构、环境建设外，还深入他们的实验室，看人家的设备、工作流程和实验材料，然后千方百计地采购和借鉴回来供同事和学生学习。正是他的这种态度，让华南农业大学拥有国家二级学科重点学科5个，分别为作物遗传育种、农业昆虫与害虫防治、农业经济管理、果树学、预防兽医学；国家二级学科重点（培育）学科1个，为农业机械化工程；广东省一级学科攀峰重点学科7个，分别为农业工程、食品科学与工程、作物学、园艺学、植物保护、兽医学、农林经济管理；广东省一级学科优势重点学科5个，分别为生物学、生态学、畜牧学、林学、农业资源与环境；广东省二级学科特色重点学科4个，分别为金融学、应用数学、应用化学、木材科学与技术；国家林业局重点学科1个，为植物学；农业部重点学科5个，分别为植物病理学、农业机械化工程、预防兽医学、生态学、作物遗传育种。

学校的事业发展了，卢永根的个人生活依旧是俭朴的，就拿公家配给他开的车来说，大家都劝他：换一台高档一点的进口车吧！但是，他始终不愿意花那个冤枉钱。他一直坐那台旧式的一汽本田，空调的空气压缩机坏了，他也舍不得换。他对司机说："小李，让你给我开车真难为你了，空调坏了也不让修，让你跟着受累。我不是舍不得几个钱，但是，我们学校的仪器设备要花很多钱，农耕机械要花很多钱，派骨干去外国进修要花很多钱。我们自己生活紧一点，省一些经费，可以把好钢用在刀刃上。"

穿着打扮上，卢永根更不讲究。夏天，他穿的是一件暗红色的衬衣；春、秋两季是一件草绿色的T恤；冬天是一件瓦蓝色的羽绒服。当然，出国访问和出席庄重仪式时，他还有一套换洗的西装。但是，暗红色的衬衣、草绿色的T恤、瓦蓝色的羽绒服是他的标配。有一次，他对徐雪宾开玩笑说："年纪大了，磨损也小了，几件衣服老穿不坏！"

徐雪宾笑道："是呀，阿卢。俗话说得好，'不用看丈夫的妻，只要看丈夫的衣'。妻子贤不贤惠，看丈夫的穿着就一目了然了。我对你关心不够。晚上，你随我去服装店一起帮你买一身衣服去！"

卢永根连忙阻止她道："你呀，没听人家说'好马配好鞍'？可怜我这匹病残的老马，哪能配得上好衣服呀！"两人就是在这种轻松愉快中把感情的纽带系得牢牢的。

卢永根的俭朴让他亲人最放心不下，还因此产生过误会。时间回到1979年12月27日，定居在美国加利福尼亚州圣荷塞市的母亲梁爱莲病重。卢永根领着女儿红丁出现在病房门口，大姐卢美君、二姐卢美芬、小妹卢秀芳和哥哥卢永经都带着家属等待他们到来。来不及同他们打招呼，卢永根泪如泉涌。鼻子上插着呼吸器的母亲抬手招呼道："永根，你来了。我怕也同你父亲一样见不到你最后一面。"

卢红丁懂事地将脸凑过去，老人摸着她的脸，说："你就是红丁，长得像你老爸小时候一样细嫩。他也是这么小的时候离开我的，好狠心的孩子!"说完,老人眯上眼睛,两行眼泪溢出了眼角。

"奶奶,你好好的,马上会好起来的。"卢红丁哭起来。

卢永根轻轻地在老人的耳边说:"妈妈,孩儿不孝!你一定尽快好起来!"

老人平静地入睡后,卢永根与阔别多年的兄弟姐妹们一一叙旧问好,卢红丁也与大家相见相识。

卢永根父女的到来,比特效药还管用。第二天,梁爱莲居然可以翻动身子。作为大姐的卢美君便把卢永根喊到门外,说:"永根,你不要回去当什么农业系的副主任,充其量也不过是个副处级的官。你到美国来,吃的用的不用愁。到时候,我的产业可以给你一半。"

"大姐,我还是得回去,那可是我的根,我的祖国。"卢永根说。

"你没看出来吗?妈妈见到你病就好了一大半,她可是最心疼你的。你看着办!"卢美君说,"再看看你这身打扮,与贫民窟出来的流浪汉有什么区别?"

卢永根不想在病房外与姐姐说得太多,便默默地回到病房里母亲的床边。看到卢永根的表情,卢美君以为说动了弟弟,便满意地笑了。

过几天,看到母亲的病情好转后,卢永根提出回家。卢美君从LV包里拿出一本证件:"永根,你不能回去,移居美国的所有证件我都帮你办好了。"

"大姐,我已经同你说了,我的根在中国,我要回去。"卢永根很诧异地说。

"我看你没吭声,以为你同意了我的观点。"卢美君拿出了大姐的威严。

"大姐,我很感谢你和大姐夫对我的关心,但我真的不能离开祖国。如果我想过好日子的话,当时我就不会离开香港。"卢永根恳切地说,"我当初举起右手向延安的方向宣誓,就一辈子不想改变!大姐,请原谅我吧!"

卢美君还想说什么，病房的门吱的一下开了，卢红丁用轮椅推着梁爱莲走了出来，梁爱莲说："美君，由你弟弟自己做主吧！我们都是中国人，让永根帮我们卢家为国家多出份力吧！你看当年香港沦陷的时候，日本人搞得我们鸡飞狗跳的。如果不把自己的国家建设好，我们哪有安分的日子过呀！"

卢永根和卢美君即忙转身，一边一个推动轮椅。卢永根惭愧地说："妈，对不起呀。"

梁爱莲伸出满是青筋的手，轻轻地拍了拍卢永根："只要你们过得安稳，我就放心了。"

"大姐……"卢永根想对卢美君说点请她原谅自己的话。

卢美君打断道："永根，你好自为之吧。反正你混不下去的话，记得还有这个老姐在。"说完，她打开 LV 包，拿出一沓美钞给卢永根，"永根，等会儿你与红丁一块儿去买件衣服，把身上这件旧羽绒服换一换。"

看到卢永根没有接她钱的意思，卢美君有点生气地说："难道你老姐给你和侄女一点小小的礼物你都不要吗？"

"大姐，我真的用不着，我和雪宾的工资足够开销。你和大哥、二姐、秀芳在母亲身边照顾她就是给我最大的礼物。真的感激不尽！"卢永根态度坚定地拒绝了大姐卢美君的好意……

回到祖国后，当卢红丁绘声绘色地向徐雪宾描述卢永根拒绝大姐对他的美意的场景时，平时不苟言笑的她也笑得前仰后合。

中山大学岭南（大学）学院到了，小李把车停在了以前康乐园怀士堂前面。卢永根走下车来，整了整暗红色的衬衣。面对这里的一切，卢永根感慨万千：1949 年广州解放前夕，地下学联的地下党员吕宝琅同他接头，一起参加迎接解放军进城的工作；后来成立岭南大学新民主主义青年团，他任书记，王屏山任副书记兼宣传委员，李宗浩任组织委员；后来，他还和王屏山、胡景钊带领岭大师生掀起了控诉美帝国主义文化侵略的热潮……昔日的场景一幕幕在他的脑海中闪过。

卢永根缓步走进会议室,昔日的同学和战友王屏山朝他打招呼。今天,王屏山是主角,他是中山大学岭南(大学)学院的首任院长。轮到卢永根发言时,他侃侃而谈,回忆了过去岭南大学的风光岁月,也提到了新中国成立初期的战斗历程,更谈到了她的未来和发展……总之,他是那样的优雅和坦然,充分体现了一位中国现代知识分子应有的风采!

广州的3月真是花的海洋。华南农业大学校园里的几棵老榕树浓绿的旧叶片上长出了几片嫩芽;人行道两边的三角梅也像疯了似的朝路中央长;紫荆花尤其壮烈,落得满地都是,但树上仍很壮观;被广东人喻为英雄花的木棉花将整个校园装点得红红火火……

卢永根早上喝了一小碗小米粥、吃了一小块艾糍便来到了办公室。昨天下班前,学校党政办公室的工作人员送来一份通知,要他下个月底即4月29日随农业部何康部长一起出访非洲的加纳、科特迪瓦和埃及。他想先做点功课。

卢永根打开电脑后,用烧水壶烧了一壶水,在水杯里放了几颗宁夏产的枸杞冲好,端到电脑台前凉着,便在网上搜寻这三个国家的有关资料。

卢永根把资料下载完,认真修改文字,然后将鼠标光标移到文档最前面加了一个标题:加纳、科特迪瓦和埃及的基本情况。把标题写完,他端起桌上的开水喝了一口,却没有注意到水还没有搁凉,嘴唇被烫了一下。他边用舌尖舔着嘴唇,边用电脑将这段文字翻译成英文。

连续两个小时盯着电脑的屏幕看,卢永根眼睛有点花。他站到窗前朝远处望去,整个人都有一种放飞的感觉,他顺便伸了个懒腰。想到过一个月自己就要去非洲访问,那可是世界农业生产比较落后的地区。他还记得，1976 年 2 月，正值"文化大革命"时期，广东省农业局委托华南农学院举办援外水稻栽培技术培训班，学习期限为两年，卢永根为班主任兼党支部书记，参加培训班工作的除了卢永根的妻子徐雪宾外，还有罗国兴和刘振宇。他仔细地想了想——其实里面有加纳、科特迪瓦和埃及等国的学生，只是自己记不起来了。这一次，随何康部长出访非洲三国目的是什么？难道单单只是去参观？想到这里，他返回身在桌上拿起电话要通了何康部长："何部长，这次去有什么具体的目的和任务吗？"

话刚说出口，卢永根就有一点后悔：怎么能这样直接问领导？这样显得很不礼貌。但何康并没有感到有什么唐突，回答道："为了加强我们同非洲人民的联系和铁的友谊。我们这次是应邀而去。这几个国家除埃及外，国土面积小，又多荒漠地。你同我一起去，到时有什么农业方面的问题，你可以从专业的角度同他们谈谈。回来的时候，我们要转道科威特并在科威特城停留两天。另外，同行的还有福建省农委主任童万享。"

"那我需要准备什么吗？"卢永根问道。

"没有特别要准备的。那里的作物种植还十分落后，有什么问题你都能解决。卢校长，我挂电话了，北京农业工程大学那边还需要我去开会呢。"何康说完，便挂了电话。

放下电话，卢永根心里有底了：除了手头上的资料，他不需要另外再去准备其他的东西。

想想没有其他特别的情况，他打算到实验室去走一走，很长时间没有观察稻米的分子结构了，他心里好像丢失了什么一样。他又拿起电话，拨通了张桂权的电话，要他下午一起去实验室。

办公室外，一位中等个头的女孩敲了敲门："卢校长好！"

"请进。"卢永根招呼着。

这是学校党政办的工作人员，卢永根的信件和文件都是她负责传递，她进门后，说："有一份省委宣传部寄来的快递。"

卢永根接过快递，正准备撕开。

女孩说："没有别的事的话，我先走了。"

卢永根停下手中的活计，说："请你转告一下胡守训书记，就说我下午去实验室，如果有什么事情要他打那边的电话。"

"好的。"女孩边回答边退出门外。

卢永根打开快递，里面是一份回复文件，文头是广东省委宣传部，内容是："同意卢永根在香港领取香港身份证。"

1988年5月21日至27日，中共广东省委第六次代表大会在广州召开。会议的中心议题是如何办好改革开放综合试验区，继续为全国探路。大会审议并通过了林若所做的《搞好综合改革，推进社会主义现代化建设》的工作报告，并通过了《关于省顾问委员会工作报告的决议》和《省纪律检查委员会工作报告的决议》。

卢永根再次当选为中共广东省委委员（第六届），任期5年。

八、明朗的天

  1978 年 12 月，中共中央召开十一届三中全会，中国开始实行对内改革、对外开放政策。1978 年 11 月，安徽省凤阳县小岗村实行"分田到户、自负盈亏"的家庭联产承包责任制，拉开了改革的大幕；国营企业的自主经营权得到了明显改善，城市的改革也进一步推进。

  改革开放政策实行到 1991 年，我们的经济框架打好了，我们的政策基础筑牢了，审视问题的眼光也更高了。面对国外琳琅满目的商品，我们开始选择；面对国外五花八门的思潮，我们有舍弃。外国人看我们成熟了，因为我们对他们说"是"的同时，也开始说"不"了……特别是高校里的知识精英，他们是最先觉悟的一批人。

  1991 年 4 月 1 日至 7 日，卢永根任团长的广东省高等教育代表团一行四人访问美国夏威夷大学热带农业与人力资源学院，并签订了华南农业大学与该校的合作交流协议。

  合作协议签好后，有一位成员问卢永根："卢校长，你要不要去看一下你的亲人？他们是不是都定居在这里？"

  卢永根笑道："他们离夏威夷还远着呢。现在这么忙，我们的时间有限。"

  "卢校长，我们同夏威夷大学热带农业与人力资源学院签订了交流协议，到时候我们的人才不回祖国了怎么办？"这位成员继续问道。

  "不用太担心。"卢永根胸有成竹地说。

  他回忆起 1984 年的场景：那一年 9 月，下学期开学不久，在红满堂草坪，自己给全体学生做了题为《把青春献给社会主义祖国》的报告：

"爱国主义"是一个很重要的课题，特别是对于青年学生来说。加强这方面的教育，是很有必要的。

首先，对你们这代青年进行爱国主义的补课教育是十分必要的。因为在座的大都是十八九岁的青年，是祖国的未来。你们正像早晨八九点钟的太阳，希望寄托在你们身上。你们这一代青年是幸福的、可爱的，但又是带有缺陷的。

你们这一代青年的缺陷在哪里呢？一是没有全面而系统地接受过历史教育，特别是中国近代史的教育，因而，许多人对中国的历史不了解或了解得不多，不同程度地受到"历史虚无主义"思想的影响。二是缺乏系统的马列主义、毛泽东思想基本观点的教育，即社会发展史、革命人生观和辩证唯物主义等观点的教育。三是年纪还比较轻，社会阅历浅，没有深切体会过我国民族被压迫、被剥削的痛苦，因而，政治上比较幼稚。特别是当我国实行对外开放政策以后，许多人对资本主义国家的所谓文明缺乏分析和辨别能力。因此，进行爱国主义的补课教育是十分必要的。

其次，我想谈谈中华民族是伟大的民族，爱国主义是这个民族的光荣传统。中华民族发源于黄河流域。几千年来，我们民族由发生、发展到繁衍有10亿人口的今天，其中经历了许多苦难和曲折，如外族的入侵、内部的动乱等等。但是，我们的民族始终没有被削弱、被分裂、被消灭，而是不断前进。终于，在中国共产党的领导下，成为屹立于世界东方的巨人。

我们中华民族，在人类的文明史上是做过重大贡献的，在思想、文化和科学等许多方面，都对人类的发展做出过不可磨灭的贡献。

我们的民族是酷爱和平的，但也从不屈服于外来的侵略。所以说，爱国主义是这个民族的光荣传统。我国著名的火箭专家钱学森同志曾说过，中国的知识分子有两个特点：一是爱国；二是不笨。中国的知识分子有强烈的民族自尊心和民族自豪感，把自己的命运同祖国的、民族的和人民的利益紧紧地联系在一起。

在我国近代史上，在解放战争时期，北京大学有个名叫朱自清的教授，他拍案而起，宁可饿死也不吃美国救济粮的故事，充分表现出中国知识分子大义凛然的民族气节。当新中国刚诞生，钱学森等大批留美学生就纷纷回国。他们放弃了优厚的生活待遇和优越的工作条件，毅然回国。这就是爱国主义精神！我想：他们回国图的是什么呢？当时，在百废待兴的新中国，不要说是享受，就连解决吃饭问题也是件很不容易的事情啊！这正如钱学森同志说的：我什么也不图，只有一个，为祖国争光。

我上面所列举的人和事，尽管他们生活在不同的历史时期，有着不同的背景，但他们都有一个共同之处，那就是在他们身上，体现了忧国忧民、国家兴亡和匹夫有责的爱国主义精神。他们把祖国的命运、民族的命运和自己的命运紧紧地联系在一起。在"生亦我所欲，所欲有甚于生者"的抉择中，他们会做出"舍生而取义者也"的决断。他们的思想和品德流芳百世，成为鼓舞子孙后代高举爱国主义旗帜的力量源泉。

那么，为了发扬伟大而光荣的爱国主义传统，当前，我们从思想认识到实践上要回答的几个问题是什么呢？这是我要谈的第三个问题。

我认为，回答这些问题，每个人都必须依靠而且只能依靠马克思主义的认识论，用历史的观点、发展的观点，去分析研究，得出符合实际的结论。

要回答的第一个问题：我们应当如何看待我们的社会现实。有人说，我们的国家很穷，爱国怎么能爱得起来？的确，我们国家目前还比较贫穷和落后，现实就是这样，但这是相对的，是同发达国家比较而言的。我们承认落后，目的就是为了奋发图强。

第二个问题：党风问题。对党内不正之风，包括我在内的广大的正直的共产党员是深恶痛绝的。三中全会以来,党中央采取了一系列措施,使党风日益好转,这是有目共睹的事实。但是,要彻底纠正不正之风,需要时间,需要共产党员共同努力奋斗。一个执政党能下决心公开揭露自己的缺点和错误,说明我们党代表了人民的根本利益,是有力量的表现。第三个是社会风气问题:我认为,我们的社会风气总的来说是好的,但我们还不满意,因为还有许多地方要改进,有的还要花大气力去改进。问题是人人都应该"从我做起,从现在做起"。

在座的都是大学生,都是有文化和有知识的年轻人。扭转社会不良风气,一靠党的领导,二靠政府制定法律和措施,但更重要的是靠大家的自觉行动,尤其是年青一代大学生的模范行动。

我出生在香港,在那里长大。我的家庭还算殷实。1947年12月,我加入了新民主主义同志会,1949年8月又加入了中国共产党。1949年8月,受党组织的派遣,打入内地的私立教会大学,参加迎接广州解放的革命工作和社会主义建设。我为什么要摒弃比较安逸的生活,放弃个人的名利而回内地呢?主要是日本侵华战争的现实教育了我,使我觉醒到当亡国奴的悲惨。我是炎黄子孙,要为自己的祖国复兴效力。

我回内地30多年来,尽管经历过不平凡的和曲折的历程,有过一帆风顺的日子,也有过身处逆境的时刻,但我坚信,是中国共产党指给我有意义的人生之路,只有社会主义祖国才是我安身立命的地方。我曾三次出国探亲和访问,但没有被异国的物质生活所引诱,也没有被亲人的热情挽留所动摇。我打心底里热爱自己的祖国。有位美国移民局官员曾问我,你具备移民条件,为什么还要留在中国?我说:"因为我是中国人,祖国需要我!"

最后,青年学生当前爱国主义行动应具体体现在哪里?我认为应具体体现在以下四个方面:一、为振兴中华而勤奋学习和刻苦钻研;二、自觉地把自己的前途和命运与祖国的前途和命运紧紧地联系在一起;三、培养强烈的民族自尊心和民族自豪感,牢固树立为祖国争光的雄心壮志;四、清除利己主义思想,要关心集体,热爱生活。

匈牙利著名诗人裴多菲曾经在一首诗中写道:"生命诚可贵,爱情价更高;若为自由故,两者皆可抛。"如果我借用这首诗,可稍为改动一下:"生命诚可贵,爱情价亦高;若为祖国故,两者皆可抛。"

亲爱的同学们,你们这一代青年是幸福的,有着积极进取的向上精神。我今天的发言,如果能像一束小火花一样,点燃你们心中的爱国主义火焰,并迸发出热情,去为振兴中华而奋斗,那是我所热切期待的。

现在想起这些话,卢永根还感到字字都很滚烫。他说:"不爱国的人毕竟还是少数,有的人纵使身在国外也是爱国的。我们要相信他们,关爱他们,尽量在科研上、生活上给他们提供方便和帮助,积极发挥他们的作用。"

"最主要的是我们自己要有胸怀!"这位成员信服地点头附和着。

出国回来,卢永根建议召开党政班子联席会议讨论建立留学归国专家楼的问题。卢永根的提议得到了班子所有人的赞成。会后,华南农业大学有关部门便按有关程序在网上进行了公开招标。

公开招标公告发布后的第二天下午,卢永根来到基建办公室对负责该项招标的小廖说:"现在社会上有许多从事工程的人不像话,不走正常途径招投标,采取'围标'的方式进行暗箱操作。我们留学归国专家楼要建成干净的样板楼,不仅工程要干净,建设过程也要干净。"

小廖说:"校长,你要我监督我们学校领导层或基建办公室的人不从中拿取'好处费',我完全能做到。但是,如果要我阻止不'围标'和不进行'暗箱操作',真的不是我所能把控得了的。"

卢永根直视着小廖的眼睛说:"那我就请你帮我物色一名会'把控'的人来管基建好了。"看出小廖尴尬的样子,卢永根语气放和缓说,"我知道你是一位干净干事的好干部,但是,在基建工作中不能怕难。就像我们搞科学实验观察细胞组织一样,每一组基因的变化都是细腻的,有它一定的规律,找准了,就可以把问题解决!"

小廖羞愧地低下了头:"我这就去同建设部门和纪检监察部门联系,共同防止'暗箱操作'等问题。"

"这才是应有的态度。"卢永根高兴地说,"今天不早了,你明天再去吧!"

许久没回家吃饭了,随着天气越来越热,卢永根的腰上长了一片小小的斑块并且发痒。徐雪宾专门给他煲了一锅排骨汤,汤里加薏仁、芡实和姜片。中午出门时,徐雪宾交代他"不要在食堂吃"。可是,当卢永根回家的时候,并没有闻到排骨汤的香味。他走进厨房揭开锅一看,锅里的排骨和薏仁等还静静地沉在釜底,水面上浮着几块姜片——徐雪宾上班前忘了按煲汤键了。

卢永根刚把锅盖合上,徐雪宾便赶了回来,笑问道:"汤鲜不鲜嫩?"

"很新鲜。"卢永根浅浅地笑道,"我从来没有喝过这么新鲜的汤。"

徐雪宾去消毒碗柜里拿汤碗,卢永根轻轻地拦住她的手:"辛苦你了,雪宾。我们还是去食堂吃吧。"

"看你表情怪怪的,有什么不对?"徐雪宾有些诧异,"现在去食堂有些晚了。"

"你太累了,中午上班的时候,忘了按煲汤键。"卢永根说。

"阿卢,我是不是得了帕金森病?我明明是按了煲汤键的。"徐雪宾走到电饭煲前仔细地看了看,随手啪的一声把键按上。

"也好，我们回来再喝汤吧，学学湖南人先吃饭再喝汤也没有错呀！"卢永根笑着说，"育种班的同学们说'徐雪宾老师讲课条理最清楚，事例最具体'，你能有帕金森病？"

"对不起呀，阿卢。你饿不饿？要不我先给你下碗面条吃？"徐雪宾满脸歉意。

卢永根迟疑了一下，说："好呀。我好久没吃面条了，你给我煮一碗清汤面吧！"他本来想说：锅里煲了汤，再吃面条的话，一肚子都是汤汤水水，对身体不好。但一想到徐雪宾上了一整天的课又要回来"伺候"自己，怎么也不忍心，便改口说了上面的话。

"好的。"徐雪宾一边答应一边去厨房煮挂面。

徐雪宾煮好面端到餐台上，卢永根放下当天的《南方日报》走到桌边，夫妇俩正准备吃面。咚咚咚，传来三下敲门声，她刚坐下又起身去开门。

"婶啊，我是您的侄子呀。"门开后，一个30多岁的男子热情地打着招呼。

徐雪宾睁着眼睛看了半天："我侄子？"

"是呀，您侄子！"年轻人在门边打量了一圈，"婶呀，要换鞋子不？"

徐雪宾还是不明就里地说："鞋子，鞋子就不用换了。"

"婶呀，你咋弄不明白呢？"年轻人说，"我是您的表姐邓翠琼老公的侄子华仔呀。红丁妹妹呢？她在家吗？她认识我的，小时候她还经常到我家玩呢。"

"噢。红丁不在家住，她上大学了，住在学生宿舍。"徐雪宾说，"你是华仔，噢，我表姐夫的侄子。"

"这就对了。您叫我阿华就是。"年轻人说。

阿华走进门，一眼看见坐在餐桌边慢慢吃面条的卢永根，高兴地说："叔，没吃饭呢？这都什么时代了，还在吃面条？"说着，上来便一副欲抢卢永根手中的碗的架势。

卢永根将碗往里移了移，说："阿华？长这么大了，你10多岁的时候我是见过你的，比我们家红丁大不了多少。"

"叔，您记性真好。"阿华说，"都是一家人，叔，您别吃干面条了，我们到外面吃去，我请客。"

徐雪宾给阿华倒了一杯纯净水，说："来，你喝水。"她是一个涵养十分好的学者，家里来了同事、学生和客人，她都在一旁客气地倾听，很少插话。

看到卢永根只顾吃面，阿华有点急了，说："婶呀，您快叫我叔放下筷子吧。我们一起到外面去吃个便饭，我请客，花不了几个钱。这么大的教授，不能太寒碜！"

"等我吃完再说，我实在太饿了。"卢永根微笑着说。

"好的。等您吃完面，垫垫肚子，我们再到外面吃大餐。您先吃，我先订好餐厅。白云宾馆好不好？我有那里餐厅经理的电话，我先订了房再说。"说着他拿起手中的大哥大就要订房。

卢永根急忙阻止道："别忙，等我吃完。"

"也好。等会儿我们一同去，到了后再点。"阿华说完抬腕看了一下瑞士表，"还早，七点半还不到。"

徐雪宾静静地吃着她的面条。

这是一间70多平方米的老式房子，客厅里摆着三张木沙发，一张长的，两张短的；木柜上搁着一台黑白电视机；卧室的门半开着，铁架子床锈迹斑斑，挂帐子用的竹竿，一头绑着绳子，一头用钉子固定在墙上；几张还在使用的椅子，用铁丝绑了又绑……趁男女主人吃面条的工夫，阿华打量着屋里的一切，然后又摇了摇头。等卢永根和徐雪宾吃完面条，他说："叔、婶，我们去吧！"

卢永根从餐桌上的牙签筒里抽出一根牙签剔着，说："不去了，吃饱了。"

"叔，别客气嘛。最多万把来块钱，这点钱，作为侄子我还是消费得起的。"阿华又转身对徐雪宾说："婶，您劝劝我叔呀。把自己搞得这么孤寒干什么？人生在世不就是'吃穿'二字吗？"

卢永根有点不高兴了："阿华，我真的吃饱了，谢谢你的美意。你有没有其他事？"他的意思：如果没其他事请他离开。只是，红丁小时候有几年寄居在表姐家，不好意思明着赶他走。

阿华见卢永根问起他的来意，便直截了当地说："叔，我听说你们学校要盖'留归'大楼，这个工程给我做好不好？有财大家发，阿华我知道怎么做的。"

"我们是要盖几栋留学归国专家楼，不是什么'留归'大楼。但是，我们只是报建单位。现在学校基建办公室已经把相关资料报送到城乡建设局，由他们向社会招标，你如果有实力，尽可以去参加竞标！"卢永根一本正经地说。

"对对对，留……留……留学归国专家楼。叔，谁都知道，报建只是个形式，关键还是看甲方单位，想给谁做就给谁做。赚了钱，我们五五分成，一人一半！"阿华说。

卢永根忍着一肚子火不想向客人发，耐心地说："这个忙，我真的帮不了，并且，已经报给城建局好长时间了。再说，我现在忙着搞科学实验，哪有那么多工夫管基建方面的事？"

"叔，现在搞基建是最赚钱的事。你看我在花县仅承建几个小工程就赚了大把钱，盖了房买了车，天天在外面吃喝玩乐。你要是嫌少的话，我们四六开，你六我四，这样总可以了吧！我在业界是最会做人的。"阿华步步紧逼，"要不我们三七开……"

"住嘴！"卢永根实在忍不住，站起来。

"不说就不说。"阿华打住自己的话头，但是，还不死心，"你是我们花县罗洞村在省里最大的官，其他人都为家乡做贡献，你为家乡做过什么？"

"只要我在一天，就一天不要你进华农大门。"按捺不住自己的激动，卢永根说，"你走吧！"

阿华见事不妙，灰溜溜地往门外走去。

关上门以后，徐雪宾对卢永根说："阿卢，别生气，把身子气坏了累的是我。"

卢永根听了徐雪宾的话冷静下来后，拨了个电话给花县的堂弟卢家棠："家棠，以后村里有人想要托你找我做工程的话，你千万别答应，如果符合条件的话请他们去城建局投标。"

话音刚落，门外又咚咚咚响起了敲门声。徐雪宾正要去开门，卢永根一把把她拉住："我去开门。他还真是没完没了了。"

说完，卢永根快步走到门前，拉开门一看，吓了一跳：来人不是别人，是自己的爱将罗富和。他即将去芬兰林科院学习，是来向卢永根告别的。卢永根把他让进家里，谈了足足一个小时……

早上没有一点胃口，彭新湘没有去国际水稻研究所食堂用早餐，而是打开电脑查看邮件。再过一年就要完成自己的学业了，所长马克思·阿·崴尔格博士有意留下他做研究，每月的薪酬为1100美元，对在菲律宾马尼拉生活来说，已经足够，但是，为了求得更好的发展，他想向美国的大学或研究机构投简历。

彭新湘，1962年9月生，博士，研究员、博士生导师。1989年，于华南农业大学博士研究生毕业，后留校工作至今。其间，在国际水稻研究所开展博士后和访学研究。

工作经历

1983年8月—1987年3月：湖南师范大学生物系助教。

1989年2月—1991年9月：华南农业大学生命科学学院工作，于1990年晋升为助理研究员。

1991年9月至今：菲律宾国际水稻研究所博士后。

教育经历

1979年9月—1983年7月：湖南农学院茶学专业获农学学士学位。

1983年9月—1986年7月：华南农业大学植物生理学专业获理学硕士学位。

1987年3月—1989年12月：华南农业大学植物生理学获理学博士学位。

研究领域

1. 植物高光效机理及其利用：采用多基因转化技术分流光呼吸乙醇酸代谢，构建C_3植物光合CO_2浓缩机制，旨在提高作物光合效率、产量及其抗逆性。

2. 植物活性氧信号发生与抗逆性：植物体内H_2O_2总量的70%来源于光呼吸代谢，当植物处于干旱、高温等逆境时这一比例会更高。我们的研究表明，光呼吸关键酶GLO与CAT的互作、解离可作为产生H_2O_2波的调控开关，是一种新的H_2O_2信号发生机制。将致力于深入解析这种新开关机制的调控分子机理及其生物学功能。

3. 植物草酸代谢调控机理：草酸在植物抗重金属毒害、耐低磷、提高N素利用效率等过程中起重要作用，但过量存在于食品中却对人体有害，因此阐明植物草酸代谢及其调控机理是合理有效利用草酸功能的关键。本课题组在该领域已有30多年的研究积累，目前正致力于草酸合成的亚细胞定位及其代谢关键基因克隆与功能分析。

彭新湘把自己的简历翻译成英文，又将近年来发表的论文附在后面。为了安全起见，他又关掉了互联网，想等进一步考虑成熟后再往理想的学校投寄。他伸了个懒腰，走出寓所的门，向实验室走去。

刚在显微镜前坐下，所长马克思·阿·崴尔格博士的电话就来了："彭，有没有时间来我办公室一趟？有重要的外事活动想请你参加。"

不远千里来菲律宾是来搞研究的，彭新湘不想参加其他任何活动。马克思·阿·崴尔格博士好像看出了彭新湘的心思，说："学术交流活动，你们国家来的学术代表团。"

"好的，我马上过来。"彭新湘答应道，一边关掉与电脑连接在一起的电子显微镜，然后在仪器使用登记本上消掉了今天的使用情况，往所长室走去。

来的果然是祖国的亲人——河南省农科院水稻所的专家。亲人相见格外高兴，大家虽然未曾谋面，但只要一提起名字，便都有印象：有的在同一期刊上发表过商榷的文章，有的还一起参加过学术会议……彭新湘带着祖国来的亲人先后参观了育种系、病理系、昆虫系、生理系和土化系，以及品种资源研究中心、谷物化学分析测试中心和国际试验中心等9个单位的试验室和试验田。代表团成员心里产生了急起直追的决心：我们现在虽然工资比较低，科研条件差，连实验台都是水泥砌的，但我们不怕，因为我们的根基深，特别是水稻栽培和育种，可以上溯到炎帝神农氏。

听了来客们的感言，彭新湘心里好像打翻了五味瓶：回国工作是肯定的，但是什么时候回国合适呢？他很纠结。

下午回到寓所，邮差给他送来了一封信件，是从他的母校华南农业大学寄过来的。彭新湘打开一看，里面有两份剪报和卢永根手写的长信。

《深圳特区报》剪报上的文章是：

东方风来满眼春
——邓小平同志在深圳纪实

南国春早。

一月的鹏城，花木葱茏，春意荡漾。跨进新年，深圳正以勃勃英姿，在改革开放的道路上阔步前进。就在这个时候，我国改革开放的总设计师、各族人民敬爱的邓小平同志到深圳来了！

在我国社会主义现代化建设的关键时期，小平同志的到来，是对深圳特区最大的关怀和支持，是对深圳人民最大的鼓舞和鞭策。

《南方日报》剪报上的文章是邓小平同志视察南方时的讲话。

卢永根在信中对彭新湘说:"把邓小平同志到南方视察的报道和他的讲话剪报寄给你,是想让你知道——我们改革开放的政策是不会变的,追求中华民族复兴的道路不管多么曲折,我们都会坚定地走下去!"最后,他劝道,"外国的实验室再先进,也不过是替人家干活。一句话:希望你学成归国,为祖国服务!"

彭新湘看了卢永根的来信,又反复看了卢永根发来的剪报,马上回寓所打开电脑将自己的简历发了出去,不过,这份简历没有发去美国,也没有发去欧洲,更没有发去日本,而是发给了他的母校——华南农业大学!

想到卢永根,彭新湘内心充满感激。还是在母校读博士的时候,彭新湘在一类刊物上发表了三篇十分有分量的论文。不久,他便收到国际水稻研究所发来的邀请函,邀请他到国际水稻研究所做访问研究。他当时上有老、下有小,不想远离家乡去做访问学者。卢永根同他进行了彻夜长谈,鼓励他舍小家顾大家,为了国家民族的利益,到国外苦学三年,站在水稻研究的前沿进行研究才是改变我国水稻基因研究落后面貌的捷径。最后,彭新湘听从了卢永根的建议。现在已经学有所成,正不知何去何从之际,卢永根又来信力邀,自己怎好拒绝老师的一片心意呢?彭新湘回国服务的决心更加坚定了!

这是一个令人兴奋的春天,邓小平同志到南方视察以后提振了人们的斗志。在乘坐南方航空公司航班飞往欧洲参加中国-欧洲共同体农业技术中心成立大会,并被聘为该中心顾问委员会中方委员前夕,卢永根收到了自己的学生彭新湘毕业后回母校教书的意向承诺。他十分高兴,他一定要带领中国的水稻研究团队走到世界的前列——这也是前年婉拒农业部调他去北京高就的原因之一,看来,他的目标随着高素质人才的回归都将会实现！

在欧洲考察期间，卢永根也没有停止思考如何提高学校的研究水平和管理水平，思考如何给优秀人才提供更好的科研条件和环境。

1985年至1987年，辛朝安应邀到美国加利福尼亚大学农学院禽类科学系做访问学者，20世纪80年代在美国发生的禽流感深深地震撼了他。他以学者的超前眼光敏锐地意识到，"中国暴发禽流感是迟早的事，这是动物界难以抗拒的规律"。辛朝安回国后就开始了疫苗研制工作。课题刚起步的时候，没有资料，没有经费，没有经验，甚至连一个禽流感的病例都没有。为了从野生禽类中找到所需要的样本，辛朝安带着弟子漫山遍野地跑，筛选了不少目标，大量采集禽类的唾液、粪便，好不容易才使研究工作得以展开。卢永根安慰他："你好好干，先递交一个请示，经费问题我帮你解决。"

辛朝安是个干实事的人，第二天就起草好请示并叫助手送到了校党政办。卢永根建议召开班子联席会议，专题讨论这个问题。但是，正遇学校党委书记胡守训到北京开会，庞雄飞去湖南农业大学讲授水稻昆虫防治问题，这个事便被耽搁了一个礼拜。他就此专门给辛朝安打电话，要他放心，回国后班子会议一定定夺这件事。

卢永根出国回来后的第一次班子会议果然首先讨论了这件事，会上，胡守训担心全校经费比较紧张，如果开了这个口子，其他院系或科研单位也一起跟进，学校的经费会更加紧张。卢永根建议直接以奖金的方式发放给辛朝安团队，以表扬他们在兽药研究方面所取得的突出成绩。

华南农业大学重奖科技人才的故事便火速传遍了全国各大高校。

同年5月27日，卢永根再次当选为国务院学位委员会委员（第三届），任期5年。

九、新的使命

1993年2月初,广东省委副书记郭荣昌担任广东省政协主席一职不久,打电话给卢永根:"卢校长,你有时间来我办公室一趟。"

卢永根电话交代张桂权上午不去实验室后,便叫司机小李开车前往省政协办公楼。

来到郭荣昌办公室,正好省侨联的负责人在向郭荣昌汇报工作。郭荣昌的秘书走过来领卢永根到旁边的小会议室:"卢校长,请您在这里稍等十分钟,郭主席还有一件紧急的事要处理。"说完,他给卢永根倒了一杯水。

"好的。"卢永根答应一声,坐下来拿出一篇刚写好的论文认真地看了起来,不停地改正一些小错误。

郭荣昌比秘书讲的时间提早三分钟结束,见到卢永根,他高兴地说:"我这个管农业的副书记,现在转任到政协,也想把你挖过来。"

"是呀,您和我们华农渊源还是比较深的。'文化大革命'时期要不是您,我们华农或许就要搬去农村,真要是这样,这个学校也许不复存在了。"卢永根满怀深情地说。

"你也记得这件事?'造反派'闹着要将华农搬到农村去,我们心里都很清楚,这个学校一搬就等于被破坏了。"郭荣昌说。

"记得当时'造反派'的气势很凶。他们说,毛主席曾经说过,'农业大学办在城里不是见鬼吗?农业大学要统统搬到农村去'。于是华农里面的'造反派'就闹着说要搬迁,闹得很凶。"卢永根回忆道。

郭荣昌喝了一口茶说:"如果省委不答应,'造反派'肯定要揪住不放,大闹一场。省委也紧急就这件事情进行讨论,提出了几个方案，写了一个稿子让我去向'造反派'说明。我到了华农，现场有一千多人，围在一个礼堂里。我进去后就按照稿子念，念完马上就走了。"

"据说当时科技文卫办和高校工委的领导干部都很担心，大家谁也想不出办法能把这个形势先缓解一下。"卢永根说。

"最后，我想到了用经费紧缺这个理由。因为没有搬迁经费，自然没法搬迁。省委做了一个计划，说经过预算，搬迁需要 800 万元经费，这笔钱省委肯定拿不出来，只能到教育部去申请。教育部当然是支持省委不搬迁的决定。那些'造反派'跑到了教育部，结果当然是拿不到钱，只能相信了，局势也就缓和了下来。1976 年，'四人帮'被粉碎了，'造反派'也没了权，搬迁问题自然也得到了解决，华农也就没有搬成。"郭荣昌津津有味地回忆完，接着话锋一转说，"卢校长，我们言归正传。经过省政协领导班子商量决定，推荐你到全国政协担任全国政协委员，任期 5 年。你意下如何？"

"要不要同守训和学校班子打声招呼？"卢永根问道。

"现在主要是征求你个人的意见。如果你个人同意，华南农业大学那边，我们再去做工作。"郭荣昌说。

"自从 1949 年 8 月 9 日加入中国共产党那一刻起，我这一生就交给党组织了。组织的安排是我必须遵从的，我个人没问题！"卢永根说。

"一般而言，中国的政治体制在大家的眼里讲起来是这样：一旦进了政协就意味着退居二线了。但是，我们是共产党员，有一份力量就要发一份光和热。你横跨好几个战线，文教战线、科技战线，同时与历届党政班子都有密切的联系，希望你在政协岗位上发挥你的聪明才智。"郭荣昌语重心长地说。

卢永根微笑道："我还没被任命呢。到任后，一定履行好自己的职责，向上级提交好的提案，为祖国的繁荣和发展献计献策。"

秘书给卢永根续茶的时候，郭荣昌对他说："你去我办公室拿一本《政协委员如何履职》来给卢校长。"然后转头对卢永根说:"这本书把政协委员履职的过程和步骤讲清楚了。有用才是最合适的,你拿回去好好研究研究。"

全国政治协商会议说开就开了。1993年2月19日,中国人民政治协商会议第八届全国委员会由上届全国委员会常务委员会第22次会议通过产生,委员共2093人,任期5年,从1993年3月至1998年3月,卢永根以农林界委员当选。

学校的行政工作真的占去了卢永根一大半的时间,为了腾出时间从事科研和教学,他的实验室星期六、星期天是开放的。只要不是出差在外,他每个周末都要来实验室工作。40多年来,卢永根一直专注于水稻遗传育种。有关方面对卢永根做了肯定的评价:

> 丁颖逝世后,卢永根回到华南农学院,他带回丁颖院士生前收集的8000多份稻种,成为华南农学院开展水稻育种最宝贵的资源。这个种质资源库,不仅学校的研究人员可以利用,也开放给中国科学院、复旦大学、中山大学等国内科研机构。后来,卢永根和他的学生们将水稻种质资源扩大到10000多种,成为我国水稻种质资源收集、保护、研究和利用的重要宝库之一。
>
> "文化大革命"运动初期,卢永根被下放广东翁城干校劳动10年,直到1978年,他才迁回广州。同年8月,国家农牧渔业部派卢永根到菲律宾的国际水稻研究所参加为期4个月的"遗传评价与利用"培训学习。结业考试时,在来自11个国家的31名学员中,卢永根成绩名列第一。因此,他又以访问学者身份继续留在这里从事研究工作两个月。
>
> 20世纪70年代末期,卢永根还选用矮脚南特等四个早籼稻矮源,分别与高秆品种冷水麻杂交,通过对其杂交后代的遗传分析,他发现水稻品种的半矮生性属简单遗传,受一些修饰基因影

响,被一对隐性主基因控制。因此,他提出了矮生性品种才比较符合中国当前育种要求的观点。于是,他将中国现有的水稻矮秆品种进行分类,分为矮生性与半矮生性两个类型和四个群,并得出结论:半矮生性的遗传方式较简单,它的后代容易稳定;他还强调,理想的矮源不仅遗传组成应属于半矮生性,而且要具备优良经济性状和高配合力。

1980年,卢永根赴美国加利福尼亚大学戴维斯分校公派访问期间,与美国著名水稻遗传育种专家 J. Neil Rutger 博士合作研究,将对水稻育种的传统研究转移到现代细胞生物学研究,即进行水稻诱导胞核雄性不育突变体的细胞学研究,将11个水稻胞核雄性不育突变体划分为可染花粉败育型、部分花粉败育型、完全花粉败育型和无花粉型四类,选择在花粉母细胞减数分裂和小孢子发育期对四类胞核雄性不育突变体进行细胞学观察,探讨个中败育机理,发现明显的染色体畸变与胞核雄性不育性存在密切关系。

卢永根密切关注中国稻作的起源,从细胞遗传学的角度对栽培稻种的起源进行了研究。他选择原产中国的普通野稻、药用野稻和疣粒野稻三个野生稻种,对它们进行粗线期核型的研究,与栽培稻进行比较分析,建立了上述三个野生稻种的粗线期核型。结果证明:中国三个野生稻种的粗线期核型存在着差异,其中普通野稻与栽培稻在染色体长度变化范围、相同类型和编号的染色体数目、核仁组成中心的位置以及染色粒的分布方式等方面均表现出最大相似性,从而从细胞遗传学方面印证了丁颖的论点,即普通野稻是中国栽培稻的近缘祖先。

20世纪80年代初期,卢永根带领助手张桂权研究水稻的杂种不育性,并提出了水稻"特异亲和基因"的概念,提出用"特异亲和基因"克服籼粳亚种间不育性的设想,被认为是对栽培稻杂种不育性和亲和性比较完整和系统的最新观点,对水稻育种具有指导意义。通过不同时期的观察和研究，卢永根发现了多胚水稻多胚发生的细胞学机理，发现了光温敏核不育水稻及栽培稻杂种不育性的细胞学机理，挖掘出一批携带有胚囊和花粉育性基因的新种质，创建了一大批同源四倍体水稻等新种质。这些成果，对我国的水稻遗传育种有深远的历史意义和现实意义。

鉴于卢永根在水稻遗传育种方面取得的成绩，1993年12月19日，卢永根当选为中国科学院生物学部委员，即院士。

中国的学部委员制度是院士制度的前身。

卢永根当选为院士后，产生了很大的影响。各大媒体争相要采访他，但基本上被他婉拒了。后来南方日报有位记者联系他，想让他谈谈他的老师丁颖院士和他的朋友袁隆平院士的情况时，他愉快地答应了。

记者问："提到水稻，人们自然会想到'杂交水稻之父'袁隆平，他们两位对中国农业贡献巨大、影响深远，那么二者的成就又有什么异同呢？"

卢永根回答说："首先，两人所处的时代不同，贡献不同。丁老是袁隆平的前辈，在新中国成立初期提高了水稻的亩产量，而袁隆平为解决现今的吃饭问题做出了重大贡献。其次，两人的学术专攻领域也不同。丁颖研究范围覆盖整个水稻学，中国水稻有4万多个品种，丁颖通过艰辛而细致的分类工作，奠定了中国水稻学学科体系的理论基础：如根据稻谷淀粉的黏性分为籼稻和粳稻，依照稻作对光照反应的不同划分为早、中、晚稻，按照稻作栽培技术和所需水分的差异划分为水稻和旱稻等，为我国稻作区域划分提供了科学依据，对水稻种植生产更是具有重要指导意义。而袁隆平攻坚的重点是在水稻学的分支——杂交水稻育种上。需要说明的是，并不是全中国都适合种植杂交水稻，比如我国东北地区，目前主要栽种的仍是常规稻品种。"

记者问："他们的相同点？"

卢永根说:"我认为,丁颖和袁隆平的相同点在于实事求是、为人民服务的工作态度。那时的科学家都是卷起裤管就下地,插秧、收割和农民一个样,不像现在有些农学博士生、硕士生,穿着皮鞋站在田坎上'参观'和'指导'。丁颖在世时常说一句话,'农民的地皮是连着肚皮的'。1936年,他从华南水稻栽培品种'早银'和印度野生稻人工杂交的后代中,选出每穗几百粒以至千多粒的'千粒穗',这是世界上第一个千粒穗水稻新株系,引起了国内外稻作科学界的广泛注意。但丁颖很快就把这项研究工作搁置下来,因为他认为'千粒穗'种性不易稳定,加上当时农民耕种水平落后,难以解决在生产中需要具备的条件,故实际应用价值不大,这充分体现了丁颖实事求是的科学态度和关心农民切身利益,不图虚名的崇高品德。"

记者问:"可以用一句话来评价丁颖和袁隆平院士吗?"

卢永根说:"毛主席说过'做一件好事不难,难的是做一辈子好事',在我眼里,丁颖和袁隆平都是为科学献身一辈子、值得尊敬的科学家。"

其实,最后一句话,卢永根并不仅指丁颖和袁隆平,更是他自己、是千千万万为祖国默默奉献的科学家的写照!

十、这一年的春天特别明显

1994年的春天与往年相比特别明显,雨水丰沛。早上出门,卢永根特别交代妻子徐雪宾:"你不要骑自行车上班,走路去吧,就当是锻炼。"

徐雪宾正准备收拾碗筷,看见卢永根那件绿色毛线衣的袖口破了,说:"你等一会儿。"于是走上前去将卢永根的右袖口往里卷了卷,"晚上回来,我帮你补一补。"

卢永根深情地看了一眼妻子:"那我先走了。"

等卢永根走后,徐雪宾才将餐桌上的碗筷收拾停当。

卢永根上车后见司机小李还没有启动汽车,他有些纳闷地说:"走呀,我要提前去办公室准备一些材料。"

"等一下徐教授吧!今天这么大的雨,平时无所谓,您看今天这个天气,天都好像要塌下来,她一个女同志骑着一台旧单车上班出危险怎么办?"小李说。

卢永根犹豫了几秒钟,说:"走吧。小李,谢谢你的关心。这辆车是公务车,怎么能让自己的家属坐呢?汽车发明前,遇到这样的天气难道就不工作、不生活了吗?"

小李一声不吭地开车离开了卢永根家。

来到办公室,卢永根没有像往常一样先烧开水,而是直接给助手张桂权家里打了电话。好久才有人接,一个男孩子的声音,说张桂权已经去东圃实验场了。卢永根听后很高兴,他原本将电话打到张桂权家是考虑他还没有出门,想不到张桂权也这么积极。他要交代自己的学生赶紧去实验场，要想办法将今年需要栽培的野生稻尽快安全地种下去，保证种子库存的种质。看来张桂权很了解自己的心思，自己也就不必再向他增加压力了，于是他没有再往实验场打电话。他刚把电话挂断，一个响雷轰地把手中的话筒几乎震落……

卢永根打开抽屉拿出一沓稿纸，上面是他昨夜加班写的发言稿。他今天上午 9 点 30 分要去中山大学岭南（大学）学院的怀士堂参加第六届广州校友会。他重温了一下自己的发言材料。从哈巴牧师为了传教目的在中国创办基督教学校开始，到客观上促进中国教育事业发展，到学校各个发展时期的情况，稿件中特别介绍了新中国成立后，中国共产党人对教会学校"兼容并蓄"的态度，后来美国教师的离校完全是美国发动侵朝战争而导致的。稿件中，他也提到了钟荣光、李应林、陈序经，他还特别提到了语言学家王力，古文字学家容庚，测绘学家陈永龄，土木工程专家陶葆楷，经济学家张纯明，历史学家梁方仲，医学放射学专家谢志光，眼科专家陈耀真、毛文书夫妇，教育学家汪德亮，经济学家王正宪等名重当时的老师，当他回忆到恩师丁颖院士的时候，两行热泪爬上了他的脸颊。

今天开会的应该有许多老熟人，卢永根想起了那段激情燃烧的岁月。初入学校时与自己接头的地下党员吕宝琅，还有黄淑暖、盘筱鑫、简竹专、欧振远、王屏山、李宗浩、胡景钊、吴维光、林如彤、陈慎旃等一大群热血青年。

岭南大学第六届广州校友会召开前夕，王屏山打电话给卢永根："永根校长，过几天要召开校友会了，我建议由你来担任校友会主席。"

卢永根当即便想推托："我的老省长、老同学，你看我现在忙得连轴转，哪有时间担此重任呀！还是由你这位位高权重的老校友担任比较合适！"

"我去年离休后也一直没有闲着，现在还担任着广东省教育促进会会长呢。永根，你就不要推辞了。我们这边虽然利用得天独厚的条件恢复了中山大学岭南（大学）学院，但是，香港的岭南大学一直延办至今。由你来担任这个职务，可以起到纽带和桥梁的作用。"王屏山说。

听到王屏山说"可以起到纽带和桥梁的作用"后，卢永根沉默了几秒钟，说："好的，我服从。只是好像任期有点长，一共5年，从今年的2月25日算起，要到1999年才能卸任，有点跨世纪的感觉，不便于年轻人出来工作。"

"这是一个闲职，年轻人未必乐意！"王屏山笑道。

离开会还有40多分钟，司机小李从楼下打来电话说"在楼下候着"，卢永根便收拾稿子和茶杯往楼下走去。

校友会开得比较热烈，多亏有中山大学岭南（大学）学院学生会同学的组织和服务，会上卢永根当选为岭南大学第六届广州校友会主席，当会议结束的时候，他表扬了会议的组织者。会中，他提议校友会中的企业家们到粤北山区清远市的连南瑶族自治县去进行一次抗灾扶贫工作。卢永根的提议立即得到从省政协副主席职位上离休的广东省教育促进会会长王屏山的赞同。

王屏山说："连南、连山等偏远山区，我们省教育促进会以后每年都投入资金对少数民族地区奖教奖学。我希望我们岭南大学的校友们也能鼎力相助。"

现场就有好几位校友提出赞助，卢永根便交代岭南大学广州校友会秘书处进行认领和登记，届时将通过有关部门进行转赠。

泰国是中国的友好邻邦，是一个位于东南亚的君主立宪制国家，位于中南半岛中部，其西部与北部和缅甸、安达曼海接壤，东北边是老挝，东南是柬埔寨，南边狭长的半岛与马来西亚相连。

泰国实行自由经济政策，在20世纪90年代经济发展较快，成为"亚洲四小虎"之一，但于1998年经济危机中受重大挫折，之后陷入衰退和停滞。泰国也是世界的新兴工业国家和世界新兴市场经济体之一，制造业、农业和旅游业是经济的主要部门。泰国是亚洲唯一的粮食净出口国，世界五大农产品出口国之一。电子工业等制造业发展迅速，产业结构变化明显，汽车业是支柱产业，是东南亚汽车制造中心和东盟最大的汽车市场。泰国是世界最闻名的旅游胜地之一。泰国是佛教之国，大多数泰国人信奉四面佛，佛教徒占全国人口的九成以上。

泰国是东南亚国家联盟成员国和创始国之一，同时也是亚太经济合作组织、亚欧会议和世界贸易组织成员。

1994年底，卢永根率团到泰国访问。他们这次计划访问的主要是农业龙头企业正大集团和卡色萨、华侨崇圣、宋卡王子等几所农业大学，同时，还会同宋卡王子大学签订两校学术联系备忘录。

出发前卢永根要做足功课，他把所要访问的企业和学校的基本资料收集起来并翻译成英文。

1994年12月1日上午，卢永根一行五人在宋卡王子大学校长的陪同下参观校园后，与宋卡王子大学签订了两校学术联系备忘录，下午便从曼谷登机返回了白云机场。

1995年6月21日，华南农业大学党政领导班子调整，卢永根年满65周岁，因年龄关系不再担任校长。校长一职由于1993年提拔为学校副校长的骆世明担任。学校的另一主要职务党委书记，则由有扎实理论功底和基层工作经验的江惠生出任。

下部 化作春泥更护花

我的青春年华已经献给党的科教事业，我准备把晚年继续献给这个事业。

——卢永根

一、宝岛之行

交接工作会议于 1995 年 6 月 22 日上午召开。会上,卢永根陷入了沉思。省委组织部领导发言中,较大篇幅地介绍了他的生平和学术成就。见过世面的他,还是感觉不好意思。轮到他发言,他感谢这么多年来党组织的培养,使自己从一名"香港仔"成长为一名有坚定信仰的共产党员,使自己成了一名科学院院士;同时,希望新的班子发扬华南农业大学的优良传统,秉承丁颖精神,为祖国繁荣富强、百姓生活美满努力工作。讲到这些的时候,卢永根脑海里浮现出罗富和、罗锡文、杨关福、骆世明、温思美、辛朝安、梅曼彤、张泰岭等人的身影,他不由自主侧眼看了看身边即将接任自己职位的骆世明。他也想到了自己的学生,张桂权、庄楚雄、刘耀光、彭新湘、刘向东等等。学校的发展主要靠人才,靠高素质的人才。他们越有出息,越有成绩,卢永根的心才更安。毕竟,一个人的能力和精力都有限,他发自内心地感叹:我已经尽力了!

卢永根关注华南农业大学的整体发展,特别提到了资源环境方面、稻作方面的一些前沿研究和学科。谈到这些,少不了要提及与外界的交流,由远及近,由外及里,卢永根谈到了自己的专业,以及与专业相关的人和事。他要大家学习袁隆平、谢华安,全心全意扎根在土地上,在传统的研究领域干出一番事业;同时,要将眼光盯住转基因和细胞育种研究,在新的研究领域也要抢占一席之地。

本来,卢永根还想多讲几分钟,但是,看到时间不早,他便收住了话头。

会后,他长长地舒了一口气:终于有人接替自己了。退休后,他想做的第一件事就是偕老伴回花都老家处理祖业的事，一直替自己张罗这两处祖业出租的堂弟卢家棠已经询问多次续租的情况。卢永根的意思是捐赠出去，捐给花都罗洞小学。他把这个想法告诉妻子徐雪宾，徐雪宾毫不犹豫就答应了。还有文献记载清远市佛冈县有野生稻这件事也需要落实……不过，这些恐怕还要往后拖一拖，因为，他明天就要带队去台湾中兴大学访问。

6月22日下午，下班后半个小时，卢永根还在办公室整理材料。上班的时候，他从学校图书馆借了一本关于台湾教育体系的书回来，里面有台湾中兴大学的相关资料，他把主要的内容记录在笔记本上：

> 台湾中兴大学，成立于1919年，是台湾地区的一所研究型公立综合性大学，其前身是台湾总督府农林专门学校，后改隶于台北帝国大学附属农林专门部；1943年，脱离台北帝国大学独立，迁往台中，更名为台湾总督府台中高等农林学校；1945年，台湾光复后，改制为省立农学院，是当时仅有的三所省立学院之一。该校是台湾"迈向顶尖大学计划"的12所重点大学之一、台湾欧盟中心、台湾综合大学系统成员之一。该校以农资学院起家，其生命科学院、法政学院、管理学院成长迅速，也是台湾第一所将兽医学提升至学院等级之大学。该校以农业科学、农业经济学、兽医、生命科学、转译医学、生医工程、生物科技、绿色科技等领域见长，名列基本科学指标全球前1%。

卢永根十分痛恨日本侵略中国那段历史，在"台北帝国大学"的下面用蓝色的签字笔画了一杠。好几次，他在心里说：自己已经成为国内知名大学的校长，且又是中科院院士，眼光要往前看。但是，越是这么想越放不下。最后，他还是说服不了自己，哪怕暂时放下那段仇恨都不行——普法战争爆发后，德国强占了法国，法国科学家巴斯德出于对自己祖国的深厚感情和对侵略者的极大憎恨，毅然把名誉学位证书退还给了波恩大学,他说:"科学虽没有国界,但科学家却有自己的祖国。"这掷地有声的话语,也成了卢永根的座右铭。

整理了一下思路和情绪,卢永根又从电脑里调出了自己前两天写的那篇专门介绍大陆水稻遗传育种现状的文稿,做了最后一遍修改,打印了出来。

"老师,您好!"骆世明推开办公室的门走了进来。

"世明,你也没有下班?快进来坐。"卢永根一边打印材料一边说,"明天要去台湾考察,今天做点功课。"

骆世明走到打印机旁:"这些工作以后让党政办公室的工作人员来做就行了。"

"党政办公室的工作人员有时候不懂得业务。"卢永根说,"如果是懂业务的科技精英,我又舍不得让他们浪费时间在这些琐碎的事务上。"

"老师,要不配个院士秘书吧,主要配合您做研究工作,然后顺便可以照顾您的日常生活。最主要的是也不耽误学业,您和丁颖院士在水稻遗传育种方面的研究也得有人传承呀。"骆世明十分诚恳地说。

"到时候再说吧!这段时间确实有些忙。幸亏组织上让你来挑起学校校长这副担子,让我从行政事务中解脱了许多。你得加油干呀!"卢永根关心地说。

"我不怕,还有老师您在把舵呢!"骆世明诚恳地说。

"你在农学院院长位子上锻炼了这么久,管理上应该没问题。主要的是我们要把目光盯在国际农业科技研究的最前沿,培养和招揽这方面的人才,特别是担纲的人才。只有这样,学校才会发展。"卢永根从办公台上找了一个订书机。

骆世明从卢永根手上接过订书机,将刚才打印好的发言材料装订好,说:"老师,这次去台湾考察主要是冲着什么去的?"

"丁颖院士在'中国水稻品种光温条件反应研究'的试验资料中,缺少台湾地区的资料,这次我去看看有没有可能补齐它。当然,交流的内容不止这些，台湾中兴大学成立至今，规划了多元的学习机制，除了辅系、双主修以及各种跨领域专业学程外，优秀学生可以直攻博士学位，缩短修业年限。这是值得我们学习的地方。"

骆世明附和着："据记载，台湾中兴大学的资源比较丰富，学生的就业率也比较高。"

卢永根接过骆世明装好的材料，继续说："台湾中部科学园区带动的大台中科技走廊是台湾具有发展潜力的地区之一，也为中兴大学在校学生与毕业学生就业与学习提供了很好的平台。"

"老师，真难为您了。"骆世明说，"您明天几点的飞机？"

"明天上午10点先去香港，第二天再从香港转飞台湾。"卢永根说。

"什么时候实现直航就好了。"骆世明说。

"小时候，乡愁是一枚小小的邮票，我在这头，母亲在那头。长大后，乡愁是一张窄窄的船票，我在这头，新娘在那头。后来啊，乡愁是一方矮矮的坟墓，我在外头，母亲在里头。而现在，乡愁是一湾浅浅的海峡，我在这头，大陆在那头。"卢永根没有回答骆世明的提问，只是背了余光中的一首《乡愁》。

骆世明脸露惊讶地说："老师记性真好。"

卢永根也不好多说什么，问："你有什么事找我吗？"

骆世明说："其实没什么，就是给您配备院士秘书的问题。我们已经在党政班子会上通过了，看您有什么意见。"

思考了几秒钟，卢永根答道："好吧，我确实需要一位秘书帮我一起整理我和丁颖院士的一些研究资料，等我稍微空闲下来再说。对秘书人选，学校有什么具体的要求和意见吗？"

"学校没有特殊要求，只是想院士秘书以协助您科研为主，对您的生活也尽可能有所照顾。"骆世明说。

"好吧。我回来后，一起商量和物色。"卢永根说。

"明天去香港的车安排好了吗？"骆世明问。

"还是小李开的那台。"卢永根说。

"老师，那台车小李已经反映过几次了，空调不行，现在刹车片也有问题。我看还是给您换一台算了。"骆世明劝道。

"不就是交通工具吗？还是不换了，刹车有问题换零件就行，干吗换车？"卢永根回答得十分干脆。

1995年6月23日开始，卢永根率领的大陆农业经济专家代表团赴台湾进行为期9天的访问。这次访问是应台湾中兴大学的邀请而成行的，所以卢永根做足了对该大学的功课。台湾中兴大学地处宝岛中部，这里还没有直通香港的机场，卢永根等人只得在台北的桃园机场着陆。

台北桃园机场于1979年建成启用，目的是缓解台北松山机场的客运量。机场航站楼共有22个登机门，南、北大厅各有11个登机门，两个大厅的中间有一个大甬道相连，甬道里设有航空公司的值机柜台、行李提领区和安全检查哨。从空中俯瞰，第一航站楼的形状就跟英文字母H一样。除了位于两端的登机门只有一座空桥之外，其余的登机门都设有两座空桥。目前，桃园机场的年旅客量为1700万人次。显然，第一航站楼的吞吐量不够。随着国共两党"九二共识"的签订和两岸交流的加强，有关当局正在建设新的航站大楼。

飞机着陆后，卢永根等人来到航站楼中间的甬道行李提领区，领取了各自的行李箱。航站楼外，有几位年轻的学生举着一块精致的纸板，上面写着"欢迎大陆农业经济专家代表团"。卢永根向他们挥了挥手："辛苦同学们了！"

"卢校长及诸位同人辛苦了！"青年学子的身后走出一位五十多岁的中年人来，"敝人黄东熊，欢迎卢校长的到来。"

卢永根见了来人，错愕了几秒，伸手握住来人的手摇了几下，说："黄东熊黄校长，劳驾您亲自来机场相迎，荣幸之至。我来之前刚刚卸任校长之职，您叫我卢永根好了。"

"我们是冲您的才学和举世瞩目的成绩才发出的邀请。您是丁颖院士的高足，又是生物学方面的院士，我们叫您卢院士吧！"黄东熊握过手还嫌不够，又张开双臂拥抱了卢永根。

卢永根拍着他的背，说："黄校长，谢谢。"

"我们的车泊在机场航站楼的停车场，走过去要一段距离。我们慢慢往那边走吧！"黄东熊松开卢永根后说，"您的行李要不要请个工人帮您拉过去？"

"不用，就几件衣服，不沉。"卢永根想了想回答道。

"我来帮您提吧。"旁边走上来一个学生模样的人。

卢永根想了想，行李箱中除了几件换洗的衣服和两本从旧书摊上淘回来的《中国水稻品种的光温生态》再没有别的什么，便答应了那位年轻学子的请求，将自己的行李箱交给了他。

停车场在马路的对面，卢永根跟着黄东熊一班人穿过人行天桥，很快就来到了接客的中巴前。黄东熊请卢永根先上车，等大家坐定后，说："今天还有点时间，卢院士也很难得来台湾，我们顺便去参观台湾故宫博物院吧，一起领略一下中华民族博大精深的文化。"

"好的，一切听从黄校长的安排。"卢永根点了点头。

一行人在阳明山脚下的一家特色餐厅吃过饭，便马不停蹄地来到了台北故宫博物院。

进入博物院，由于时间关系，卢永根对其他的瑰宝只是匆匆一瞥，上到三楼门口，在翠玉白菜前看了十来分钟，解说员上来解释道："翠玉白菜，高9.1厘米，宽5.07厘米，长18.7厘米，是一块难得的翡翠美玉。它的特别之处在于，是由一整块半白半绿的翠玉，运用玉料自然的色泽分布雕刻而成。绿色的部分雕作菜叶，白色的部分雕作菜帮，在绿色最浓的地方还攀爬着两只小憩的纺织娘。中国人喜爱翡翠是从清朝开始的，据说乾隆皇帝和慈禧太后对翡翠玉器爱得很痴迷。因此，翠玉白菜的身世和清朝宫廷就有了一种'剪不断理还乱'的关系。据《爱月轩笔记》记载，慈禧的棺椁里就放着这枚翡翠白菜。后来就有人猜测,孙殿英盗墓一事外泄,四处打点送礼,翠玉白菜送给了蒋介石。东陵盗宝一案,给翠玉白菜蒙上了一层神秘的面纱。"最后,解说员说,"我们的老院长秦孝仪说:'中国之美,美在文化艺术,文化艺术之美,尽在故宫。'"

当天下午,卢永根在黄东熊的陪同下赶到了台中市,并下榻在忠孝路的一家酒店。吃过晚饭,卢永根有些劳累,看了一眼行程安排,明天上午在台湾中兴大学惠荪堂还有一场学术交流会,会上他要做"中国水稻品种光温条件反应研究"的专题演讲。于是,晚饭后,卢永根谢绝了黄东熊游览忠孝东路夜景的邀请。与他同去的一位相对年轻的同事却想去看一看——这位同事不仅是位科学家,还是位文学爱好者,他想领略一下宝岛台湾的风情。卢永根对他使了个眼色,示意他不要单独外出。同事装作没有领会卢永根的暗示的样子央求道:"老师,请允许我逛逛就回来。不超过一个小时。"

卢永根想了想说:"那你去吧。一个小时内回来。"

于是,卢永根与黄东熊等人道了晚安回房间睡觉。那位年轻的同事倒也十分自觉,一个小时不到就回来了。

9天的访问时间看似充足,但是,对于带着学术交流目的而来的卢永根却显得有些仓促。目前,大陆的北京大学、复旦大学、同济大学、厦门大学、武汉大学、南开大学、浙江大学、南京大学、中山大学、暨南大学、北京航空航天大学、福建农林大学等知名高校都与台湾中兴大学签署了交流合约,合作单位涵盖了校、院、系、研究中心等层级。这一次,卢永根除了学术交流,还进行了实地考察。他深入学校的图书馆、农资学院、生命科学学院、法政学院、管理学院和兽医学院与师生进行谈话,参观了中兴大学的实验场和实验室,同时,他也很顺利地拿到了台湾中部地区土壤的pH值、水稻种植的光温条件等数据——当然,这一切都是在台湾中兴大学校方允许的情况下进行的。

二、未见其人，先闻其名

卢永根从台湾访问回来不久，担任学校副校长一职的张泰岭来向他辞行：他即将到广东省教育厅任副厅长。看到昔日自己顶着压力提拔的青年才俊成长为国家栋梁，卢永根心里很高兴。张泰岭另谋他就，对华南农业大学而言肯定是个损失，但是，对党的教育事业来说有重要意义。身为校长，卢永根送给了自己这位得力助手深深的祝福。

张泰岭走后，卢永根召见了自己新招的博士生刘向东。他打心眼里喜欢自己这个学生。刘向东在1985年7月从华南农业大学作物遗传育种专业毕业，获学士学位。自己和徐雪宾都带过他的课，对他很了解。不过，那时的刘向东来自福建省的农村，还是一个懵懂少年，家境不太好，很少与人说话，经常一个人去图书馆看书，学习很刻苦。徐雪宾好几次回家同卢永根商量怎么在不影响刘向东自尊的前提下给予他一些生活上的补助，可是因为时间太忙就错过了。后来大学毕业后，刘向东分配到了福建农学院遗传所从事水稻遗传育种相关理论研究，在报刊上发表了一系列文章，引起了卢永根的关注。再后来又获悉他在福建农学院攻读硕士学位，读硕期间，刘向东更是在国内、国际核心期刊上发表了多篇有价值的论文。

随着三下敲门声，刘向东挎着背包走进了卢永根办公室。一上来，他就握住卢永根的手说："老师还是那么不显老，比上次来考试的时候更显精神。"

"哪里的话！人老是自然规律，我今年都65岁了。组织上正是考虑到我的年龄才让我在前不久离休的。"卢永根招呼刘向东坐下说，

"你上次来交的论文是关于水稻生殖发育遗传和分子细胞学研究。我们学校的野生稻的种质和品种对你的研究可是大有裨益。你知道我们学校的野生稻种是全世界规模最大、品种最齐的。国内好几家农业大学和农科院做实验观察都来找我们。你要在这方面多动动脑筋,特别是在野生稻的种子保护上,每三年都得轮播一遍,很辛苦的。你怕不怕?"

"老师,既然报考了您的研究生,我就已经有考量了。并且,我本科读的就是育种专业,毕业参加工作后所做的研究也大部分是关于遗传育种的,香港大学植物学系在1994年就邀请我与他们一起做水稻生殖发育遗传和分子细胞学研究,这是我这次提交的论文和观察数据,请您过目和审阅,看还有没有不妥的地方。"说着,刘向东从挎包里拿出一沓A4纸打印的论文。刘向东的言下之意就是请卢永根把把关:他所要提交的材料是否有泄密的地方。

卢永根拿过他的论文和材料看了看,里面的数据主要是显微镜下细胞分布的状况和显性特征,不存在泄密不泄密的事,说:"水稻研究,特别是分子细胞研究,显微镜下的分布和构成,所有从事这方面研究的专家都很清楚。"

"只要老师认可,我就放心了。"刘向东说,"这篇论文也是要拿去与香港大学交流的。他们要我明天就去参加会议。"

卢永根看着刘向东的眼睛说:"明天就去香港?"

"是的。我已经来您办公室几次了。前天在学校食堂吃饭遇到徐老师,她告诉我您从台湾中兴大学访问回来了,今天会来上班,所以我来了。"刘向东说。

"我对台湾所有大学农业科技研究方面的成果进行了一番考察,他们相比于其他地方显得有些落后,但是,他们在农业科技的推广上还是有值得借鉴的地方。"卢永根说。

"水稻研究实力最雄厚的地方应该在我们中国大陆。比如说丁颖院士,他对我们野生稻的种质保护和水稻栽培中光温条件的影响等研究都独树一帜。"刘向东说,"老师,我烧点水,我渴了。"说完就按了按茶台上电子烧水器的电源开关。

"好的。见了你高兴,我就忘了烧水。"卢永根扭了扭烧水壶的把手说,"关于水稻研究的成果推广,袁隆平的功劳是谁也抹杀不了的。上一次,南方日报的记者采访我,问到我怎样看待丁颖和袁隆平时,我便告诉他:他们两个人都很了不起,是我们中国人的骄傲。我们的农业科学家甚至所有的科学家都要有他们的精神。"

水开了,刘向东在茶几的下层找不到茶叶。卢永根在靠近条椅的橱柜下层拿出一罐红茶来,说:"这是我们省茶科所研制的一种新产品,口感清新。你们福建是著名茶乡之一,你品品再说。"

"这次来广东之前,我想给老师带两斤真正的大红袍来的,但是,我那位懂行的朋友去了国外没赶回来。其他的茶叶只是打着大红袍名义的大路货,我不敢买。"刘向东说。

"真正的大红袍价格也不菲,你现在还在读书呢,把精力放在研究上,你做出成绩来就等于给我送了上等大红袍。丁颖院士当时就是这样要求我的。"卢永根用勺子舀了一勺茶叶放到泡茶壶中冲了一壶茶,"喝,喝,感受一下,汤色还是不错的。"

刘向东端起茶杯,搁在嘴唇边吹了吹,浅浅地喝了一口:"好茶,不浓不淡,正合我的口味。"

"你明天就穿这一身去参加香港大学的研讨会吗?"卢永根细心地问道。

"是的,老师。这也是我当家的衣服了。在福建的时候,这件衣服花了我300块钱呢。我这件夹克可以穿着下田,穿着进实验室,怎么不能穿着去参加研讨会?这是我的本色。"刘向东笑着说。

"出去参加学术活动,还是要着正装的,你代表的是我们国家科学家的形象。"卢永根说,"我在穿着上也不是很讲究,但是,出境时会备一套正装。这样吧,你等会儿和我一起去家里把我的西装带上。"

刘向东内心里确实想让自己体体面面地出席这次研讨会,但是,这几年一心扑在工作和学习上，花费大，加上结婚生子和买房子，哪还有余钱用在穿着打扮上呢？刚才自己的那番措辞早就被卢永根看透。看到老师关切的目光，他低头说道："那一切听从老师的安排！"

"走，到我家拿衣服去。去晚了，你就没时间忙别的事情了。"卢永根站起身关了办公室的电灯，"你这篇论文已经通过研讨会举办方的同意，实验数据上没有问题，结论是综合分析得来的结果，可信度很高，我认为是一篇很有价值的文章。"

"谢谢老师夸奖！"刘向东跟在卢永根后面往他家走去。

卢永根继续关心地说："你还在学校读博士，学校的津贴也不是太高。你这次去香港虽然往返交通费和在那边的食住费都可以报销，但是，你个人也还得有花费。我现在手头上有 1500 块钱，你也一起拿去先用着。如果不够，到时打电话给我，我再想办法。"

"衣服我可以借用，钱就不用了，老师家里用度也不是很宽裕。"刘向东看着卢永根的打扮说。

"你不用担心我没钱，我和你徐雪宾老师的工资已经足够。"卢永根打心底里说：我们老两口确实花不完。

卢永根住的还是学校 20 世纪 70 年代所修的一座家属楼。大楼没有安装电梯，楼道间的灯光也比较暗淡。家里的防盗门中间是一块不锈钢板；门的上半部和下半部都是用钢管焊接而成。内门款式比较旧，却很结实的样子。回到家门口，卢永根没有敲门，而是从手提包里掏出一串钥匙，找了一把铝制的钥匙插入锁孔。咔嚓一声，锁开了。卢永根正要去开里面的木门，徐雪宾从里面把门打开："开铁门就行了，里面的门没有锁，拧一下把手就进来了。"看到卢永根后面跟着刘向东，忙又招呼道："向东，你来了？你已经考上了我们华南农大的研究生？好呀，不忘本。"

"是的，徐老师，今天报到了。"刘向东说。

卢永根和徐雪宾都教过刘向东的课，所以刘向东见了徐雪宾从来不叫师母而是直接叫徐老师。

刘向东想脱鞋子，徐雪宾说："不用了，我们这是水泥地，你脱了鞋子怎么走？莫把袜子弄脏了。"

"不用脱了，我也没脱的。"卢永根也没有换拖鞋，"徐老师，请你去把我那件出国用的西服拿来。向东要去香港参加研讨会，没件像样的衣服怎么行呢？"

"我正好刚熨过，穿起来像新的一样。"徐雪宾笑道，"小刘，你一米几的个子？"

刘向东坐到一个单人木沙发上，说："徐老师，我一米七多一点。"

"正好，阿卢也是一米七一。"徐雪宾说完便走到隔壁房间去拿衣服。

"再给他拿1500块钱！他刚来读博，手头肯定比较紧张。"卢永根对着里面的门喊。

"好好。"徐雪宾连声应道，双手提着西服的领子走了出来，"向东，你过来，我帮你看看大小合不合适。"

刘向东站起来，走到徐雪宾面前，任由她帮他把西服穿上。

徐雪宾说："这衣服好像是为你定做的。阿卢高一点，肩部又比你宽，这身西服穿起来稍稍有点小。你穿上后，更加大方得体了。看来，你们两个可以共衣服穿了。"

卢永根有些费劲地脱下鞋袜，他的袜子湿了一大截。上午的时候，他去过东圃的实验场。他换好拖鞋，对刘向东说："你这次去香港一定要注意把他们好的经验带回来，同时把我们的好经验传授给他们。告诉香港的同行，华南农业大学种子库的大门永远向自己的同胞敞开。"

"好的，向东记住了。"刘向东欲告辞出门。

徐雪宾喊住他，并塞给他一沓钞票，说："等等。阿卢交代给你1500块钱，你拿着。"

"不要那么多，我借1000块钱就够了。"刘向东推托说。

"拿上拿上,把1500块钱都拿上。所谓'穷家富路',多拿一点钱在身上总没有坏处。"卢永根说,"我经常往返香港,千把块钱也是够了,但是,孤身在外如果遇到什么麻烦,多带点钱是有益处的。"

刘向东环视了一下二老简朴的家私和用具,坚辞道:"老师,真的够了。作为您二老的学生,我不能坏了你们的规矩和作风。"

"来来来,你先坐下看看新闻。"卢永根说,"中央台正在播报中英香港问题第十轮谈判。中央对香港的驻军态度十分明确。"

三人静静地听完这段新闻,刘永根对刘向东说:"我和徐老师非常反对那种奢侈浪费行为,但是,你这次去调研不一样,这点用度是需要的。这些钱你拿去用,不用还了。你现在也不要推三阻四,好好开会。回来后,还要就我们学校如何进一步搞好野生稻的研究和保护,如何发展我们学校的细胞遗传学与生殖遗传学写一份详细的报告,要做到言之有物,要在水稻的传统研究和现代研究方面与你的师兄张桂权的分子遗传学和分子育种互成掎角。"

刘向东再也不好推辞,便任由徐雪宾将1500钱和西服一起放进行李箱里,道谢着退出了卢永根夫妇的住处。

"这只行李箱是阿卢在香港出差时买回来的,很好用。你也先拿去用,什么时候方便再还回来。记得,钱我帮你放在西服左边的内口袋里。"

刘向东的眼泪夺眶而出:这哪是老师对学生呀,完全是父母对儿子的感情!

傍晚6点,庄楚雄没有坐公交车而是叫了台出租车到了广州市天河区天河北路76号。这栋大楼叫新疆大厦。外楼的装修也富有古西域的元素。进门后他朝左边拐进了电梯,新粤穆斯林餐厅在三楼。他的朋友薛教授早已在饭桌上坐着了。薛教授是他一位高中同学的大学同学,关系虽然远了一点,但是,薛教授是研究食品添加剂方面的专家,也是行业里的青年才俊。他说自己来广州出差,想与庄楚雄"见个面"。"见个面"的意思就是吃个饭。电话里说了许多仰慕庄楚雄的话。能像明星一样拥有粉丝自然也是一件高兴的事,于是,庄楚雄答应见他一面,想请这个同学的同学吃个便饭。为了节省点钱,庄楚雄从自己家里带了一瓶湖北产的收藏了 10 年的白云边酒。

同学的同学一见庄楚雄提着酒进门,便高兴地走上前来,握着庄楚雄的手说:"你就是传说中的庄楚雄老师?怎么真人比照片上的还英俊?"

那笑容和腔调简直就是赵本山带出来的徒弟。庄楚雄或许是刚下出租车的缘故,虽然只穿了件 T 恤,但还是感觉有点热。

"男人吧,无所谓英俊不英俊。现在照片都有美颜的功能,照片比本人要年轻多了。"庄楚雄找了个近门的位子坐下。

"来来来,庄教授,到主位上坐。就我们两个人,你坐那么远干啥?"同学的同学立马站起身来,死拖硬拉把庄楚雄拉到紧挨着自己的位子上坐下。

"你不是说还有几位广州的朋友吗?"庄楚雄有些纳闷地问,"怎么就只有我们两人呢?"

"我是想要你多叫几个朋友来,我来请客。"同学的同学很热心地给庄楚雄斟了一杯茶。

"那我听错了。不要紧,人少一点好说话。"庄楚雄说,"点了菜没有?"

"点了。今天你什么都不用管,只管吃好了。"同学的同学说完,朝门外喊道,"服务员,上菜。"

一会儿,一位头戴新疆花帽的姑娘走了进来,送餐车上是一大锅清炖羊肉。姑娘把羊肉汤端上饭桌后问:"客人到齐了吗?"

"到齐了。"同学的同学说,"等会儿你出去的时候请把门关上。"

"好的。"姑娘给两人每人盛了一碗汤,轻轻地转动了一下餐桌,把汤碗转到客人的面前,"请慢用。"然后去窗口端另处的菜。

同学的同学在热情招呼庄楚雄喝汤的同时,对庄楚雄在学术上取得的成绩赞不绝口:"听说你本科和研究生都是学的蚕学专业,1992年读博士的时候改学作物遗传育种专业,从此成了卢永根卢院士的学生。没错的话,你应该博士毕业了吧!"

"没有,我论文答辩的时间定在下个月。反正我一直在遗传工程研究室做实习研究员,1992年后就做助理研究员了。"庄楚雄喝完了一碗汤,又给自己盛了一碗,还从汤盆里舀了一大块羊肉。

"今年6月7日,卢院士在中国科学院第八次院士大会上当选为生物学部第八届常务委员兼副主任,任期两年。"同学的同学说,"他太厉害了。"

自己的老师受到赞扬自然是一件美妙的事,庄楚雄也不例外。服务员也不知不觉地端上来六盘大菜:手抓羊肉、烤羊肉串、葱爆羊肉、烤羊排、泡椒羊肚、清炒土豆丝。主食是烤羊肉包子。庄楚雄心里暗忖道:这怎么吃?却没有忍住说了出来:"菜多吃不完。"

同学的同学说:"吃,慢慢吃,反正有的是时间。"他把酒杯满上,说:"兄弟,来,走一个。"

两人将杯子碰了一下,仰脖一口干了。酒过数巡后,同学的同学说:"最近看了一本书,叫《内方外圆》,主要是教我们如何做人的,看了以后很受启发。像我们这种人,读书读多了以后难免会成为书呆子。为了避免成为书呆子我们要多读书,多读《厚黑学》一类的书。我看你就读得好,本科和硕士都读的蚕学专业,博士就读作物遗传育种。这作物遗传育种专业,可是卢院士教的。你太聪明了,我不及你呀。来,我敬你一杯,自己再罚一杯,你一杯我两杯。"

庄楚雄更正说:"自己真还没有看过什么《厚黑学》或《内方外圆》之类的书。我之所以博士攻读作物遗传育种专业是学校学科专业设置所限,另外,我对袁隆平教授研究的杂交水稻感兴趣,想从分子细胞学的角度加以论证和推广,并不是因为我们华农的校长是这方面的专家我才怀着阿谀之态去学这个专业。如果真这样,卢永根院士也不会录取我,我也将一事无成。说句良心话,如果我真想阿谀卢院士也用不着从事如此艰辛的科学事业,本科毕业后,考个公务员,做个农技推广员,他也会喜欢我的!"

同学的同学看到庄楚雄有点不高兴,便改换语气说:"我不是这个意思。我是说:纵使当了科学家,我们也不能像前辈们那样死板,要灵活,否则真的会变成造导弹的不如卖茶叶蛋的。"

庄楚雄真有些生气地说:"兄弟,科学家不是用来混社会的。科学家之所以成为科学家,就是他把所有的灵活用在科学实验和学术钻研上。至于说造导弹的不如卖茶叶蛋的,是一种社会分配不公的表现,与科学家群体没有任何关系。"他拿起一串羊肉串吃了一小块,接着说,"就拿我目前所做的研究来说,利用三系和两系杂交育种系统培育出来的杂交水稻,在杂交水稻的生产中占有主导地位。三系杂交水稻系统,利用细胞质雄性不育(CMS)系、恢复系、保持系来生产杂交种子和保持 CMS 系。恢复系携带特殊的 CMS 恢复系基因,以恢复特殊 CMS 系的育性。胞质不育相关的种质资源是有限的:在中国只有 1% 的水稻种质资源可以作为保持系,在东南亚只有 5% 的水稻种质携带 CMS 恢复系基因。

"恢复系有限的遗传资源、三系杂交系统中 CMS 和恢复系较低的遗传多样性,阻碍了进一步的发展。两系育种系统利用光敏核雄性不育(PGMS)或温敏核雄性不育系(TGMS)作为有限条件下的不育系,或可供给条件下的保持系。几乎所有的正常水稻品种可以恢复 PGMS 和 TGMS 系的育性,从而提供了更广泛的遗传资源,以更好地利用水稻杂种优势。因此,与三系杂交系统相比,两系杂交系统的优点包括,节省劳动和节省时间、更好的品质和更高的产量、更高的效率和更简单的程序,用于育种和杂交种子生产。虽然两系杂交育种系统的开发比较晚,但它提供了优于三系杂交系统的基本优势,占中国杂交水稻种植面积总数的约三分之一。像我一样,一门心思扑在工作和科研上,哪能对其他东西感兴趣?人各有志呀!"

本来,庄楚雄不想用这样高深的专业术语和知识来对客人说话,但是，他实在听不惯客人对科学家的那番评论，也不想让今天的饭局被世俗的氛围所笼罩。

同学的同学今天来找庄楚雄的真正目的是，他的导师听说卢永根当选为生物学部第八届常务委员兼副主任，想托庄楚雄的关系帮他导师求求情：在教授评级中给予关照。他刚开始那段话只不过是想开导开导庄楚雄以后再说出自己的请求，想不到庄楚雄说了一套与人情世故无关的专业知识来打断他自己的思路……为了化解尴尬，他端起酒杯："如果没有我们这些科学工作者的努力，这个社会怎能进步呢？我们的国家怎么能富强？"他故意将"我们"两个字读得很重，以示自己和庄楚雄是一路人。但是，说心里话，对庄楚雄的话他一句也没有听懂。

庄楚雄确实有点生气，但个人修养让他纵使在酒精的催促下也能保持克制，听到同学的同学加重"我们"二字的语气，更气不打一处来："我们其实不是一路人。"他喝了一口汤，继续说，"近年来，我们对于P/TGMS的认识已经获得了很大的进步，水稻中控制P/TGMS性状的几个基因已被克隆出来。Nongken58S，是在1973年首先确定的第一个PGMS水稻，在长日照条件下具有完整的雄性不育，在短日照条件下育性恢复。其PGMS是由pms1、pms2和pms3决定的。

"使用传统的育种系统，培育一个新的商业雄性不育系通常需要几年，有时超过10年，使用现代基因工程技术可以大大减少繁殖时间。序列特异性核酸酶（SSN）可在特定的基因组位点诱导靶DNA双链断裂（DSBs），并促进DNA损伤修复的内源性途径，最后导致序列特异性的基因组编辑。作为一种新型的SSN，CRISPR/Cas9编辑系统已被用来在许多物种中敲除靶基因，包括植物。尽管如此，其在作物遗传改良中的应用仍然是罕见的。

"在这项研究中，利用CRISPR/Cas9系统，该研究小组在TMS5基因中诱导了特异性突变，并开发了新的'清洁遗传改良'TGMS系。利用CRISPR/Cas9系统，研究人员在TMS5的编码区中设计了10

个靶位点用于靶向诱变,并评估了打靶和脱靶效应的潜在频率。

"最后,研究人员建立了最有效的构件——TMS5ab 构件,用于培育潜在适用的'清洁遗传改良'TGMS 系。研究人员还根据不同靶序列的特点,讨论了影响编辑效率的因素。值得注意的是,使用 TMS5ab 构件,研究人员开发了 11 个新的'清洁遗传改良'TGMS 品系,仅在一年内就可能应用于两个水稻亚种的杂交育种。这一系统的应用,不仅显著加快了不育系的繁殖,而且也有利于杂种优势的利用。

"我讲的这些你很可能听不懂,隔行如隔山。接着你刚才的话说,我就把我的灵活性放在了这种科学实验和研究上。你是做不来这种工作的。但是,你既然也选择和加入了我们科学队伍,起码可以架起科学和社会联系的桥梁,社会没有你们这个群体同样不可能构成社会。"

听了庄楚雄的话,同学的同学心里拔凉,但是,听到"社会没有你们这个群体同样不可能构成社会"一句时,他想,看来庄楚雄还没有把所有的路堵死。于是,他把这次来的真实目的说了出来:"谢谢,谢谢兄弟还看得起我。我其实就是做学问的人里面的混混。谢谢你,兄弟。我这里确实有一件小事请你帮忙,我方不方便说?"

"说。只要我能帮到的,你尽管开口。"庄楚雄说。

"那我不客气了。"同学的同学便把自己导师想请卢永根关照的事说了出来。

庄楚雄听完同学的同学的话,停了几秒钟,端起酒杯来说:"兄弟,来,喝了这杯酒!"放下杯子,接着说,"这个忙不是我不想帮,我的老师卢永根就是这个脾气:你有实力他就会投你一票,你没有实力的话你去找他他分分钟把你驳回!我同你讲过,科学家也讲灵活性,但是,他的灵活性要用在科学钻研本身。"庄楚雄还想讲下去,可是再讲下去的结果就变成"教训"了。他不想在初次见面的客人面前变得真的没有人情味。

同学的同学面露尴尬地说:"没关系,事情虽然不能办成,但情意还在。总之我要谢谢你,在这么紧张的研究中还抽空来陪我。我们喝了这杯团圆酒吧,下次请你到我们学校去玩!"

"好的。"庄楚雄端起酒杯与客人碰了一下,喝完最后一杯,对门口戴花帽的维吾尔族姑娘说,"买单。"

"好的,您稍等。"戴花帽的维吾尔族姑娘说,取下菜单去柜台结账去了。

同学的同学见状,说:"庄博士,你不用管,我来请客。"

庄楚雄带点酒意地说:"你到我这里理应由我请客,哪能让你买单呢!"

同学的同学也没有太强求,说:"那我不客气了。下次去我那里一定找我,我来安排。今晚我还有点事,先走了。谢谢。"说着,站起身走了出去。

"好的,不送。"庄楚雄摆摆手说。

戴花帽的维吾尔族姑娘走了进来说:"先生,一共消费855。"

"这么多吗?"庄楚雄惊得眼镜都掉了下来,伸手要来小票说,"让我看看。"

仔细看了一遍账单,确实如此,庄楚雄心里想:看来同学的同学说得真没错,我们搞科学研究的人就是少了根弦,呆板,愚蠢,不灵活,上了当是活该。嘴上说:"好的。你先给我拿四个餐盒来,我要'打包'。"

"先生,你先把账结了,我这就去给你拿餐盒。"戴花帽的维吾尔族姑娘说。

"刷卡吧!"庄楚雄拿出一张建设银行的万事达信用卡。卡里有上次与卢永根、梅曼彤、张桂权共同写的那篇论文的稿费。

三、孩子,跟我干活你得准备吃苦哟

广州的 6 月正是全年最热的时候,也是水稻抽穗的重要时间。卢永根正挽起裤管下田观察从惠州罗浮山采摘的那些野生稻的长势情况。他特意从家里来,怕到学校转一圈以后,校长骆世明又要派车、派人跟过来。作为一个年近 70 岁的长者,他当然会对自己负责。早上出门时,他在保温杯里灌满了白开水,身上还带了防暑用的 3 支藿香正气水,然后还拿了一把 20 倍的放大镜。惠州罗浮山这批野生稻种是丁颖院士在世的时候亲自去采集来的,有两年没有培育过,所以他特意交代刘向东种植在东圃实验场不太显眼的地方,周围还与其他稻田隔开了一段距离,担心授粉时会互相影响。他正在田头认真地观察着每一穗稻,仔细地数着水稻的颗粒数……

结果还是没有躲过骆世明。

"老师,您怎么又一个人来实验场了?近 70 岁了,还坐公交车过来。不知道内情的人见了,还以为我骆世明不懂得珍惜人才、不敬重前辈呢。"骆世明把车停在大路边,走过几条田埂来到卢永根观察水稻长势的那片水田。

"谁还敢批评骆校长你?"卢永根开玩笑说,"你不是到北京开生态农业的会议去了吗?"卢永根头也不回地观察着。

咔嚓一声,跟在骆世明身后的一位年轻人给卢永根拍了一张照片。卢永根发现了照相的年轻人是张桂权带的博士生张泽民,如果是随行的记者,他肯定会回去批评骆世明一顿,但是,一看是张泽民气便消了。

卢永根见骆世明等人来了,便直起腰上了岸。毕竟已经快 70 岁的人了,他感到腰有点麻木,腿脖子也有点痛,头还有点晕,身体有点摇晃。这些被骆世明看得明明白白。他上前搀扶着卢永根:"老师,您年纪大了,一定得配个秘书。这不违反规定,首先您是院士,而且还是生物学部第八届常务委员兼副主任。您如果还不听从学校党组做出的决定,我明天这个校长也不干了。"

"看来你是下定决心了。我不是不听从学校党组的安排,而是工作实在脱不开身。"卢永根把手伸出来扶住骆世明的手臂。

骆世明说:"那老师,您就听我们的安排去今年的毕业班里挑一个比较有培养前途的学生吧!这个人由您自己定夺。"

"还是在农学院的毕业生里找,这个人需要与我的研究领域比较接近。你们有目标的话让我去看一看。"卢永根上岸洗好脚穿好鞋子。

"下午,我陪老师去农学院看一看,有合适的就定下来。"骆世明把卢永根扶到车后座坐下,自己坐在副驾驶位上回头说,"老师,还有一件事要同您事先说一说。前不久,我们接到省教育厅的通知,我们学校有一个评选'南粤杰出教师'的名额,昨天上午,学校召开了党政班子会,大家一致推选您为我们学校的杰出教师。今天湖南农业大学的几位教授来我们学校交流,我已经让庄楚雄去接,中午您同我们一起在学校接待厅吃个工作餐好吗?他们提出,如果方便的话想见见您!毕竟湖南在水稻特别是杂交水稻研究方面是站在全国甚至世界第一的。"

"你这一下说了好几件事呀。找秘书的事,我答应你,今天下午徐老师有一堂农业系的课,我去她教的班里去看一看有没有合适的,有的话我再告诉你们做进一步考察。再晚了,人家毕业分配了也就来不及了。第二件中午工作餐的事我也应承了,现在回去正好是午餐时间。第三件事,你说你们开会把我定为'南粤杰出教师'一事,究竟是怎么回事呢?"卢永根问道。

没等骆世明回答,卢永根接着说:"我不反对你们把我作为'南粤杰出教师'的评选对象,但是,像评选和提拔一类的事,以后一定要有根据。首先要符合法律、法规；其次，要讲道德和人品；最后一定要有业务成绩。如果没有这些根据，在我们的国家复兴大业的征途中，我们不但不是有功之人，反而还是罪人！如果你们推荐了我，对党的教育事业和科学事业有好处，我不反对；如果你们推荐了我，其他人的意见很大，甚至有人的党性和品德比我强，个人成绩比我突出，反而评不上，因此阻碍了党的事业，我建议把我撤换掉。我讲的是真心话。我从1947年就参加党的地下组织，图的就是国家有富强的一天，人民有富裕的一天。我们再也不能折腾了。"

"老师，您一直都在忙。我们评选'南粤杰出教师'是有根据的，除了道德和人品外，我们提出的条件为评为副教授五年以上，在核心期刊上发表论文两篇以上，全体副教授无记名投票达到三分之二以上的人数。全校副教授及以上无记名投票的情况还封存在学校党政办。老师，您放心，作为您的学生，我不会给您脸上抹黑从而毁了您的一世声名和不懈追求。我们一定实事求是地做好每一件事！"骆世明诚恳地说。

骆世明把话说到这个份上，卢永根再也不好说什么。他是一个原则范围内办事有目的并且不达目的不罢休的人，但同时又很低调。刚才一番话，他是想告诉骆世明不用将他推荐为什么"南粤杰出教师"，但人家是切切实实按程序进行投票选举的，如果过分地反对反而会起到相反的作用，所以他只得打住。

"人品和威望在那里摆着，在华南农大目前还没有人能望您的项背。"在车里沉默了一会儿，骆世明轻轻地说。

"要想使我们的学校保持活力，我们就要多做提携后辈的事情。"卢永根也放低了声音，这种腔调宛如父子在拉家常。

在学校食堂与湖南来的客人吃过工作餐，卢永根到办公室小憩了一会儿。下午两点不到，他便醒了。平时都是这样，已经形成了习惯，学者们老是变着些新鲜名词来让人难记，叫什么"生物钟"——在自己的领域，卢永根很少这种对一常见现象使用新名词的语言浪费现象。他走到书柜前,借着玻璃柜窗隐隐约约的影子,抹了抹自己的头发,便往农学院走去。他要落实好秘书的事。经过心里的反复权衡和定位,他认为作为秘书,主要是帮助自己完成工作,切忌使秘书的工作生活化。所以他挑选秘书的标准很明确:人品好,能吃苦,愿意在学术上继续深造,表达上特别是书面表达上逻辑性要强。

来到农学院的时候,许多老师和同学也陆续往教室走。在进进出出的人群中他在寻找自己的妻子徐雪宾——她应该也在这个时间点来上课。可是让他失望的是,纵使他上了电梯也没有发现妻子的身影。电梯正要关门的时候,忽然有个年轻的女学生走了进来。她短头发,普通话说得比较标准。因为踩着时间点进来的缘故,她进电梯后微笑着对电梯里的人点头:"对不起。"

因为电梯的空间比较狭小,大家都只是微微地笑了笑,算是对她道歉的回答。出门的时候,她第一个出门,然后站在电梯门口礼让这一层走出电梯的人,她的手上拿着一本《艾青诗选》。女同学手上的书勾起了卢永根对往事的回忆,他放慢脚步,和蔼地问道:"小同学,你也喜欢读艾青的诗吗?"

见有长者问自己,女同学惊讶地回答:"啊,您是卢校长?是的,卢校长,我平时除了学习自己的功课还爱看一些古典的诗歌。但是,像《诗经》和《离骚》一类的古诗太深奥,没有工夫精读。现代诗人艾青等的诗,很提振自己的精神。"

"你记得艾青写的《我爱这土地》这首诗吗?"卢永根问。

女学生放慢脚步,轻轻地背道:"假如我是一只鸟,我也应该用嘶哑的喉咙歌唱:这被暴风雨所打击着的土地,这永远汹涌着我们的悲愤的河流,这无止息地吹刮着的激怒的风,和那来自林间的无比温柔的黎明……——然后我死了,连羽毛也腐烂在土地里面。为什么我的眼里常含泪水?因为我对这土地爱得深沉……"

"谁说我们搞科学研究的就不懂文学艺术?爱因斯坦的小提琴就拉得特好。至于说到古诗,需要有耐心,多读几遍就记住了。"卢永根说,"你叫什么名字?哪里人?"

"我叫赵杏娟,云浮人。"女同学高兴地说,"卢校长,我马上要毕业回云浮了。很高兴在我即将离开学校的时候能见到您并亲聆您的教诲。谢谢您!"

"好的。好好保持你的爱好!"卢永根朝教师休息室走去。

教师休息室里有好几位老师已经到了,大家都在谈着香港即将回归的仪式问题。"香港回归,中央要驻军的,驻港部队已经在深圳集训好长时间了。""刚开始听说英国人不同意,都被邓小平同志驳回去了。""香港的制度50年不变,如果有香港户口,岂不赚了?""以后进出香港就方便了。""国家真的强大了,否则英国人是不想还的。"……见到卢永根进来,大家马上停止了议论,纷纷跟卢永根打招呼。众人散去后,休息室里只剩下徐雪宾老师一个人。她本来是坐着的,现在看到卢永根走进来,说:"你来了?"

"是的。"卢永根见休息室里再没有其他人,"骆校长要我在毕业生里找一个合适的人选做秘书。"

"来了又不打声招呼,把其他老师都赶走了。"徐雪宾说,"我们的学生素质都不错,招生的时候,高考分数也是蛮高的。你难道个个都想要?"

"打扰了老师们休息,我真不好意思。明天你代我向他们道个歉。"卢永根诚恳地说,"我刚才在电梯里遇到一个叫赵杏娟的女学生,我们很有眼缘的。你有她的毕业论文吗?"

"岂止有眼缘这么简单?还有师生缘呢。"徐雪宾说着,从抽屉里拿出一沓稿纸交给卢永根。

一行行俊秀的硬笔字呈现在卢永根的眼前,他不由叹道:"要练成这一手钢笔字可是要费一番工夫。你看这力道,别说是男生,纵使像我们这些上了年纪的人也未必有她的字好。"

"你看看,她的文章架构好,视野阔,很有做学问的本钱。"徐雪宾笑道,"你还要不要到我们班上去实地考察一番?"

"来都来了,不去教室转一圈,骆校长还不知我俩搞什么鬼呢。我还是去你们班里转一转吧。"卢永根说。

"你去我就不用去了,这节课你来帮我上算了,反正大家都快毕业了,都在准备毕业论文,谁还有心思听课呢?好久没有在教室里面对几十个学生讲专业课了,你是否还应付得过来?"徐雪宾说。

"慢慢来吧!"卢永根说着走进了农学专业育种班。

同学们看到一个老人家走进教室,先是一愣,不知道谁说了句:"这不是我们老校长卢永根院士吗?"

"是,是老校长卢永根院士!欢迎卢永根院士。"一个班干部模样的人带着大家一齐鼓掌。

卢永根走上讲台,双手朝台下压了压,说:"同学们,我刚好路过你们班,看到你们班临毕业了大家还在一起珍惜这美好的时刻,不由得,我就走了进来。同学们,你们就要毕业了。作为你们曾经的校长和老师,我今天就不给大家讲专业课程,给大家讲讲毕业后大家怎么工作吧!"

他介绍说:以前自己在香港的时候是没有尊严、没有人格和国格的人,所以下决心回到祖国搞建设。新中国成立前,我们这也不行那也不行,但现在我们把祖国建设好了。祖国强大后,许多外部势力不高兴了,说我们对他们构成了威胁,到处诋毁我们……难道不是他们逼我们这样做的吗?他也讲到了抗日战争胜利后英美是如何勾结继续让香港被英国实行殖民统治的。只有让国家强大了,强大到足够有力量让别有用心的国家害怕,才能像今天一样通过和平手段收回香港。他也因此要同学们不要忘记收看这几天中央电视台直播的香港回归的画面。最后,卢永根说:"同学们,你们回去以后,我希望你们能在各自的岗位上安安心心地做事和做人:理想和前途就在你的潜心做事中,理想和前途就在你的奉献中,理想和前途就在你的坚持和坚守中。"

还是那位班干部模样的男生带头鼓掌,所有人都表现得比较激动。在自己的毕业季,作为昔日的校长、今日的国务院任命的院士亲临这个班,其中肯定有故事发生。但到底会发生什么故事?大家都不知道。

赵杏娟见到卢永根来班上上课,也同大家一样很高兴,毕业季不是每个班都有这样的机遇的。但是,她不是一个十分活泼的人,只是很认真地听卢永根讲课,还认真做了笔记。她想:自己快要毕业了,回到家乡找一个农校教书或找一个农技推广站或报考基层公务员都是不错的选择,总之她只想做好当下的事。卢院士的课她记了整整三页纸。

或许急着要办实验室的事,卢永根大概讲了半个小时就走了。鼓掌欢送走自己的老校长后,同学们都留在班里讨论了一番他讲课的内容。过了两分钟,给同学讲授育种课的徐雪宾老师走了进来:"同学们可以下课了。下课前我宣布从下个月开始进行论文答辩。我们的答辩虽然没有研究生那么复杂,但也请同学认真准备。"徐雪宾本来受卢永根之托要把赵杏娟的课堂笔记留下,但怕临近毕业,自己的每一个动作都会让同学们充满猜想,便什么也没有做,离开了教室。

过了两天,班长到教师休息室找徐雪宾老师询问毕业论文答辩的具体安排时,正好他们班的辅导员也在。辅导员对班长说:"听说你们班赵杏娟爱读艾青的诗,你看她还在不在,在的话让她过来一趟。我小孩才上初中,老师要他参加'七一'朗诵活动,读一首爱国的诗,想听听她的意见。"

班长回到班里,正好赵杏娟还在,便把辅导员请她辅导孩子的事转告了她。赵杏娟正收拾东西准备离开教室,听了班长的话,便拿着听课笔记本和《艾青诗选》来到了教师休息室。

平时坐满了教师的休息室里只剩下了辅导员孤零零地坐在整容镜前,见赵杏娟来了,他便给她倒了一杯开水,说:"赵杏娟同学,你好。来,请坐。"

赵杏娟说："老师好。"

"老师和同学们都放学了，我这里要耽误你一点时间。你对自己的毕业分配有什么要求？"辅导员坐下问。

"没什么要求。我把我的简历寄给了我们市的几个农技推广站。现在还没有回信呢。"赵杏娟平静地回答，心想：不是要我来辅导他孩子读诗的吗？怎么问起我个人毕业分配的事了？

于是，辅导员便直截了当地把学校想让她留下来当卢永根院士秘书的事说了出来，并告诉她秘书工作需要从事的事项，征求她的意见。

能够留在大都市广州，对赵杏娟来说当然是一件十分高兴的事。但是，卢永根院士是我们国家水稻方面的顶级专家之一，又是一位德高望重的老党员，自己作为一名小小本科生能胜任他的秘书的职责吗？想到这里，她轻轻地说："我在学校所学的课程都是一些基础的知识，许多高深的植物分子细胞育种方面的研究我从未涉及，加上社会经验也不足，我担心自己能力不够。"

"老校长是一位在海内外享有很高声誉的稻作专家，要跟上他的节奏刚开始是有一定的困难。什么事情都需要慢慢学习和适应。你回去考虑两天再告诉我。"辅导员微笑着说，"这件事情需要暂时保密。"

赵杏娟道谢后离开了。

7月1日晚，卢永根夫妇谢绝了所有的活动。晚饭照例到学校食堂排队打饭，不过卢永根今天的胃口比较好，他又多添了一勺饭。徐雪宾担心他菜不够吃，从自己碗里匀了一些给他。吃过饭，夫妇俩端坐在电视机前观看"香港回归"的仪式。

这台黑白电视机是20世纪80年代买的，打开电视后屏幕上先出现一阵子雪花，徐雪宾走上前轻轻地拍了拍，图像便显现了出来。卢永根搬来两把木椅放在电视机前，又用手抓住后背摇了摇。有一把木椅的椅脚松动了，他便转身返回卧室去找铁丝和老虎钳，想将椅脚固定起来。这时,徐雪宾端着两杯水走了过来:"阿卢,你是不是晚饭吃多了上厕所了?仪式开始了。"

"你别坐右边那把椅子,椅脚松了,摔倒了可不得了。"卢永根从卧室找来了铁丝和老虎钳。

徐雪宾把椅子倒过来,卢永根用铁丝缠住两条椅脚,将铁丝末端交叉在椅脚的内侧,用老虎钳夹紧拧了几圈。卢永根再将木椅翻过来摇了摇,木椅牢固了:"这下你可放心坐了。"

"放心。跟了你这么多年,我有哪件事不放心的?"徐雪宾从电视机边拿过水递给卢永根。

卢永根刚握铁钳的手有点哆嗦,双手张开搓了搓后,接过徐雪宾手中的茶杯说:"晚上喝点白开水对身体有好处。"

"别说了,仪式真的开始了。"徐雪宾说。

当看到中国领导人接过香港区旗,我们的卫士在仪仗队的演奏声中升国旗和区旗的时候,卢永根的眼眶湿了。他做梦都想有这一天。1945年日本人投降后,如果不是国民党政府和军队懦弱,香港早就收回了。他嘴里喃喃道:"我们被西方列强欺凌的日子一去不复返了!"

"阿卢,你为了国家不惜离开家庭和亲人,我们的后代会永远记得你的。"徐雪宾说。

"要是那时候收回了香港,我也许能在我父亲临去世的时候见上他一面。但是,那时候根本办不到!"卢永根脸上毫无表情。可是,当画面切到驻港部队进驻香港的一刻,他的脸上又重放光明。

一直到仪式结束,卢永根也没有睡意。徐雪宾走进来问道:"阿卢,是不是睡不着觉?"

"我已经快70岁了,为香港的回归整整盼望了半个世纪,"卢永根说,"作为在香港出生并在那里度过青少年时代的我,能不百感交集吗?"

徐雪宾看着他,心想:尽管已经功成名就,载誉天下,但昔日懵懂的"香港仔",如今已垂垂老矣,此情此景,他能不感慨万千吗?

她忽然想起前几天卢永根去育种班挑选秘书的事，便提醒道："赵杏娟的事，骆世明校长他们还在等你的答复呢。"

"前两天，我看到骆世明了，我告诉他同意赵杏娟留校并协助我工作。"卢永根说完起身到卧室兼书房拿了一本普希金的诗集出来，就着客厅的灯光看了起来。

没看几页，他忽然记起花都市侨联请他为《花县华侨志》作序的事，于是拿起笔写道："广东省花县是我省著名的侨乡之一，旅居海外的乡亲遍布五大洲的六十多个国家和地区。由于血缘和文化的关系，广大华侨虽身居异域，但始终情系祖国。从辛亥革命、抗日战争、人民解放战争到新中国成立后的社会主义建设，不论哪一个历史阶段，祖国的革命和建设，总是得到广大华侨的同情和支持。因此，爱国爱乡是华侨的光荣传统。强大的祖国是他们的靠山。中华人民共和国国际地位的日益提高，大大提高了华侨在当地的社会地位，这是举世公认的事实。

"本人祖籍花县，但在香港出生，现大部分亲属均旅居美国，具有回内地的港澳同胞和侨眷的双重身份，因此对侨志内容感到特别亲切。该书的问世，对海内外乡亲均可以起到历史教科书的作用。对海外乡亲来说，将使他们，特别是他们的后代了解其祖辈的艰辛历程，认识其祖辈对侨居国的经济和社会发展做出的巨大牺牲和贡献，从而理直气壮地为维护自己的合法权益和提高自己的政治地位而奋斗，进一步激发爱国爱乡的热情。对国内乡亲来说，将帮助他们，特别是各级干部，进一步认识华侨的由来和他们对祖国的革命和建设的伟大贡献，从而提高贯彻执行国家的各项侨务政策的自觉性……"

这一夜，他一直忙到凌晨1点。

四、院士也不是全能的专家

早上7点,这是赵杏娟第一次以院士秘书的身份来到卢永根身边。昨天,校长骆世明把她喊到办公室进行了一个小时的促膝谈心,告诉她:卢永根院士是华南农业大学的"财富",包括他的思想、情操,他的学术和实践经验,都值得好好地记录和保护。然后也告诉她一些基本的待人处世的方式和方法,这对涉世未深的赵杏娟而言收获是巨大的。本来,两个月前,学生处通知她毕业分配留校当卢永根院士的秘书,她担心自己干不好。犹豫了两天,消息传到卢永根院士耳里。他带信给赵杏娟说:"谁也不是从娘肚子里一出世就会干活!"

卢永根院士的话让她信心满满。

办公室的门还没有开,卢永根还没有来。她用学校党政办公室主任给的钥匙打开门,办公室里整整齐齐。桌子上有一台电脑。据说,学校恢复初期,经费比较紧张,连学校给配备电脑卢永根都舍不得。现在电脑成了日常办公的必备物件后,他才同意装上。电脑旁边是一本活页台历,正页上记着三件事:"上午去省教育厅开会。""下午,与胡月明交谈,请教土壤改良方面的事;去梅曼彤主任的遗传工程研究室。"想帮卢永根院士收拾办公桌的想法反而被好奇心吸引住,她往前翻看了几页台历,8月9日那天的页面上记着"入党纪念日",下方又用铅笔写了几个字"别忘了向徐雪宾老师问好"。看后,她感觉作为院士秘书不经允许去翻看他的资料,偷窥他的心灵轨迹不好,于是把台历的页码翻到原来的位置。

她又环视了他的书柜:藏书真多。最左边一架全是政治理论和关于党性修养的书;中间一架是专业书,上面几层是我们国家包括台湾、香港等一些专家学者的书，下面几层是翻译的包括俄罗斯、美国等世界各国学者的书，最下面是一些英文版的专著；中间靠右边一架是院士自己所撰写的或者是朋友所赠送给他的专著；再靠里一架是世界文学名著和中国古典文学名著，艾青和普希金的诗集摆在最显眼的位置。

所有的这一切都这么井井有条，连茶几上的茶具都收拾得干干净净，她都不知道自己该干什么好。最后，她看见电脑的键盘下面压着几页材料纸，题目是"中国政府学会工作代表团赴俄罗斯、乌克兰和匈牙利三国访问，商谈国家间的学位认证和互认问题"。内容大概有5页材料纸，于是赵杏娟把这篇稿件给打印了出来，将原稿和打印稿一起放在电脑键盘底下。

抬头一看，离下班还有半个钟头，她便从最右一架的书柜里取下一本普希金的诗集，来到隔壁办公室认真地看了起来。

下午上班，卢永根放下上午去省教育厅开会的文件，看到电脑键盘下的材料，他很高兴，用铅笔改了几个错别字，又更正了几处文理不通顺的地方和实验数据，将稿件与从教育厅开会带回的材料一起放在办公桌前方一角。

三声敲门声响起，卢永根抬头一看，一位40岁出头的男子站在门口："卢院士好，我是胡月明。"

"来来来，快请坐。"卢永根起身把胡月明迎到茶几边坐下，边泡茶边问，"你来这里还习惯吗？从广袤的国土看起来，浙江离广州虽然不远，但气候和风俗相差很大。"

"卢院士，我是湖南安化人，只是在浙江农业大学攻读了三年土壤学博士学位。"胡月明坐下答道。

见卢永根办公室来了客人，赵杏娟从隔壁办公室过来准备给客人烧水斟茶。卢永根笑道："我来吧。你先把我改好的材料再看一遍。"

"好的，那我去整理文件去了。"赵杏娟笑着，拿起桌上的材料退了出去。

卢永根对胡月明笑了笑，说："对不起，我忘了，你本科是在老家中南林学院读的，研究生又考到了陕西的西北农业大学，博士在浙江农业大学。这可真是走南闯北。"

一句话说得胡月明笑了："每一次都是挑战。"

水煮沸了，卢永根把开水在茶壶和烧水壶里倒腾了几下，待水稍凉，冲了一杯红茶，说："你家乡的黑茶喝起来有一种厚重感。可是我喝惯了红茶，没有备黑茶，你将就着喝一喝！"

"我的家乡安化县集中了地球上85%以上的冰碛岩，冰碛岩形成于距今约六七亿年前，长在冰碛岩上的茶叶，富含锌、硒等人体所需的微量元素，长期饮用，对人体十分有益。"胡月明说。

"这种地质发现是对国家和人类的贡献呀。"卢永根说。

"2001年8月，中南科学院南京地质古生物所陈均远教授及外国专家一行来湖南安化进行地质勘测，发现了距今7亿年的冰碛岩层。这一重大发现为科学家研究当时气候、地质及地球的演变提供了宝贵的实物资料。"胡月明回答。

"怪不得生活在新疆的牧民喜欢往牛奶里加入安化黑茶，为了给他们提供黑茶还形成了'茶马古道'，原来有如此功效。"卢永根说，"你尝尝粤北山区英德产的红茶，也能暖胃和提神的。"

胡月明笑道："一方水土养一方人呀！"

"希望你来了后，将建设用地再开发、土地利用与整治、土地信息工程技术等项目和课题抓起来，补齐我们华南农业大学在这方面的短板。"卢永根说，"其实，你的本科虽然是中南林学院毕业，但其实也算是我们学校。'文革'期间，我们两所学校是合并的。噢，湖南林业科学研究院有一位叫刘起衔的教授你认识吗？"

"刘起衔教授也是我们安化人。他是湖南林业方面的著名专家，张家界就是由他最先发现的。"胡月明说。

"20世纪80年代，许多农业方面的杂志上发表了他很多篇发现杜鹃花、银杉等方面的论文，在业界也是很有名的。他现在还健朗吗？"卢永根关心地问。

"是。我有些同学还选读了他的研究生呢，都说他身体很好！"胡月明看到卢永根有些疲惫，"卢院士，我以后会在土地资源监测与评价、地理信息系统应用等方面做出自己的贡献。"

卢永根却没有放他走的意思，因为最近他就要赴俄罗斯、乌克兰和匈牙利三国访问，商谈的内容虽然是国家间的学位认证和互认问题，但是，俄罗斯和乌克兰都是国土面积辽阔的国家，如果遇到那些国家的人问起土地利用方面的事，作为农业大学的专家该如何回答呢？他今天叫胡月明来就是要请教他这方面的知识，关键的问题还没有提出来呢，怎么能这么快就让他走呢？于是，他们又谈了半个小时，从土壤的性质和所处的经纬度，谈到所种植的农作物和植物，谈到土地资源的分配和利用……他把将要去访问的国家有可能向自己提的问题都一一向胡月明请教："今天，我不是院士，你也不是博士后，我就是学生，你就是老师，你要毫无保留地教给我这个学生。"

卢永根直到把想问的问题弄清楚后才放胡月明走，虽然是同事，但是，对非自己本专业的知识的渴求令胡月明对老校长更加刮目相看，离开的时候紧紧地握着卢永根的手说："老校长，您随时叫我，我都会马上来！"

胡月明走了以后，赵杏娟进来对卢永根说："老师，广东省'南粤杰出教师'特等奖的证书是保存在办公室还是拿回家去？"

"你是说我上午在省教育厅开会带回来的资料和证书吗？"卢永根脑海里还在咀嚼胡月明的话，没有听清赵杏娟说的，追问了一句。

"是的。主要是证书，材料的话，省教育厅还会通过党政办公室再传送一份来的。"赵杏娟问。

"证书家里也放不下了，放办公室就行。材料你送到党政办公室让他们去处理。"卢永根交代。

"好的。"赵杏娟答应一声便按卢永根的吩咐忙去了。

卢永根独自将茶几收拾干净。

送走胡月明后,卢永根往遗传工程研究室走去。按预先的约定,梅曼彤正在研究室等他。"文革"前,她家的成分是地主,尽管学习成绩很优秀,但她留校后也只能在蚕桑系工作;"文革"后,她才调到生物物理教研室从事核技术在农业上的应用研究。她不断充实自己,获得赴美国加利福尼亚州劳伦斯伯克利研究所从事放射细胞生物学及分子生物学研究的机会。在美期间,她在完成进修计划的同时,学习遗传工程知识,为回国开展遗传工程研究做准备。1985年,她的论文《重离子辐射诱发中国仓鼠卵巢细胞原养回复型变异的研究》在《国际放射性生物学》杂志上发表,得到了国内外专家的高度评价。

1986年学成回国,梅曼彤选定空间辐射及高能重离子辐射对植物的诱变效应、诱变机理及生物学效应为研究方向,在卢永根的领导下,组建农业部批建的遗传工程研究室,开展基因工程研究。

遗传工程研究室在筹建时只有几间房子和价值10多万元的仪器设备,人员配置、各项研究刚刚起步,条件很简陋,但是,任务比较重大。当时,卢永根对梅曼彤提出了两大任务:"一是针对学生实际动手能力差的情况,加强实验课教学,尽快培养出全面掌握DNA操作技术的研究生;二是实验室要出高水平的研究成果。"

梅曼彤没有让卢永根失望,摸索出"基因工程实验技术",并开展水稻重要农艺性状基因的分子图谱定位的研究;连续多年承担美国洛克菲勒基金会在全球组织的水稻生物技术国际合作项目;借助美国实验室,开展了重离子辐射对水稻诱变的研究,此研究的成果在1996年获得了广东省自然科学奖三等奖。

1996年,在遗传工程研究室的基础上,有关方面投资建设现代生物技术重点实验室,梅曼彤从人员配备、实验室装修到仪器订购、安装都亲力亲为,终于使实验室按期建成。

梅曼彤在美国进修时,与人合作编写了《太空放射生物学》,这是世界上第一次系统介绍太空放射生物学知识的专著。国防科工委因此邀请她出任国家高技术航天领域专家组成员，不久，863专家组向她发来了聘请担任空间科学及应用专家组专家的聘书。1997年，梅曼彤作为专家组专家承担了相关研究项目。

半个钟头后，卢永根来到了梅曼彤办公室。刚一进门，梅曼彤高兴地说："卢校长好！"

卢永根摆了摆手说："卸任了，卸任了。"

"卢院士，接到您下午来我们研究室的电话，我下午一上班就到研究室等您了。"梅曼彤笑道，"谢谢您一直以来对我个人和研究室的支持。"

"来你这里是想给你打打气。现在，国内学者对空间种子搭载诱变研究不够规范化，各种所谓'太空育种'作物层出不穷。人们还无法对空间环境对作物产生影响的现象做出理论解释，农学界及生物界有一部分科学家对太空环境对作物的诱变抱有怀疑态度。希望你对太空育种提出一些规范性意见，就像袁隆平在杂交水稻研究上一样。"卢永根说。

梅曼彤说："我正在进行调查研究，最迟会在年底前拿出太空育种管理规范。另外，我也将和专家组成员一起制订863计划，资助太空生物学研究方向，提出在我国开展微重力组织工程，以及用细胞三维培养、培育人体器官的建议；还准备和中科院合作，探索太空搭载的种子在太空受到哪些辐射，以及其与它们后代突变的关系。"

卢永根与梅曼彤谈兴正浓，刘耀光走进了实验室，见到卢永根，说："老师，今天怎么有时间到我们实验室来了？"

"我来看看你们团队最近的情况。"卢永根笑道，"你刚从日本回国，这里的条件很可能比不上日本，但是，做起实验来应该感觉到比在日本踏实吧。"

刘耀光搬一把椅子挨着卢永根坐下："是的，这和孩子成家立业后，有能力回家孝敬母亲的心情是一样的。"

"回来后，我希望你能像梅教授一样站在一线讲坛上为同学们讲课，把你的才学和知识传授给更多的学子。"卢永根说着，转向梅曼彤，"听说你除了给学生们讲授基因工程实验技术、基因组学和生物信息学外，还给他们讲授专业英语？"

梅曼彤点了点头。

刘耀光替她答道："梅主任还给学生们讲授文献综述呢，讲课的范围很广。每次出国或在国内出差，只要一有空余时间，她就自己查文献，学习新知识，她掌握的专业发展新信息比我们在第一线工作的人还多。"

卢永根说："这也就是提拔你们八位年轻才俊的原因之一。现在看来，我们当时的举措没有错。"

梅曼彤羞涩地说："谢谢老校长。"

刘耀光说："特别值得提及的是，梅主任不仅是一位严师，而且是一位慈母、一位好友。学生们遇到问题，只要找到她，她就会提供帮助。她经常通过对社会现象的评价来教会学生们做人的道理。她也很懂得'松弛之道'，经常组织大家出外放松一下。而最令学生们佩服的是她的工作态度。"

"你们对学校的管理还有什么意见和建议，需要我转告骆世明校长的？"卢永根问。

梅曼彤看了看刘耀光，说："每次开课，座位都供不应求，为了保证教学效果，我认为还是应按实验室座位数量来安排学生为好。"

"好的，我一定好好建议骆世明加强这方面的管理，在培养人才方面，我们一定不能马虎。"卢永根笑道，"现在我们学校就你们生化与分子生物学学科团队的力量比较强，除了刘耀光，还有彭新湘、郭振飞、庄楚雄、曹阳等好几位骨干。这都是你梅曼彤人格魅力感召的结果呀！"

卢永根这次来遗传工程研究室调研，主要目的是考察博士点的筹建情况。虽然当时学科硬件已经具备了，但是组织工作却容不得丝毫马虎。如何让梅曼彤站在学校的高度,思考整合全校力量,使涵盖动物、微生物等领域的生化与分子生物学方向达到设立博士点的标准?卢永根今天和梅曼彤、刘耀光等人充分交换了意见,这也从另一个侧面反映出了共和国自己培养的科学家的担当和责任:因为专业的限制,院士虽然不能面面俱到,但是,院士的情怀能让方方面面的人才聚集到一块儿为国争光、为人民服务!

五、难得的好天

这个周三是个难得的好天，徐雪宾起得比较早，她说："阿卢，结婚这么多年，你不是在办公室就是在研究室或者实验基地。今天天气这么好，我们两人一起去校园里散散步好吗？"

卢永根放下放大镜和《中国农业信息》，深情地说："对不起，这么多年你都默默地帮助着我，我却把大部分精力放在工作上。好吧，我今天就陪你去走走。你说朝哪边走？"

"今天，我们就去旧正门、图书馆、行政楼、校史馆、丁颖像、人文与法学学院、校史馆古建筑、天文台、新正门牌坊紫荆桥、湿地公园、竹铭草海等地方走一圈好吗？"徐雪宾笑道。

"难得你有这么好的兴致，我陪你走一圈。"卢永根爽快地答道。

"记得把你的手机带上，有人找你的话也方便。"徐雪宾从鞋柜里拿出两双胶底鞋，把那双大号的递给卢永根。

卢永根接过鞋子，发现后帮有些瘪塌，他用手指捏了捏。徐雪宾说："不行了就去换一双吧！"

"鞋帮软一些，穿起来还舒服点。"卢永根一边回答，一边站起来试着走了两圈。

卢永根夫妇走进学校的大门，一块巨大的黄蜡石矗立在大门内侧的右边，石头上赫然刻着毛泽东主席题定的"华南农学院"几个大字。这几个大字还有个来历：1952 年，全国院系调整后，华南农学院由李沛文担任副院长。他的父亲是大名鼎鼎的共和国副主席李济深。就任后，李沛文恳请父亲李济深出面请毛泽东主席亲笔书写"华南农学院"校名。卢永根每次来到这里都要凑近仔细打量,他把每一个草书的笔画都记在心间,特别是那个"农"字。他常常对他的学生说:我们是农学院的学生,我们要爱农民、爱农业。他还在发呆呢,徐雪宾走到他身边轻轻扯了扯他的衣袖,说:"你往旁边站一点,有人在拍照片呢。"

用索尼数码照相机拍照的是一群女孩子,她们或许认出了自己的老校长,纷纷挽留道:"不要紧,我们一起合影吧。"其中一个留着短头发的女学生上前挽着徐雪宾也一起合影。

卢永根微笑着,整了整自己的衣领,说:"我们老头子、老太婆的,不会挡了你们的风景吧!"

"您说到哪里去了!"短头发的女学生笑着说,"您是卢院士,我们刚刚没有认出来,与您合影是我们的荣幸呢。"

于是,几位女学生围绕着卢永根夫妇在毛泽东所题校名前合了一张影。

照完相后,短头发的女学生对同伴说:"姐妹们,我们先走吧,不打扰老校长和徐老师的雅兴了。"

"不要紧的。"卢永根说。

女同学们便一个个向老两口挥手作别。

卢永根和徐雪宾也没有在校门口逗留太长时间。他们走过图书馆,卢永根笑着说:"今天就不陪你去图书馆了。"

"今天也不陪你去行政大楼了。"徐雪宾笑着指了指前面的办公楼。

"早就退了。为了不影响骆世明他们的工作,退休后,我也很少来行政楼。"卢永根低声说。

见同学们走远了,徐雪宾微笑着说:"记得我们这么大的时候,广州刚刚解放呢,你当时表现得很积极,又是写标语,又是游行,后来还参加铲除'剃头门楣'的活动。"

卢永根反手牵着她的手说:"时间过得真快呀,转眼我们都年近古稀了。记得丁颖老师也是在我们这般年纪的时候入党的。党给了他全新的生命。"

"你慢一点好不好？我膝盖好像有点不适，不要走得太快了。前面就是校史馆，要不我们一起去看一看？"徐雪宾抽回被卢永根牵着的手。

卢永根调整了一下自己的步速，说："我们去校史馆走走吧，顺道缅怀一下丁颖院士！"

两人缓步来到校史馆三楼丁颖纪念馆。在丁颖半身铜像前，卢永根与徐雪宾弯腰鞠了三个躬。卢永根对徐雪宾说："老师办农业教育，倡导理论联系实际和教学、科研、生产三结合。他尊重人才，爱护人才，任人唯贤。新中国成立初院系调整，华南农学院由中山大学农学院、岭南大学农学院与广西大学农学院共同组成。作为院长，他对三校师生不分彼此，大家相处十分和睦，教师队伍稳定，教学质量有了很大的提高。他对师生们经常讲的一句话是'学农、爱农、务农'，这也是他自己的座右铭。正是他的言传身教，对青年学生起到了潜移默化的作用。"

徐雪宾一边点头一边问："听说丁颖铜像一共有两座，一座安放在我们丁颖纪念馆，另一座安放于白云山和黄神农草堂中医药博物馆。两座规格是一样的吗？"

"我去看过，规格一样。"卢永根回答道。

面对丁颖铜像，卢永根感慨万千，视线变得有些模糊。徐雪宾见了，也很感动地说："阿卢，我们从结婚到现在，我还没见你哭过，但你每次来丁颖老师的铜像前都两眼含泪。"

"丁颖老师这个人与圣人都没有多大差别。听说抗日战争期间，中山大学迁校到粤北，老师是农学院院长，经常夹着鼓鼓囊囊的公文包来往于农学院与校本部之间的山区。一次遭到土匪拦路打劫，广东省政府为此给他赔偿损失，他分文不留，如数交给农学院购买兽药为农民防治牛瘟。他的清廉作风和为农民造福的高贵品德，使匪徒亦受感动,自觉把抢劫之衣物附上道歉信寄还给他。能把土匪感动,他的人格魅力要达到何等高的水平呀!"卢永根感叹道。

走出校史馆大门,卢永根夫妇俩意外地遇见了辛朝安,他正赶往自己的实验室。见到卢永根夫妇,他主动停下来:"徐老师、老校长,你们往哪里去?"

"今天难得的好天,我们两人出来走走,呼吸一下新鲜空气。"卢永根想自己退休了,不要妨碍其他人做事,便敷衍道。

辛朝安唯恐怠慢了对自己有知遇之恩的这位老校长,心里有许多话想说,又不知从何说起,便挑自己的工作说:"老校长,我们团队研制的'禽流感的预防和控制研究'项目获广东省科技进步奖二等奖。实验表明疫苗在实验室内对禽流感保护率为100%。这个成绩的取得与您的支持分不开!"

卢永根知道辛朝安是位又会说话而又实在的学者,也顺势鼓励道:"这是政府层面对你的肯定呀。真难为你,从上世纪90年代起,你就一直从事'禽流感的预防和控制'研究,这么多年坐冷板凳。过去,中国没有发现禽流感。现在,禽流感已经危及老百姓的生活和国民经济的总体安全。你是一位有责任感和远见的专家。"

"老校长,这是我们团队共同努力的结果。今天这点成绩的取得,更离不开老校长的栽培。当年如果没有您的力举,哪有现在的辛朝安?"辛朝安有些羞涩地说。

见校门外开进来一台车,卢永根往路边靠了靠,说:"本来我们的群众对禽流感还比较陌生,你通过电视、报纸、讲座等多种形式向大众宣传和引导。你担纲编写的《禽流感的预防与控制》一书,为全省控制禽流感提供了宝贵的技术资料。"

辛朝安也随卢永根往路边靠了靠说:"目前,我们的实验室成功解析出禽流感病毒100%基因图,这些成果为长远防治禽流感打下了坚实基础。并且,我们也研制出了禽流感灭活疫苗,将为广东省以及全国其他地方控制禽流感提供最有力的武器。"

徐雪宾看得出辛朝安着急赶往实验室的心情，或许出于对卢永根的崇敬才不得不停下打招呼，于是帮忙解围道："辛教授，我们只是路过，你要有事，你就去忙吧。不打扰你了。"

辛朝安看着卢永根，讷讷地说："那我先去了。有时间，我专门向您汇报。"

"你忙吧，汇报谈不上。你要知道，在你的领域我可是'文盲'！"卢永根实话实说，"你忙吧。"

"好，再见！"辛朝安向卢永根夫妇挥了挥手，作别而去。

"都是些不要命的人！听说他还有严重的高血压和心脏病呢。"等辛朝安走远，徐雪宾轻轻地感叹道。

今天是2000年8月9日，这对卢永根夫妇来说是个永远值得纪念的日子：53年前的今天，卢永根加入了中国共产党的地下组织；43年前的今天，为纪念加入中国共产党，卢永根与徐雪宾选择在这一天结婚。这是这一生最值得他们纪念的日子。刚才，在校门口的时候，他俩在小餐饮店各要了一个玉米和一杯豆浆。上午一路参观完图书馆、行政楼、校史馆、丁颖像、人文与法学学院、校史馆古建筑、天文台、新正门牌坊紫荆桥、湿地公园、竹铭草海后，他们往莘园饭堂走去。中午，两口子决定在这里用餐，卢永根喜欢吃这里的鱼，徐雪宾的口味也随了丈夫。结婚这么多年来，无论卢永根处于逆境、顺境，她都站在他的身后不离不弃地默默支持他，她是中国知识妇女的典范。她们倡导独立，但并不是简单、粗暴的女权主义思想；她们倡导婚姻自由，但并不是放纵肉体和灵魂的一种自我膨胀。她有条不紊地打理自己的生活、工作，让自己的情感在生活和工作中逐渐与爱人产生共振，她在思想意识深处以为：女权主义不是对男人的外在宣示，而是内在的共生共存。她爱丈夫，而她也得到了丈夫全身心的爱！卢永根真的是她的全部，他不仅是她的丈夫，更是她的知己，俗话不是说了"人生得一知己足矣"，这句话是她心灵的真实写照！

她在饭堂大厅找了个不起眼的位置坐下来,卢永根则跟学生们一起排队打饭,他果然打了两份鱼和青菜,舀了半勺米饭。徐雪宾待卢永根打饭回来,自己到开水炉前接了两杯温开水。坐定后,夫妇俩举起开水杯轻轻碰了碰,徐雪宾说:"白头到老,不离不弃!"

"已是满头白发了,还说什么'不离不弃'!"卢永根笑道。

"现在讲'不离不弃'是说我们都要健康长寿,两个人不要其中一个先另一个而去!"徐雪宾淡淡地回答。

"好,我答应你!"卢永根举杯在空中停了几秒后说。

两人慢慢地咀嚼着,大米的芳香辗转流连在口齿之间。卢永根说:"现在这代人多么幸福。过去,我们要吃顿饱饭是多么不容易。"他的脑海里又浮现出香港沦陷后逃回老家花县时,大街上那个算命的盲老人。一不小心,一粒饭掉到了桌面上,卢永根伸手捏起来塞进了嘴里。

莘园饭堂的人很多,声音嘈杂,许多就餐的人认识卢永根夫妇,碍于人多不好打招呼,便朝他们点头示意;也有不认识的,从他们坐的地方匆匆而过。邻桌有个瘦个子的年轻人,耳朵上戴了个 MP3 的耳机,旁若无人地边听音乐边吃饭。他比卢永根来得早,却比卢永根还吃得慢。最后,他的碗里还剩大半碗饭菜就不吃了,起身离桌将饭菜倒入门口的垃圾桶。

实在看不下去了,卢永根起身来到那个将饭菜倒入垃圾桶的同学跟前,说:"孩子,你刚才将那么多的饭菜倒入垃圾桶,你知道你刚才倒掉的那碗饭要多少大米才能煮成吗?我们是农业大学的学生,更应该知道种稻的辛苦。"

同学摘下自己的耳机,脸上红一块白一块,恭恭敬敬地听卢永根对自己的教训:"老校长,对不起。我错了,以后再不犯同样的错误。"

见有其他同学围拢过来,徐雪宾上前解围道:"走吧!刚才卢老师和那位同学探讨一个水稻方面的问题呢。"

同学深深地给卢永根夫妇鞠了一躬后,飞也似的跑了。
　　"这个同学很可能会恨我不给他留情面,但是,他也会从此懂得爱惜每一粒粮食。"卢永根等同学们离去后与徐雪宾走出了饭堂。

六、寻找野生稻种

  2001年10月,南方的天气虽然并不像北方那样凉快,但太阳也没有像前几个月那么晒得让人受不了了。国庆过后,卢永根便决定去清远市佛冈县寻找野生稻。20世纪70年代,我们国家开始了杂交水稻的研究和栽培。广东省政府发文到各地搜集野生稻的有关情况,龙山镇农技站在老乡的帮助下发现涩镇村的一座山顶上有野生稻。农技站的工作人员将情况汇报上去后,当时并没有引起更多人的关注。卢永根和他的学生后来在整理农业通讯资料的时候,发现了这条线索,便决定到佛冈县进行实地考察。那天上午,他去水稻所看了看,给即将要收集回来的野生稻腾了个地方,下午便带领刘向东等几个学生赶往佛冈县龙山镇。

  车还在京珠高速路上行驶,刘向东问:"老师,我们还是先到佛冈县城住下好吗?"

  卢永根说:"野生稻种是在佛冈县的龙山镇,那里离县城还有几十公里,如果食住在县城,第二天要很迟才能到村里。我们还是直接到镇上吧!到镇上还可以先了解情况,也便于我们采集花粉标本。"

  刘向东嘟囔道:"镇上的住宿条件很差,没有一间像样的宾馆,住房的床单都是黑的,好像从来没有洗过,洗漱用具也是拣便宜的采购,牙刷还没有用就掉毛了。"

  "别描述了。你说的这些情况比我在海南的种子基地好多了,那里半夜不仅有蚊虫,而且还有毒蛇呢。"卢永根淡淡地说,"睡到半夜毒蛇便爬到你的床边,能把你吓个半死。"

  "那袁隆平他们育种的确很辛苦!"刘向东感慨地说。

"所以我一直对我的这位老朋友很敬佩。你们都要有他这种精神。他为了培养杂交水稻每年像候鸟一样奔波在湖南、海南、云南三地,如果没有吃苦耐劳的精神,也就成就不了袁隆平。"卢永根拧开随身携带的杯子,喝了一口水,继续说,"前不久,我在莘园饭堂吃饭的时候,见一位同学将大半碗饭往垃圾桶里倒,便当场批评了他。我本来不打算当着这么多人的面批评他的,但是,我实在心痛。现在的这些孩子没有经过'三年严重困难'那段时期,那时路边的树皮都被啃光了,有的地方还吃'观音土',结果一些人消化不良,被憋死。正是因为这种情况,国家才痛下决心发展农业生产解决粮食安全的问题。我们的老前辈丁颖院士为了考察水稻光温条件的影响,七十多岁还去宁夏、甘肃、陕西等西北地区下田观察,结果就是在去山东考察的途中发现得的癌症!"讲到这里的时候,卢永根心里不免有些难受。

见卢永根没有一点商量的余地,刘向东接通了佛冈县龙山镇政府农技站的电话。接电话的是位中年妇女,听完刘向东的来意,她告诉了他农技站负责人陈志军的手机:"好的。您找我们的陈志军主任吧。"

刘向东按她提供的手机拨了过去:"请问你是农技站陈志军主任吧,我是华南农业大学的刘向东。我们明天要到龙山镇上岳村考察野生水稻,想请你带路。今天晚上,我们能见个面并探寻一下路线吗?"

"没问题。我们先到镇政府会合吧,看你们需要了解什么情况,我好心里有个底。"陈志军在手机里说。

两人约好了在镇政府会合。

到佛冈县龙山镇要经过一段乡村公路。从高速路转到乡村路口时,司机把车停了下来。刘向东说:"你可别在村口撒尿,被村里人看见很不文明。"

司机笑了笑说:"想到哪里去了呢。前面有块大石头,我们这台车的底盘不够高,我去搬开它。"

乡村公路的路面较窄,村民看到平时很少有车经过,便在公路的一侧铺上竹垫晒稻子、红薯干和菜干,为防止风过把垫子掀起来,便搬一些石头压在竹垫子的边上,这块石头大约是村民不小心遗落在路中央的。

司机搬开石头,拍了拍手上的灰尘,朝前看了看,除了道路比较崎岖和几处坑洼外再无其他障碍,他便回到驾驶座继续踩油门前行。卢永根见状,表扬道:"干什么事都要认真。我们快到了,不要急,更不能伤着村里的孩子和老人。"

司机目视前方,默默地点了点头。

卢永根一行与陈志军在龙山镇政府见了面,聊了一些基本情况后,约定第二天一早一起去寻找野生稻种。

第二天早上6点,陈志军便骑着一辆嘉陵牌的摩托车带着卢永根一行人往涩镇村赶去。大家来到村委会,将车停好。陈志军指着前面黑乎乎的山说:"野生稻就长在山顶。这座山叫黑石牯山。"然后回头看了一眼卢永根,继续说,"山路很难走,您在山脚等我们行不?"

卢永根朝陈志军笑了笑说:"小伙子,不要紧,我这把骨头还硬朗着呢。"

陈志军上前扶着卢永根说:"好。那我们一起上山吧。"

这是一条崎岖的山路。长满野草的路面,尽是山上滚下的碎石。路两边都是竹子和杂木。树林里时不时地蹿出一只小动物。卢永根向上走了一半,气喘得厉害,但是,他还没有停下来休息的意思。

刘向东看到路边的野草丛中有一截木棍,拨开草丛捡了回来,扯了一些柔软的草把树皮擦干净,快走几步,来到卢永根面前说:"老师,您用来做拐杖吧,蛮称手的。"

为了保持体力,卢永根并没有说什么,只是微笑着接过了刘向东递给他的拐杖,继续向山顶攀去。

山顶南边是一块大黑石,黑石底下有一口不小的泉眼,就是这一眼泉水浇灌着这一大片水洼地。地里长满了野生稻和杂草。看到这一切，卢永根和刘向东喜出望外，师徒二人抱在一起，忘了上山的辛苦和劳累。

一行人慢慢地走进低洼地，小心翼翼地采集水稻样本。卢永根俯下身子，用放大镜观察着其中的一株，发现这株野生稻叶披狭长，叶耳黄绿，长满茸毛，叶舌顶部裂开一分为二，没有茸毛，叶枕没有颜色，底部的叶鞘带点淡紫色。

卢永根左手托起稻穗，右手拿着放大镜仔细观察。这株穗颈比较长，没有第二枝梗，他反复数了数，共计50粒。他直起腰来，看刘向东也在仔细观察，便对同来的另一位学生说："你带卡尺来没有？"

学生摇了摇头说："没有。"

刘向东也抬头说："没有。"

"好吧。我们回去再量量。"卢永根说，"向东，据我目测，这株野生稻的谷粒长应为9毫米左右、宽3毫米左右。"

卢永根将放大镜插入裤袋，捏了其中一粒将谷皮搓开，米粒呈现出虾肉色，并有腹白。他放进嘴里嚼了嚼，说："野生稻的米质比较好。它开花的状况如何？"

站在黑石边的陈志军回答说："开花的时候，它的内外颖是淡绿色，现在成熟了才变成灰褐色。花药也比较长，大约有6毫米；柱头没有颜色，外露羽毛状。"

卢永根说："你还蛮专业的。"

"前几年也陆续来过几个专家，来农技站都是由我接待的。他们给我传授了许多这方面的知识，还送给我好几本这方面的书呢。"陈志军说。

"快成专家了。"卢永根笑道。

"专家们没时间来的时候，还要我把野稻长势的情况拍下来发给他们。"陈志军很自豪地回答，"您看的那株还好，其他实验室里的特别容易落粒。"

确实如此,卢永根在心里感叹:陈志军观察问题还很细致。想到这里,他更是小心翼翼对待每一颗稻子。他把刚才搓去的谷壳放在手掌心仔细观察,谷尖上有浅红色坚硬芒,颖尖也呈现深紫色。

水洼里杂草丛生,野生稻的茎是直立的,株高大约 60 厘米左右,但是周围也有高的,靠近泉眼的那株大概有 100 厘米。茎基部节间呈深红色。卢永根将自己观察的这株拔了出来,下面有强大的须根系,接近地面的节还长出了不定根。

刘向东怕他累着,说:"老师,你在黑石下找一处干净的地方坐下,你指导我们怎么干就行。我们忙完后,一起下山。"

"来吧,一起采集标本。"卢永根也不管刘向东答应不答应,挽起袖子就干起活来。

见 70 多岁的老教授也下地干活,陈志军有些不好意思地说:"我能帮点什么吗?"

"虽然是农活,但我们这个活你真干不来,你就坐着休息吧!"刘向东笑道。

马不停蹄,一直忙到下午 3 点,大家才回到山底。等大家收拾停当,卢永根用手中的木棍指着周围的农田说:"大家看,山底下的风根本不会把山下的水稻花粉带到山上去,我们今天得到的野生水稻是最有价值的,一点也不假!"

陈志军听到家乡有这样一块风水宝地,感到十分高兴,他一步跨上摩托车,回头对卢永根一行人说:"你们随我去镇政府食堂一起吃饭吧!"

一行人随车来到镇政府食堂,服务员坐在饭桌边打瞌睡。陈志军跳下摩托车,拍醒她说:"阿婶,快上菜。干了一天的体力活,肯定累了。"

服务员睁开眼,从头到脚看了看陈志军,反问道:"你累了?我才不信呢。"

"我是说客人们累了。"陈志军指着身后的人说。

服务员赶紧起身,说:"我去热一热菜。"

卢永根说:"别热了,我们随便吃一些就好了。"

"看你们一个个累得满头大汗,一定要喝点热汤才行,喝凉的东西会坏肚子。"那妇女一边说一边麻利地将汤和菜热了一遍。

真的被那位妇女说中了,刘向东和其他几个学生饭都没吃,连喝了三碗菜汤。陈志军说:"累了大半天,腰酸背痛的,要喝点白酒解解乏。"

刘向东看着卢永根。

卢永根笑道:"陈主任说的有道理。但是,大家不能多喝,除司机外我们一共五个人,打一斤酒足够了,要你们当地的那种白酒。"

镇里面招待餐一直没有大的变化:一只鸡、一条鱼、一盘笋干炒猪肉、一盘青菜、一盆煎豆腐、一盆豆角。卢永根牙口不好,刘向东把豆腐和鱼移到他的面前。卢永根客气地说:"没事没事,大家吃饭。吃完饭,我们还要赶回广州。"

这一次佛冈之行真没有白来。卢永根心里感慨万千,回广州的车上,他对刘向东说:"向东,作物遗传资源是作物遗传育种的材料基础和先决条件,是实现改良作物品质,提高作物产量,培育抗虫抗病作物新品种的必要资源。佛冈这次野生水稻的发现对我们来说意义重大。"

刘向东问道:"为了提高保护遗传多样性,您看我们需要做哪些方面的工作?"

"要和当地政府和农技站联合起来,最好建立保护基地,不要让野生品种消失了,要为遗传资源保护做出努力。"卢永根说。

说完这句话,卢永根感到嗓子干渴极了,发出连连的咳嗽声。他赶紧拿起水杯喝了几口水,等咳嗽平静后说:"向东,该是你们年轻人挑重担的时候了。水稻所是我们的明星所,你们一定要把它办好。我在考虑向学校申请离休了。"

刘向东想说些挽留之类的话,但没等他开口,卢永根说:"我知道你想劝我留下多干几年。'江山代有才人出',现在正是你们的时代,如果我不退下来,就会限制你们的成长和壮大!少年强,中国强!我以后就做一些辅助你们的工作!"

七、惺惺相惜

2002年9月10日，卢永根正在修改即将参加2002北京国际水稻大会的发言材料。首次国际水稻大会在北京召开，彰显了中国在世界上的地位越来越高，卢永根担任大会的学术委员会主席，他通过电子邮件不断收发与会各国代表的有关材料，同时也及时保持同主办方的密切联系。秘书赵杏娟引进来一个人："卢院士，我校新任党委书记江惠生看望您来了。"

赵杏娟话音刚落，江惠生走了进来："早就要来登门拜访，一直腾不出时间。今天才来，不见怪吧？"

卢永根握着江惠生的手说："江书记，我知道你初来乍到有忙不完的事，有事你打个电话来就是，哪里还需要费心亲自来！"

"谁不知道在我们华南农业大学您卢永根院士是一本活历史呢！无论在学术方面还是在党建方面，您都是见证者、亲历者。"江惠生笑道。

"我们是老朋友了。我从校长岗位退下来那年，你正好向省委申请去基层挂职当县委书记。像你这样有担当意识的领导现在真的不多。"卢永根与江惠生互相礼让着，坐到沙发上。

赵杏娟给江惠生倒了一杯水，又将卢永根的保温杯续了水摆在他的面前说："江书记，卢院士，你们谈事，我在隔壁办公室。"说着，走出门外。

江惠生还在省农委当副主任的时候，卢永根就与他熟悉了。江惠生是个爱钻研的人，常常到华南农业大学来调研与农业相关的课题。这一次，江惠生来看卢永根仅是礼节性的拜访。他们谈了一些共同感兴趣的话题：后农村改革时代的中国农业、学校以后的发展、校长与书记如何融洽开展工作、如何在高级知识分子队伍中发展党的组织等等。

老友相逢，江惠生请卢永根代为向老教授们问好。当江惠生提到赵善欢和庞雄飞时，卢永根喝了口茶，面有忧愁地说："两位院士都是我们学校的昆虫学家，是我们学校的瑰宝。赵善欢是我的老师，我是1983年接替他担任华南农业大学校长的。那时候，我们华南农业大学还叫华南农学院。赵善欢院士退休后，还经常来我们学校，每次都坐公共汽车来。可惜他于1998年就过世了。现在他的学生庞雄飞的身体也不是很好。"

"目前，我们学校还健在的院士就剩庞雄飞教授和您了，希望你们能健康长寿。您看有什么需要我们学校提供帮助的，尽管提出来，党委和行政班子联席会上我会提出来解决。"江惠生来自广东饶平县，喜欢喝茶，他喝了一口茶笑道，"卢院士，您的茶是英德产的英红九号，口感很好！"

卢永根知道江惠生是担心提起赵善欢会引起自己的忧伤，故意用茶叶的话题来转移自己的注意力，便客气地回应说："你在英德当过市委书记，英德出产的红茶还是在那时发展起来的。"卢永根忍住对赵善欢的思念，继续说："学校对我们的照顾已经很好了，既配备秘书又配备车辆，听说你还发动学生们做志愿者，为我们这些年纪大的教授提供生活方面的服务。其实，一个人个人的生活并没有其他人想象的那么困难，只要身体健康，许多事自己就能解决。"

"院士是我们学校的宝贵财富。配备秘书主要是为了工作方便，在处理一些紧急事务性的工作时，可以搭把手，比如打字、出差开会提个醒呀等等。至于学生志愿者，也是给他们提供了难得的向老教授们学习的机会。"江惠生笑道。他下意识地从口袋里面掏出一包烟，当他看到卢永根茶几上没有放置烟灰缸时，随即又把烟塞回了口袋。

"你讲得没错。就拿赵杏娟来说，她的进步就很大。"卢永根说。

"人才对我们学校的发展很重要。当年您破格提拔华农'八大金刚'的事现在还被学界津津乐道。"江惠生笑道,"华农之所以有今天的成就,与当年您所积累的人才分不开。现在,华南农业大学即将迎来九十华诞,我和骆世明校长以及班子其他人商量,准备好好庆祝一番。"

话匣子打开后,江惠生提到了目前华南农业大学的发展情况。他说:"经过90年的发展,华南农业大学办学已经有了相当大的规模,特色也很明显:以农业科学为优势,以生命科学为特色,农、工、文、理、经、管、法、教、史、哲多学科协调发展。目前,共设有农学院、资源环境学院、生命科学学院、经济管理学院、工程学院、动物科学学院、兽医学院、园艺学院、食品学院、林学院、人文科学学院、理学院、信息学院、软件学院、艺术学院、外国语学院、水利与土木工程学院、公共管理学院、继续教育学院等学院,在校学生将近3万人,研究生也有3000多人。这都是您在位时打下的基础。"

卢永根对江惠生初来乍到便如此了解华南农业大学感到很高兴,如数家珍地说:"我们学校现有专业已覆盖了一级学科中除医学以外的全部学科门类,并拥有作物学、植物保护、兽医学、农业工程、园艺学、农业资源利用、农林经济管理等7个博士、硕士学位授权一级学科,有35个博士学位授权学科专业、61个硕士学位授权学科专业,69个本科专业,有3个国家重点学科、5个农业部重点学科、9个广东省重点学科。"

"学科门类还是比较齐全的。近20年的发展有目共睹,我们要感谢您和历任华南农业大学的领导。前人栽树,后人乘凉,没有你们的付出就没有华农的今天。"江惠生恳切地说。

卢永根本来急着赶写出席2002北京国际水稻大会的发言材料,他看到江惠生还没来华南农业大学多长时间就如此了解这里的情况,便有意想给他多提供些信息,说:"现在,我们华南农业大学教学科研设施齐全。藏书250万册,其中珍藏中国古农书5万多册。教学科研基地占地共计380公顷。建有生物学国家理科基础科学研究和教学人才培养基地；大学生文化素质教育基地还是国家级基地，共计2个；还有广东省人文社会科学重点研究基地。目前，有5个教学实验工厂，51个教学实验室。"

或许是被卢永根的介绍所打动，江惠生主动拿起开水壶往卢永根的保温杯里续了水，微笑道："我讲您是我们华南人的活词典没有错吧！"

卢永根喝了口水说："一个现代农业大学没有实验室是不行的，所以近年来我们不断加大实验室建设力度。现有生物学、园艺学、植物保护、作物学、农业工程、畜牧学、兽医学、农林经济管理8个博士后科研流动站，农药化学生物学1个教育部重点实验室，昆虫学、养禽与禽病防治2个农业部重点开放性实验室，兽药研制与安全评价、果蔬保鲜、植物分子育种3个广东省重点实验室，以及现代生物技术、电子信息工程2个广东省教学型重点实验室。有各类研究中心、研究所、研究室共计90个。"

江惠生静静地听卢永根介绍着学校的基本情况，他为老院士的专业精神所感动，当卢永根不知还要介绍什么情况而稍许停顿的时候，他提示道："我们学校的对外交流好像也不错。"

卢永根说："华南农业大学广泛开展对外交流活动。从20世纪50年代开始招收来自各大洲的各国留学生。学校先后与欧、美、亚、大洋洲13个国家的25所大学建立了校际联系，与港、澳、台地区的学术交流也日益增多。在开展国际多边技术交流中，得到我国政府和国际组织的重视和支持。由联合国开发计划署、粮农组织等国际组织和我国政府于20世纪80年代在学校联合建立的亚太地区蚕桑培训中心和中国国际农业培训中心，已为40多个国家培训了500多名农业管理官员和专业技术人才，培训质量还得到有关国家和国际组织的高度评价。"

江惠生咬了咬上嘴唇，很想抽一口烟，但他是个自律性很强的人。见卢永根不抽烟,他也强忍着自己的烟瘾,并打起十二分的精神听卢永根说,回应道:"我前几天翻看了我们学校的办学目标和定位。"

卢永根说:"我们的办学目标和定位是:适应中华民族的振兴和广东率先基本实现社会主义现代化的需要,立足广东,依托华南,面向全国,开放办学,培养基础理论扎实、创新精神和实践能力强的高素质人才。争取再过几年,到2010年,学校的综合实力和总体水平居全国同类型学校前列,一批学科达到国内领先水平,部分学科接近或达到国际先进水平。把学校建成区域特色鲜明,以农业科学为优势,以生命科学为特色,农、工、文、理、经、管、法、教、史、哲多学科协调发展,本科教育与研究生教育并重的教学研究型高水平多科性大学。"

"我们有的实验室和学科已经在全国甚至在国际上都名列前茅,比如,我们学校的辛朝安教授研究的兽药,产生了很好的经济效益和社会效益。上个月,我去省政协办公室办事,遇见了郭荣昌主席。他对我们学校辛朝安教授在研制禽流感灭活疫苗方面的努力表示赞许。据说辛朝安等所研制的疫苗,为广东省以及全国其他地方控制禽流感提供了最有力的武器,他所领导的实验室成功解析出禽流感病毒100%基因图,这些成果为长远防治禽流感打下了坚实基础。"江惠生对学校老师和专家取得的成绩发自内心地高兴,"辛朝安教授也是您当时破格提拔的人才之一。"

卢永根很赞成江惠生的观点,说:"辛朝安他们提前研制的禽流感灭活疫苗,40多天就完全扑灭了广东的禽流感疫情,为国家直接挽回经济损失计人民币几十亿元。'禽流感的预防和控制研究'项目还获得广东省科技进步奖二等奖。实验表明,他们研究的疫苗在实验室内对禽流感保护率为100%。另外,H5亚型禽流感灭活疫苗的研制及应用,荣获国家科技进步奖一等奖。"

江惠生补充说:"为了帮助广大群众正确认识禽流感,他通过电视、报纸、讲座等多种形式向大众宣传和引导，编写了《禽流感的预防与控制》一书，为全省控制禽流感提供了宝贵的技术资料。"

最后，江惠生还用半个多小时的时间与卢永根探讨了如何在高校开展党建工作，解决党建工作、行政工作、教学和科研活动"几张皮"的问题。卢永根介绍了自己从前在知识分子扎堆的地方从事党建工作的经验，还特别谈到了丁颖院士以近70岁高龄入党的事情。

江惠生知道卢永根过几天就要去北京开会，怕影响他准备材料，虽然有说不完的话，但是还是忍住告辞了。

卢永根将江惠生送到门口，说："辛朝安也是你们潮汕人。"

江惠生回头说："我们那里向来是比较穷的地方，如果不勤快点就要饿肚子。"

"慢走。"

"再见。"

2002年9月16日，为期5天的首届国际水稻大会在北京中国国际科技会展中心隆重召开，由中国工程院、国家发展计划委员会、中国农业科学院和国际水稻研究所共同主办。大会的主题是"创新、影响、繁荣"，目的是促进亚洲和国际社会进一步重视水稻生产，提高亿万穷人的生活水平并推动水稻的二次绿色革命和生态环境的保护，为各国的科学家开展水稻的科技交流和合作提供平台与机会。

16个国家的农业部长以及中外众多水稻专家出席了会议，共商发展全球水稻种植的大计。

中国国家主席江泽民出席开幕式并做重要讲话。

江泽民主席介绍了中国为世界粮食生产和安全做出的贡献，他说："中国的农业取得了举世瞩目的成就，但中国还是一个人口众多的农业大国，人多地少水少、人均资源不足是基本国情。如何更加有效地提高农业生产的质量和效益，推进产业结构调整，实现农业现代化，仍然是我们要下大气力继续加以解决的重大课题。"

中国工程院院长徐匡迪主持了开幕式，全国政协副主席宋健出席并致辞，出席开幕式的还有国际水稻研究所理事会主席坎巴女士等1200名中外科学家及代表。

会议期间，为水稻生产过程提供装备的中外厂商也展示了各种精良产品。

会议结束后，中国工程院院长也是这次大会的主持人徐匡迪，约卢永根到他的住处一谈。卢永根到时，正好袁隆平也在。两个人打过招呼，互道了上次分别后的思念。徐匡迪则招呼卢永根坐下，笑道："你们一个是中科院院士，一个是工程院院士，都是搞水稻的，自然有说不完的话题。这次水稻大会能选在我们国家召开，其原因一是我们所做出的贡献，二是我们国家的日益强大。谈到贡献方面，要谢谢你们这些农业方面的科学家。"

因为都是朋友，徐匡迪并没回避刚才所谈的话题，主要是与袁隆平谈了谈最近网上的一则帖子，讲的是袁隆平没有被评上中科院院士的问题。徐匡迪说："袁老您是我国著名的水稻育种专家，被誉为'杂交水稻之父'，您解决了全国人民的口粮问题！您早就是中国工程院院士，但不是中国科学院院士。中国科学院院士和中国工程院院士的级别是同等的，没有谁比谁高一等级的说法！您的贡献也没有被低估。只是中国工程院院士和中国科学院院士侧重点不一样：中国工程院是以工程技术突破方面的专业人才为主，中国科学院则注重在科学技术领域做出重大贡献。所以最近网上的一些评论是不恰当的。"

徐匡迪又指了指卢永根说："同样是搞农业，现在卢永根教授为什么是中国科学院院士呢？因为他主要从事植物遗传学方面的研究。"

袁隆平看了看卢永根，对徐匡迪说："我现在压根儿就没有时间考虑网上的一些评论。我年纪大了，只想在杂交水稻的产量上再上台阶。"

卢永根接过袁隆平的话头问："听说您现在正在进行盐碱地种植水稻试验？成功没有？"

"盐碱地种植水稻没问题,主要是产量问题。"袁隆平答道。

最后,徐匡迪就这次国际水稻大会在中国召开的意义与袁隆平、卢永根进行了进一步的探讨,同时也了解了杂交水稻和水稻遗传育种分子研究领域的进展情况。因为大家都忙,这次会见只花了半个小时左右的时间。

八、后继有人

一大早上班,卢永根从桶装水里接了一壶水烧上后,翻阅最近的一期《湖南农业杂志》,上面刊载有首届国际水稻大会专家的论文。

赵杏娟敲了敲门:"老师早!"

"杏娟,你手上拿的是什么呢?这么多,好像一双手还不够拿的!"卢永根笑道。

"没什么。"赵杏娟一件一件地把东西往茶几上放,说,"这是白醋,这是板蓝根颗粒,还有一包口罩。"

赵杏娟撕开板蓝根颗粒的包装并取出一小袋,对卢永根说:"老师,现在非典型肺炎横行,听说喝板蓝根颗粒可以缓解,我买了一些回来,早上给您冲一包吧!"

卢永根稍微怔了怔,说:"板蓝根可以起到预防病毒感染的作用,而且对防止风热性感冒或者是病毒性的肝炎等都是有一定作用的,但是对于风寒感冒不是特别适合。健康的状态下服用太多,会伤害脾胃,引起反胃的现象。"

"您的意思是可以喝了?"赵杏娟说着,拿起卢永根的保温杯冲洗一遍后,给他冲了一杯板蓝根颗粒。

"好。我还真有点渴了,喝一杯吧!"卢永根放下手头的杂志笑问,"你那又是干什么用?"话未说完,他连打了两个喷嚏。

"我用的是白醋,这东西可以净化空气。"赵杏娟用带来的空宽边碗倒了一碗醋放在墙角,"效果蛮大的,您打喷嚏了。"

"是,我很敏感。"卢永根在沙发上坐好,见赵杏娟收拾完,说,"你也来坐下,我有件事同你说说。"

等赵杏娟坐好,卢永根继续问道:"杏娟,来了这么长时间了,工作已经习惯了吗?"

赵杏娟大方地答道:"很习惯。"

"'很习惯'有点勉强吧!"卢永根笑道,"不过慢慢地会习惯的。搞科研是辛苦的,要耐得住寂寞,要独自下苦功夫。如果自己不下苦功夫学习,别人帮不了你。"

"我懂的。"赵杏娟低头说道,"我感谢老师给了我一个留在您身边学习的机会,这种机会比其他任何帮助都要大。"

"站在这个角度上来说也算得上是'机会'了。当年,我也是被丁颖院士召去当助手的,一晃眼自己也成古稀老人了。"卢永根说,"我在工作和生活中对身边人包括你要求都比较严格,比如不让私自用车、不得以我的名义发表论文等等,你没有意见吧?"

"没有。我本来就来自云浮农村,吃苦对我来说早已习惯。我留下来是想学些真本事,好像您和辛朝安教授一样为社会做点贡献!"赵杏娟真诚地说。

卢永根说:"既然提到辛朝安教授,你就应该好好向他学习。现在你的学历还比较低,你要利用业余时间攻读硕士和博士。当年我之所以破格提拔辛朝安、温思美等一批人,是因为他们经过自己的努力取得了非凡的成绩。辛朝安是潮汕人,佛山兽医专科学校毕业,去海南工作了10年,恢复高考后考上了我们学校兽医系的研究生。毕业后,他留校教书,并被派往美国进修。在美国,他利用学校先进的实验条件进行禽流感研究。当时,我们大陆家禽的生产以家庭散养为主,没有禽流感一说,他不怕被埋没。结果去年到今年在我们国家发生禽流感的时候,辛朝安等所研制的禽流感灭活疫苗,为全国控制禽流感提供了最有力的武器;他所领导的实验室成功解析出禽流感病毒100%基因图,意义非常大。"卢永根一口气说了这么多,端起保温杯喝了一口板蓝根水。

"我从校报上看到了。辛教授这次在抗击非典中也发挥了关键性作用。"赵杏娟说。

卢永根放下保温杯说："对这次非典的处置，我们国家是果断的。卫生部常务副部长高强宣布疫情由五日一报改为一日一报。突发公共卫生事件工作纳入法制化轨道，突发公共卫生事件应急处理机制进一步完善。

"国务院能够这么果断，与我们的专家的准确判断分不开。非典刚开始侵袭开来时，许多人怀疑这种病毒是禽流感。辛朝安教授协助卫生部专家排除了禽流感的可能性。他当时以农业部禽流感专家身份参加国务院工作组的工作，他是在确定不是禽流感的责任书上签了字的，使非典病原的排查工作前进了一大步。

"现在，辛朝安教授已经回来了。他也成了我们广东省非典型肺炎科技攻关领导小组专家委员会13名成员之一，参加非典病原溯源的研究工作。辛朝安通过大量采集野生动物样品和测试，发现从蝙蝠、猴、果子狸、蛇等身上检测出的SARS冠状病毒基因序列片段与人感染的SARS病毒基因序列完全一致。非典溯源研究工作因此取得了突破。"

卢永根正在兴头上，忽然手机响了。赵杏娟马上起身帮卢永根从办公台上拿来手机。来电显示是"江惠生"。卢永根按下接听键说："江书记，你好……辛朝安教授的事，我听说了。我现在在办公室和赵杏娟聊到他呢……今年的全国五一劳动奖章给他是实至名归……我完全赞成，没有意见……好好好，再见！"

挂上电话，卢永根对赵杏娟说："江惠生书记是富有'三农'工作经验，又有为农业科学发展服务情怀的一位领导。"

卢永根话音未落，手机又响了，他瞟了一眼来电显示，是骆世明："党委书记刚来过电话，现在校长又来电话了。"他按下接听键，"世明，你好……关于辛朝安……是是是，是我们学校的骄傲……报全国五一劳动奖章……我完全同意……你们定。我一个退出了职务的老头子，你们现在的班子不必都打电话来告诉我……你们定了就好！"

看到卢永根比较忙，赵杏娟准备告辞。但是，卢永根好像没有这么快要结束的意思，她便接着刚才的话头说："我准备报考我们学校的硕士研究生,然后攻读您的博士,做您的关门弟子。"

"读研考博士,我都赞成。在一所综合性的农业大学里,没有博士文凭是不行的。但是,不一定要读我的博士,因为,我已经跟江惠生书记和骆世明校长都说过:不准备招博士了。年纪大了,加上社会职务又多,读我的博士其实只挂了个名,这样不利于成长和出成果。所以我打算从2004年开始,只帮张桂权、刘向东等教授的博士讲课,自己不再招收博士生!张桂权手下有一个叫张泽民的湖南小伙子就很不错,在核心期刊发表了多篇有价值的论文;还有一个名叫邓诣群的'海归',想必你也知道他的情况。他们都是我们的青年才俊呀!"卢永根说,"现在还在非典时期,等非典过后你再申请读研吧!现在学校的情况怎么样?"

"您是指非典控制的情况吗?"赵杏娟问。

卢永根说:"是的。"

"这段时期的集体活动一律取消,除了学生们上课。市里、市外的同学都不能随便回家。每个班上课前都由班长清点人数上报。学校还给所有的教师和学生发放了体温计,每天测量体温。措施十分严格。"赵杏娟说。

"你也要注意安全。我和徐老师身体都好,你不用多挂念。多注意自身安全。不过也不用太担心,刚才你也听江书记、骆校长说了:我省成立了非典型肺炎科技攻关领导小组专家委员会,辛朝安教授在那里组织大家研究生产疫苗呢!"卢永根关心地说,"我平时对身边的人和自己的学生都比较严,比如用车、生活等各方面都是这样,许多男同志都有些受不了,不知你行不行?"

"我没有关系。我的家乡云浮市本来就是贫困山区。您在新中国成立前,就放弃香港优渥的生活回来建设祖国,我一定向您学习。"赵杏娟说着站起身来,"老师,您比较忙,我先去了。"

"好的。有事我会叫你!"卢永根对这个农村来的孩子感到越来越满意了。

九、我准备把晚年继续献给这个事业

卢永根离休后,社会职务和活动相比以前并没有减少。不算学校的兼职,最主要的几项社会职务是:生物学部第十届常务委员兼副主任、广东省政协联谊会名誉理事、岭南大学广州校友会主席。这种情况下,他还要带博士研究生,随着年龄增大,他感到有些力不从心。他向学校提出申请:2004年新学年开始,不再自带博士生,只做博士辅助教学工作。根据他的年龄、身体和教学实际情况,学校同意了他的申请。

赵杏娟把学校党政班子会议的决定送给他看的时候,他很高兴,分别打电话给学校党委书记江惠生和校长骆世明表示感谢。

等卢永根打过电话,赵杏娟问:"老师,中国科学院院士工作局主编的《科学的道路》一书,要您撰写的《我的科教生涯》已经帮您打印好了。其中好像还缺少一些内容,比如说您近几年来获奖的一些情况。"说着,赵杏娟把卢永根近年来获奖的一些基本资料拿来交给他。

卢永根拿过这些资料的复印件:1997年广东省"南粤杰出教师"特等奖证书;1998年获国家教育部、人事部授予"1997年全国教育系统劳动模范"和"全国模范教师"称号的证书;1999年中共广东省委授予"广东省优秀共产党员"称号的证书。看过后,他很高兴:这些年来,组织上对自己的工作是肯定的!他对赵杏娟说:"杏娟,一个人无论处于顺境还是处于逆境都要沉得住气。只要你努力,组织和群众都会看见。"略微停顿了一下,接着说,"中国科学院院士工作局主编的《科学的道路》这本书,主要是想通过院士自述来教育青少年树立正确的人生观,这些成绩就不要加到里面了。《我的科教生涯》这篇文章,我写好后,修改了多次。你把打印稿用电子邮件寄给编辑部就行了,不用再添加什么了。"

"好的。我建议您还是再看一遍。"赵杏娟尽责地说,"这本书毕竟是中国科学院院士工作局主编,我等您看过后就去发。"

卢永根:"好。那你等一会儿。"

卢永根接过稿件,仔细看了一遍文稿,觉得没有语法和文字错误,说:"可以发给编辑部了。"

"好的。"

赵杏娟上前接过稿件走出门,迎面碰到学校党委书记江惠生和校长骆世明。江惠生问:"小赵,卢院士在吗?"

"在。"赵杏娟急忙返身把两人让进院士办公室。

"哪阵风把你们两位校领导同时吹到我这里来了?"卢永根笑道。如果是骆世明单独登门,卢永根是不会说这么轻松的话题的。江惠生毕业于武汉大学历史系,既在省委机关工作过,又在基层县委书记岗位上历练过,向来是严肃中不失幽默,所以卢永根的问候也略带轻松。

"卢院士精神看来不错呀!"江惠生收起笑容说。

"您好!"骆世明语气有点低沉。

看到江惠生和骆世明不同寻常的表情,卢永根以为两位主要领导出面是想力邀自己再带一届博士生呢,便对赵杏娟说:"杏娟,你先去帮我把那篇稿件发了,这边你不用管了。"

赵杏娟用烧水壶接了一壶水,说:"我帮大家泡好茶再走。"

江惠生微笑着轻轻地挥了挥手说:"谢谢。不用了,你忙别的去吧!"

"去吧!没关系的,有江书记在,你放心去吧!他是潮汕人,别人泡的茶他喝不惯!"卢永根说。

江惠生:"那倒不是。"

骆世明微笑道:"别小看我们茂名人泡的工夫茶。"说着从赵杏娟手中接过烧水壶烧水。

赵杏娟很得体地退出门口:"江书记、骆校长,那我走了!"

江惠生、骆世明点了点头。

三人落座后,江惠生低沉地说:"卢院士,告诉您一个不幸的消息,我们学校的另一名院士庞雄飞于2004年3月25日凌晨4时30分在广州病逝。他的逝世是我国昆虫学界、生态学界和教育界的重大损失。我们深切怀念庞雄飞院士,庞雄飞院士永远活在我们心中。考虑到非典刚过不久,怕影响您的身体,学校治丧委员会没有把这个消息告诉您。"

"徐雪宾把庞雄飞院士逝世的消息告诉了我。不是说好开追悼会的时候通知我去参加吗?"卢永根惊愕地说。

"我们问过徐雪宾老师您的身体近况,听说您有一点风寒,就没有通知您。我和江书记今天来就是来告诉您这件事的。"

"庞雄飞是赵善欢院士的学生,与我搭班子这么多年,工作上兢兢业业,做人诚诚恳恳,现在斯人已去,我却连最后一程也没有送他,真有点对不起他!"说到动情处,卢永根不禁潸然泪下。

"卢院士节哀!"江惠生平静地说,"学校治丧委员会不把消息告诉您,怕的就是您战友情深,不能自已。"

江惠生是个沟通的能手,他的一句话把卢永根从悲伤中拉了回来。卢永根马上恢复了镇定,说:"我虽然提出申请自己不再带博士生,但是,我会帮张桂权和刘向东等教授代课。"

"老师,您还真得帮他们带带学生。张桂权还不要紧,有困难的是刘向东和庄楚雄。下半年,刘向东将作为国家公派高级访问学者前往丹麦皇家兽医与农业大学从事植物细胞生物学研究。庄楚雄也将赴美国宾夕法尼亚州州立大学进行合作科研。他们的学生,也就是您的徒孙,还得由您来带课!"骆世明说。

"没问题,你们安排就行了。"卢永根满口应承道,"庄楚雄教授已经把他的情况同我说了。我估计刘向东教授也会在这几天找我商量的。反正你们放心就好了。"

江惠生关切地说:"有您掌舵没有什么不放心的,最主要的是请您保重身体!"

"我身体还好得很呢。"卢永根给江惠生和庞雄飞各自的茶杯续上水,"罗锡文还要我去他的农业机械化基地看一看呢。"

"那您更应该保重身体。您看人家袁隆平院士,将近80岁了还下地劳动。"骆世明插了一句。

"是呀。如果能实现农业机械化,能解放我们科学家的双手的话,袁隆平就不用那么累了。"江惠生笑道。

"实施农业机械化,推进农业现代化,需要政府的投入和社会的支持,更需要专家们去设计描绘蓝图、去组织实施蓝图。罗锡文既是一个描绘农业机械化蓝图的设计师,又是一个组织实施蓝图的工程师。"卢永根说。

"在广东番禺鱼窝头镇,罗锡文教授建有一个农业机械化示范基地,那是广东省十大农业现代化示范基地之一。在基地,你看到的不仅仅是水稻生产实现了机械化,水稻种植、鱼虾养殖都实现了机械化生产。农业,不再是一种繁重的人力劳作。"骆世明说,"在雷州半岛,还有罗锡文教授主持的幸福农场节水农业示范基地,那也是农业部旱作农业机械化示范基地之一。在这个基地,他将农艺节水、工程节水和管理节水相结合,联合多学科专家在基地开展抗旱作物品种筛选与繁育,开展作物抗旱栽培技术、抗旱保水耕作技术、节水灌溉技术、抗旱专用肥、废水利用和土壤旱情监测等多项研究,使'节水农业'得到充分的体现,为全省乃至全国旱地节水农业提供了一个很好的示范。该成果去年获得全省科学技术奖二等奖。"

送走江惠生和骆世明后,卢永根右手撑着脸陷入了沉思。他为华南农业大学失去了庞雄飞这么优秀的专家而感到无比惋惜,也为自己失去了这么好的战友而感到悲伤,同时他也感到自己虽然离休了,但肩上的担子并不轻松。

十、让割过的稻桩长谷子

已经从校长的职位上退下来好多年,但是,每一年华南农业大学的新生入学和老生毕业仪式上,卢永根都会主动给学生们做一场演讲。演讲地点在红满堂。他讲述自己的求学生涯,也勉励年轻人努力学习,为国家多做贡献。这样的演讲,吸引了许多年轻学子。

"红满堂听卢永根院士演讲"便成了华南农业大学开学季和毕业季同学们精神上的饕餮大餐。这个消息也传遍了广州市的多所高等学校。

2007年5月底的一天,华南农业大学农学院党委书记张展基来到卢永根的办公室,说:"老师,您好!打扰您一件事。"

卢永根说:"请讲。坐着讲吧!"

"广东技术师范学院党委副书记想请您给他们学校的师生做一场演讲,不知您有没有时间?"张展基站着说,"坐就不坐了,学校要开党政班子扩大会议,党政办公室也通知了我,10分钟后,我要去开会。"

卢永根略一思考,问:"他们想要我讲什么内容?"

张展基说:"理想、人生方面。他们听说您经常在红满堂为师生做报告,他们学校学生会的同学也来听过,感觉很好,便向学校党委反映,也想请您去他们学校讲一场。"

"好吧!"卢永根翻着日历说,"你把时间告诉我,我再做调整。"

"时间定在6月1日下午,他们派车来接您。"张展基说,"没别的事,那我开会去了。"

卢永根说:"好的。"

说完,他在日历上简要地写下:"6月1日技术师范学院。"

6月1日下午,卢永根准时来到广东技术师范学院,给全院师生做题为"我无怨无悔的选择"的演讲。

广东技术师范学院党委副书记罗海鸥介绍说:"卢永根院士,祖籍广州市花都区,1930年出生于香港,1953年8月毕业于华南农学院农学系,1983年5月晋升为教授,1986年7月被批准为博士生导师,1993年11月当选为中国科学院院士,1983年11月至1995年5月任华南农业大学校长,现任中国科学院生物学部副主任,国务院学位委员会作物学、园艺学学科评议组第一召集人和广东省科协副主席等职务。卢院士长期从事作物遗传育种,特别是水稻遗传育种和稻种种质资源的研究。他与助手张桂权教授合作提出'特异亲和基因'的新概念,并提出应用'特异亲和基因'克服籼、粳亚种间不育性的设想。迄今已在国内外发表科学论文90多篇。1997年荣获'南粤杰出教师'特别奖,1998年荣获国家人事部和教育部授予的'全国教育系统劳动模范'和'全国模范教师'称号,1999年荣获'广东省优秀共产党员'的光荣称号。"

卢永根端坐在讲台上侃侃而谈:从抗日战争躲回故乡花都,到"偷渡"回香港,再到参加地下党组织,到回内地参加祖国经济建设,到"文化大革命"时期的下放翁城,到改革开放带来的春风,他与广东技术师范学院的师生分享了他大半生的经历和人生感悟。他说:"人生不能没有志向和理想,要把职业同时看成事业,人人都要讲政治。"

这场讲座,内容丰富,教育当代大学生要"磨炼意志,博学报国"。整个讲座充满了浓厚的爱国热忱,开拓了学生们的视野。一位年轻的学生代表向卢永根赠送了鲜花。

近期,卢永根很忙。在广东技术师范学院演讲后,他更是声名鹊起,有好几所大学都向他发出邀请,都被他婉言谢绝。他要去福建省尤溪县考察再生稻情况。

再生稻是水稻种植的一种模式,在中国的种植历史可以追溯到1700年前。其特点是在一季稻成熟之后,大约只割下稻株的上三分之二的部位,收取稻穗,留下下面的三分之一的植株和根系,施肥和培育,让其再长出一季稻子。

考虑到刘向东是福建人,更考虑到刘向东的研究方向,卢永根这次到福建省尤溪县考察再生水稻特地带上了他。临出发前,他交代刘向东:"向东,你先同谢华安教授联系,看他有没有时间,请他也同我们一起去。只有他去了,我们才能要到我们想要的数据和其他资料。"

"好的,老师。但我没有谢华安教授的电话。"刘向东不好意思地说。

"你看看,全国顶级的水稻专家就这么几个人,你连他的电话都没有,有点说不过去吧!"卢永根口里责备,心里却十分喜欢:心无旁骛才是科学家的料子。刘向东本来就是华南农业大学的毕业生,大学毕业后回了福建并在福建农业大学读完了硕士。1992年,刘向东写信给自己说想读自己的博士,看过他在工作岗位和读硕士期间在各类报刊上发表的论文,便招收了他。1995年博士毕业,刘向东便留在华南农业大学从事水稻遗传育种科研和教学工作。

看到刘向东不知所措的样子,卢永根拿出自己的手机拨弄了几下,找出谢华安的电话号码,报给了刘向东,说:"谢华安教授的电话还是我自己打吧!你赶紧回家收拾行李同我一起去尤溪。别忘了把身份证给赵杏娟,让她一起联系航空公司买机票。"

"好的。没别的事,我现在去实验室收拾一下。"刘向东说。

"去吧。"卢永根便自己拨通了谢华安的电话,开门见山地说,"谢华安教授,我是卢永根。我打算后天带我的学生来福建尤溪看一看再生稻的情况,您有时间同我们一起去吗?"

"欢迎欢迎,我正好也要去那里看一看再生稻的长势呢。到时候,我一定陪您下田里做实地调查。"谢华安爽朗地答应。

"其他的事情,我们见面聊。再见了,谢教授!"卢永根同袁隆平和谢华安都是好朋友,所以说话办事没有那么多客套。

徐雪宾已经同卢永根通过三次电话了。今天晚饭她煲了一大罐子汤,里面除了几块猪沙骨还放了一些赤小豆、芡实和薏米。早上出门,卢永根吧唧了两下嘴。她让他伸出舌头看了看,舌上起了一层白色的舌苔,他上火了。她便说:"晚上我们煲点去湿气的猪骨汤。如果见到赵杏娟,看她方不方便也来喝一碗。"

"怪不得我这几天口里老觉得苦。小赵就不用管了,年轻人有年轻人的世界,不能老是往我们老年人的圈子里跑。"卢永根点了点头说,"另外,你有时间帮我收拾几件衣服。明天,我要去福建出差,看那里再生稻的情况。如果我们广东也能大面积地种的话,要省去多少人力、物力,并且,我们广东更适宜机械化生产。所以,我动员罗锡文教授也一起去。"

"好了,我帮你整理行李。你现在可是越来越'讲究'了,工作上有小赵帮你处理文稿,生活上我成了你的'秘书'。"徐雪宾幽默地说。

卢永根接到徐雪宾回家吃饭的电话后,便除下手上的橡胶手套,关了正在观察的电子显微镜,并把观察板上的标本进行了妥善处理,合上笔记本准备回家。

家里,徐雪宾不想再给卢永根打电话,担心催得急了,卢永根一大把年纪,路上走得太快摔倒了可就麻烦了。趁着卢永根走路回家的空当,徐雪宾从旧衣柜的旁边取了行李箱,用干净的毛巾擦了擦箱盖上的灰尘,打开箱子。箱子翻盖上的内衬袋里掉出一个开口的信封。徐雪宾打开来,里面露出一张照片和一份《侨报》剪报。照片是老两口与女儿卢红丁、外孙女许励勤的合影;剪报是外孙女许励勤参加中文比赛的作文:《我的外公》。她不知道老头子是什么时候把这两样东西藏进行李箱的。她拿起剪报就着灯光读了起来：

  我的外公的名字叫卢永根，今年67岁了。他的身材在南方人里算较高的，他的身材不算瘦也不胖。他原来是一位大学校长，现在退休了，但他仍然做研究工作和带博士生。他现在还很忙，常常要出差或去开会。

  外公虽然这样忙，但他依然每天抽时间和我一起玩。周末的清晨，他都带我出去散步，边散步边给我讲故事，我很喜欢他。有时他还特意带我去鸡场或兔场参观，为了让我开心，外公在兔场买了一只小灰兔给我饲养。他每天都抽出时间帮我拔草喂兔子，或帮我清洗兔笼。

  在我6岁多时，外公给我订了一份《小学语文报》，还给我讲里面的内容，我很喜欢看这份报纸。7岁时，我来到加拿大探亲，他仍然不远万里地把报纸寄给我，每当我收到报纸就马上打开看，阅读有趣的童话故事，精彩、生动的作文等，这些文章给我留下了深深的印象。后来，外公还给我多订了两份报纸，一份是《小学生学习报》，另一份是《少年智力开发报》，我都很喜欢。

  在我8岁生日时，外公、外婆送给我一本《儿童图画字典》，鼓励我好好学习中文。这本字典让我学会了不少字，学到了不少知识，我和它成了学习上的"好朋友"。每当有了不懂的字，那个"好朋友"就会告诉我怎么写这个字。现在我已经在学习国内外小学语文课本第六册了，我要坚持学下去，掌握更多的中文知识，长大为社会服务。

  徐雪宾的思绪被拉回到10年前：那也是一次晚餐，徐雪宾不知催卢永根吃晚饭多少次了，最后一次电话是傍晚6点，她有些不高兴地说："餐厅的房间已经订好，我们先过去，你直接到餐厅好了。"

卢红丁大老远带着七岁的女儿许励勤回来看望二老。早上卢永根出门前,徐雪宾与他商量"晚上一家人去广州酒家喝夜茶"。他反对说:"广州酒家的消费太贵了,我们就去学校的艺苑酒家吃吧,那里离家也近。"拧不过他,徐雪宾只得答应:"艺苑酒家就艺苑酒家,反正我们也吃不了多少。"但是,整天都不见卢永根的身影,她便催了。卢永根在电话里连连答应徐雪宾。

挂了电话,徐雪宾有点难为情地对女儿、外孙女说:"我们先去学校里的艺苑酒家,让你父亲自己过去就是了。"

"老爸离休了还这么忙吗?"卢红丁淡淡地问。

"他从来就没有离开过科教一线,是个闲不住的人。"徐雪宾返身从卧室的墙壁挂钩上取了一个黄色的布包,牵着外孙女的小手说,"我们吃饭去!"

"不等外公吗?"外孙女抬头仰视着外婆。

"等,我们去饭店等!"徐雪宾慈祥地答道,又回头对卢红丁说:"你不要记恨你的父亲。他太爱这个国家了,他害怕中国又回到那个任人宰割的时代,又回到那个没有吃、没有穿的时代。他是拼着老命在干呀!"

"我从来就没有怪过您和老爸!"等徐雪宾牵着外孙女走出门,卢红丁反手把门关了,"你们那代人有你们那代人的梦想和追求。"

祖孙三人一起朝学校对外食堂走去。一路上,徐雪宾不断地给女儿解释:"你父亲那年那封公开信也是出于对你们的关心。"

徐雪宾说的是10年前卢永根写给卢红丁丈夫公开信的事。在信中,卢永根力劝自己在外留学的女婿和青年学子,要他们学好本事后回国效力,告诉他们:国外的实验室再好也是别人的!

作为唯一的女儿,卢红丁只想父母身心健康。她岔开话题说:"妈,你这件衣服穿了好多年了,袖口上都起了白纱,买一件新的好了。"

"年纪大了,衣食住行以舒适为主,没有考虑其他的东西。"徐雪宾说。

卢红丁看见自己的话题引不起母亲的兴趣，便指着前面的校门说："妈，这个校名当时毛主席题的是'华南农学院'，'华南农业大学'里'业'和'大'是怎么来的？"

"有什么事难得住中国人呢？"徐雪宾笑道，"毛主席过去不是还写过'农业学大寨''工业学大庆'吗？把两幅中的'业'和'大'借过来就行了。"

"妈，您这是表扬还是批评？"卢红丁笑道。

"红丁，你小时候受了许多苦！"徐雪宾不无伤感地说，"那时候，我同你父亲下放到翁城五七干校，把你放在花都你表姑家，一年才见两三次面。现在我们老了，你又离我们这么远。"

怎么越不想提起的事，母亲却总是要去提？卢红丁没有办法，便对自己的女儿说："宝贝，你唱首歌给外婆听。"

小女孩便用稚嫩的嗓音唱起了《数鸭子》："门前大桥下，游过一群鸭。快来快来数一数，二四六七八。嘎嘎嘎嘎，真呀真多呀。数不清到底多少鸭，数不清到底多少鸭。赶鸭老爷爷，胡子白花花，唱呀唱着家乡戏，还会说笑话：小孩儿，小孩儿，快快上学校，别考个鸭蛋抱回家，别考个鸭蛋抱回家。"

女儿忘情唱歌的时候，卢红丁上前紧紧地攥着她的小手，害怕她撞到路旁的大树或来来往往的车子。

看到外孙女快乐地成长，徐雪宾忙鼓掌道："唱得好唱得好。等一会儿再唱给外公听！"

"这孩子的表达能力超强，很像外公。"卢红丁说。

不知不觉三人便来到了餐厅。服务员认识徐雪宾，见了她便上前同她打招呼，并搀扶她："徐奶奶，您订的是哪间房？"

"六号房。"徐雪宾微笑道。

"好的。来，朝左边走。"服务员扶着徐雪宾往左边的包房走去。

进房后，卢红丁把几个人的餐具都用开水烫了一遍。

"谁是我的宝贝外孙女？快让外公看看。"三个人刚坐下，卢永根便来了。

"外公外公。"小女孩扑了过来。

卢永根微微弯了下腰，伸开双手去拥抱难得一见的小外孙女。

卢红丁在旁边急得直喊："慢一点，慢一点。外公的腿不方便，不要绊倒了外公！"

祖孙俩抱在一起，小女孩在卢永根的耳边轻轻地说："外公外公我爱你。"这表现虽然有点西方，但也把卢永根逗得呵呵笑个不止。

服务员点菜的时候，卢永根搂住外孙女对服务员说："请用我的手机给我们拍一张照吧！"说着将手机调出了拍摄功能，递给了服务员。

"来，红丁，我们也一起拍张照吧！"徐雪宾招呼着女儿。

卢红丁答应一声，站在三个人身后。

服务员连拍了三张。卢永根在"图像"文件夹中，找出了刚才拍的照片："好，光线和角度都很好！"

徐雪宾打开菜谱点菜。卢红丁到卢永根的右边椅子上坐下说："爸，对不起，这么长时间也没有回来看你和妈妈！"

"不要紧。我和你妈妈身体都很好。另外，我们身边有这么多学生，他们都是我们的孩子。"卢永根摸了摸外孙女的头笑道。

这餐饭吃得十分温馨，祖孙三代，其乐融融。回到家后，几人又一起聊到晚上10点左右，外孙女实在熬不住瞌睡，卢红丁才抱起她说："爸妈，我们先回宾馆睡觉去了。明早一起去外面喝早茶吧！"

"不了，在家里煮鸡蛋面吃吧！我明天要去江西出差，参加全国野生稻的大会，机票都订好了。明天白天要你妈陪你和小孩去游一下珠江，让小孩子体验一下祖国的大好河山。"卢永根将女儿和外孙女送出门。

看到合影和外孙女的文章，徐雪宾不觉流下了眼泪。她怕卢永根回来看见，仍旧把文章和照片放回原处，又连忙从床头的桌子上扯了两片纸擦干眼泪。她从衣柜里拿了两件衬衣、两件内裤、一条长裤和一套西装装进行李箱后,等卢永根回家一起吃晚饭。

第二天,卢永根便同罗锡文、刘向东坐飞机来到福州市,直接坐的士来到农业科学院找到谢华安教授。简单吃过午餐后,谢华安安排了一辆中巴陪同卢永根赶往尤溪县。

谢华安一副憨厚的农民模样,平时话不多,但是,一提到水稻他的话就像滔滔不绝的河水。他上车后挨着卢永根坐了,介绍说:"尤溪县从1988年开始,就试种再生稻,已经有23年的历史。2000年以来,我们农业科学院来这里进行指导,加强了再生稻超高产栽培生理、生化深层次的研究,实现了大面积推广年亩产超吨粮。规模示范片年亩产跨'三纲'的目标,头季稻达到971.9公斤、再生季达601.8公斤的世界纪录。"

卢永根侧身对谢华安说:"这可是个了不起的指标。我们知道,再生稻主要适宜于阳光和热度不够种植两季稻,但是种植一季稻又有多的地区。像福建、湖南、湖北、四川等省份,应该都可以。我们这次来,主要看能不能引种到我们广东省。"

谢华安呵呵笑道:"归根到底离不开丁颖教授的观点:阳光和温度。"

因为长途舟车劳顿,卢永根等人在轻松的交流中慢慢地进入了梦乡。当卢永根醒来的时候,中巴已经来到了尤溪县。看到天色已经晚了,谢华安笑着说:"今天太晚了,我们就去县里迎宾馆住下,明天上午再到实验基地去看看。卢院士,您看这样行吗?"

卢永根看了看天色又看了看表,时钟显示下午6点,便说:"好吧,客随主便,我们听您的安排。"

第二天早上,卢永根要了一小碗稀饭,喝完便放下筷子看着大家吃。谢华安劝他:"卢院士,您得多吃点,等会儿下田很辛苦,不吃点东西不行。"

卢永根笑了笑说："没事。我昨晚吃得有点多，早上没有胃口。"

早上8点吃完早餐，谢华安一行开车朝实验基地走去。

尤溪是个山区，又是革命老区。公路是新中国成立初期修建，全部绕着山脚走。山上是联合梯田，稍许开阔的地方可以望见另一座山上一层一层的梯田，很漂亮。这些梯田虽然很漂亮，但是，要在梯田里种植水稻，却很费劳力，因为梯田根本无法进行机械化生产。谢华安见卢永根等人对梯田投以羡慕的眼光，便说："我当时选择在这里进行再生稻实验，主要就是看中了它有生育期短、省种、省工、节水、生产成本低和经济效益高等优点。"

卢永根接着他的话说："再生稻还是一种资源节约型、高效型的稻作制度，可以有效避开稻瘿蚊等病虫的危害，有利于提高稻田的综合生产能力。"

卢永根、谢华安等人在一处比较宽阔的地方停下车。谢华安指着前面一片黄澄澄的稻田说："这就是我们再生稻百亩示范园，已经连续21年实现再生稻的高产。"

"就是你说的最高亩产达到928.3公斤的吗？"卢永根问。

谢华安说："是的。中国南方稻区1.6亿亩单季稻田中，据估算有5000万亩适宜种再生稻，如能将单产逐步提高到福建尤溪的产量水平，每年可新增稻谷200亿公斤，这对仅占世界耕地7%、占世界人口22%的中国意义重大。"

卢永根转头对刘向东和罗锡文说："我们下田去看看。"说完，他挽起裤管脱下鞋袜就要走下田去。

"别。田里是干的，您穿着鞋子下去没问题。"刘向东有点着急地劝阻，"那样会割伤脚的。"

"别急。车上我给每人准备了一双雨靴，田里干了，穿雨靴没有妨碍。如果还是水浸田的时候，穿雨靴很不方便抬脚，那只能赤脚下田了。"谢华安说。

随行的科研人员按谢华安的吩咐连忙从车里找了几双雨靴。卢永根等人分别站在路边换了,小心翼翼地分开稻穗往田中心走去。停在稻田中央,卢永根随机拿起一穗稻谷,仔细地数着粒数,一共数了195粒。卢永根问谢华安:"这不错。它的头季穗大约多少粒?"

谢华安回答说:"头季最大穗粒数606粒,再生季198粒;栽培获得单丛母茎21个,再生穗69穗,茎穗比达1∶3.29的最高水平。"

"这只是实验田里的数据吗?"卢永根问。

"不。我们已经筛选出一批强再生力新组合,探索总结出了'活力强而持久的发达根系、母茎多而健壮、茎穗比大'三个高产指标措施,已经在全县推广应用。"谢华安回答。

"这一目标绝不能以牺牲生态为代价。"罗锡文插了一句。

谢华安回答:"保持干净土,留给子孙耕,始终是我辈的理想和追求。"

考察结束回华南农业大学的出租车上,卢永根对刘向东和罗锡文等人说:"结合常规育种技术与分子育种技术,培育高产、优质、多抗、强再生力和适合于机械化操作的水稻新品种,多学科交叉、协作攻关,将有助于进一步推动再生稻在生产上的应用,为保障国家粮食安全,确保粮食增产贡献一份力量,发展再生稻是确保我国未来粮食安全的一个大技术储备。"

刘向东深以为然地说:"在南方夏季的高温环境下,再生稻从上一季收割留下的叶芽,能够重新抽穗到发育成熟,其光合作用一定有特殊之处,对其生长机理加强基础理论研究,不仅对中国,而且对热带、亚热带地区稻谷的生产也有很大意义。"

"再生稻还可以申报农产品地理标志登记保护。"罗锡文补充说。

一路上,大家交流着心得和体会……

2008年8月15日。

早上,卢永根穿着一件白色的衬衫、打着一条红色的领带来到了办公室。他之所以穿戴这么整齐,是因为他今天要正式办理离休手续。是该退了,该一心一意地培养年轻人了。一进办公室,他就来了个"葛优躺"。办公室是两间贯通的,里面的一间是书柜,外面的一间是会客室。赵杏娟一大早就将办公室收拾利索,让他一进来就有一种温馨的感觉。他时常跟同事和学生们开玩笑说自己是"两栖动物":既喜欢在实验室做实验,也喜欢在办公室读书。

他伸手梳理了一下自己疏松的头发,又从片刻的安宁中坐直身子,将台面上"师恩难忘"的牌子扶了扶。这是自己60岁生日时,学生们送给自己的礼物。他很喜欢将这块牌子放在自己的面前看看。

"老师早。"赵杏娟整理好办公室又去学校食堂吃了早餐。

"早。"卢永根回答说。

"校长陈晓阳、副校长温思美就要来您办公室了。"赵杏娟一边用烧水壶烧水一边说。

"我知道。"卢永根微笑着说,"一代新人换旧人呀。"

"是的,江惠生书记和骆世明校长都已经退休了一年多了。"赵杏娟回答道。

"江惠生书记在管理上真是个人才。"卢永根笑着说,"我们学校,现在已经形成了以新建的行政楼为中心,华山宿舍教学区、五山公寓宿舍教学区、跃进南北宿舍教学区、六一研究生宿舍教学区四大宿舍教学区相配套的格局,并且每个学院都有了自己的新院楼。这些发展的取得都与江惠生书记分不开呀。"

"这些年发展是不错,我们还成立了珠江学院和公共管理学院。"赵杏娟说。

"噢,对了,我的那份述职报告打印出来没有?"卢永根问。

"打印好了,放在您右边的文件夹里。"赵杏娟将桌上的杯子拿出来又清洗了一遍。

卢永根翻开文件夹,找到那份述职报告,重新看了一遍。其实这份述职报告与上一次发送给中国科学院院士工作局那篇院士自述差不多。卢永根看过后又放下,映入眼帘的"师恩难忘"四个字使他陷入了沉思。

他想起了自己的父母，父亲过世，他连回去见最后一面的机会都没有；他想起了四叔卢国辉；想起了老家花都罗洞村的表姐邓翠琼，"文革"时多亏了她把女儿卢红丁拉扯大。

他也想起了自己的老师、同学和朋友。记忆犹深的老师有潘炳真、岑公铦、博育贤、林莽中、凌海、丁颖、赵善欢，同学有王文彬、吕宝琅、王屏山、胡景钊、吴维光、梁嘉，同事和朋友有郭荣昌、袁永熙、陈恩、罗富和、杨关福、骆世明、温思美、辛朝安、梅曼彤、张泰岭、江惠生、胡月明，学生有张桂权、刘向东、刘耀光、庄楚雄、彭新湘。

特别是恩师林莽中和丁颖，他们的点点滴滴又浮现在自己的眼前。他拿起学生们送给他的"师恩难忘"，口里喃喃地说："师恩难忘，师恩难忘呀！"

没过多久，学校新任校长陈晓阳、副校长温思美、植物航天育种研究中心主任陈志强与学校党政办的有关人员相继来到卢永根办公室。陈晓阳表达了对卢永根的敬意，温思美和陈志强也表达了对卢永根的思念之情。互道寒暄后，卢永根说："述职报告我已经写好了。还要填表吗？"

党政办的工作人员马上接过话头说："卢院士，我们要填表。不过，这些让我和赵杏娟老师一起帮您填就是了。"

"那也好。我现在眼睛确实有点不太好使了，平时用显微镜观察标本都开始感到吃力了。"卢永根笑道。

"我到了您这个年纪还不知道行不行呢！"温思美笑着回应。

"您虽然办理了离休手续，但您还得关心我们学校的发展。我们决定在农学院保留您的办公室，实验室您与您的学生刘向东教授共用，"陈晓阳说，"您还有什么要求，都可以提出来！"

"没什么其他的要求。谢谢省委组织部，保留我的在职干部待遇，也感谢你们为我这个老头子这么操劳。"卢永根笑道。

十一、花都之行

　　昨天，张泽民与自己的导师张桂权一起去过东圃实验场。那里的野生稻长势比较好，师徒两人正在边看边分析，刘向东也带着自己的学生来了。几个人忙到很晚才回家，后来刘向东建议：几个人好久没有一起吃过饭了，干脆找个大排档一起聚一聚。大家一开心便把一箱啤酒喝光了。张泽民喝完酒回去，很犯困，便没有冲凉直接躺到了床上。因为睡得早，第二天不到 5 点便起床了，一闻，全身都是酒味，于是冲了个凉，便直接到了农学院实验室。

　　实验室的灯光还亮着。张泽民想：我怎么那么粗心，昨天离开实验室的时候，连灯都没有关？后来仔细一想：昨天自己没来实验室，而是同导师一起去了东圃实验场。于是他快走两步，来到实验室。打开门以后，他有点傻眼了——老院士一个人端坐在显微镜前观察标本呢。张泽民轻轻地走去更衣室，穿上实验服，来到卢永根的背后。

　　"你也来得这么早？"卢永根头也不抬地问。

　　"是的，老师，我刚来。"张泽民说，"刚才我还担心自己昨晚离开没有关灯呢。"

　　"我正好要回花都老家，起得早了点，便来实验室把上次的实验做完。"卢永根抬起头来，"你要用显微镜的话就说，我差不多做完了。"

　　"不急，您先用，我正好有一篇论文要修改，我就在旁边改一改吧。"张泽民边说边打了一壶水烧上。

　　卢永根把老花镜取下来放进镜盒，又把实验用的显微镜和其他器具收拾干净，从挂在椅背后的布袋里掏出一包面包，说："一起来吃点，我吃不了那么多。"

确实感到有点饿，张泽民也不客气："好的。"于是接过卢永根递给他的面包咬了一大口，略略地嚼了几下便往下咽，却哪里咽得下去呢，涨得眼睛都红了。

卢永根上前给他捶了捶背说："慢一点。喝点水一起咽，干咽是很难咽得下去的。"

张泽民捂着嘴，连忙将刚烧开的开水倒了两杯，把一杯递给卢永根后，拿另一杯里的水打湿了点嘴唇将面包咽了下去，说："老师，这面包好吃，但是，太难咽了。"

"你昨晚肯定没吃好，今天饿成这个样子。吃面包没有你这种吃法的，要细嚼慢咽。"卢永根笑道，把余下的几片都给了张泽民，笑着问，"你现在在做什么项目？"

接过面包后，张泽民又是一阵猛嚼，说："正在做杂交水稻新种质创新与利用，这篇论文就是关于这方面的。"

卢永根喝了一小口水，咽了一片面包，看了看张泽民台面上的材料，说："你这篇论文已经完成了？"

"基本上'圆'成了。"张泽民回答。

"什么？"卢永根又咬了一口面包问。

"基本上'圆'成了。"张泽民重复了一遍。

"基本上完成了，不是'圆'成了，你这湖南话说得，"卢永根笑道，"同袁隆平院士简直一个标准。"

"以袁隆平院士的话说，'湖南人霸得蛮'。从你刚才咽面包的劲头就可略见一斑。"卢永根说，"《杂交水稻的新种质创新与利用》这个标题直截了当。"

"老师，您给我看看，看还有什么要改的地方。"张泽民恭敬地将手中的稿件递给卢永根。

卢永根接过稿件很认真地看了起来："论据看来没有什么问题，主要是英文的表述上，你看这个单词要用复数。"说完，卢永根又从台面上拿了一支笔改正了文稿中的几处标点符号。

改完后,张泽民很感动地说:"谢谢您。"

卢永根笑道:"当年丁颖院士就是这么要求我的。他过世后,我和吴灼年等几位同事按他的思路撰写《中国水稻品种的光温生态》,科学出版社的编辑于拔认为我负责的部分改动最少。这全得益于丁颖院士的栽培呀。"

正是在卢永根的熏陶下,实验室的年轻人都保持着非常严谨的学术作风。

卢永根同徐雪宾一起来到花都。出火车站后,他们又上了直达花城街的10路公交车。还好,车上的人不多。上得车来,旁边座位上一位年轻的女孩子要起身让座,卢永根笑着劝阻:"谢谢。不用起身了,后面还有好几个座位呢。"说完,他偕妻子来到车厢后部坐了。

表姐邓翠琼过世后,卢永根会去找堂弟卢家棠。现在的长岗村已经变成了花城街道,堂弟的家在花城街道的北头。到堂弟家要路过罗洞小学。经过校门口时,两人互看了一眼,便停下了脚步。

"现在的孩子多幸福。"卢永根感慨道。

低年级的教室里,忽然传出琅琅的读书声。一位年轻女老师的声音:"锄禾日当午,起,读。"孩子们跟着读:"锄禾日当午,汗滴禾下土。谁知盘中餐,粒粒皆辛苦。"

这声音触到了卢永根的灵魂。

"这节课好像是专门为你这位水稻专家上的。"徐雪宾开玩笑地说。

卢永根笑道:"是为欢迎我们两人而朗诵。"

学校大门口的街道上有一处下水道的盖子,盖子有些年头,徐雪宾踩上去咣当作响。卢永根快走两步,扶着她说:"小心点,当心踩塌了。"

徐雪宾顽皮地笑了笑,说:"想不到我的身材还这么胖,要学年轻人减减肥了。"

"别笑了。这里每天都有许多老师和孩子路过,时间长了,他们掉下去怎么办?我要找有关部门反映反映。"卢永根说。

两人在路边找了一块条石坐下,卢永根拿起手机想拨打160,徐雪宾急忙制止道:"等会儿,你找哪个单位?"

卢永根说:"找政府部门。"

徐雪宾说:"哪个政府部门?城监还是环卫?"

卢永根想了想:"应该是环卫。"

徐雪宾说:"那找环卫就行了。不过,你打160有些周折,不如直接拨打12345市长热线快。赵杏娟告诉我说,'遇到市政方面的问题,不知道找谁的话,打市长热线很管用'。我们今天何不试试?"

卢永根于是拨通了市长热线。电话那头是位姑娘,她问:"先生,请问有什么事可以帮您?"

卢永根说:"罗洞小学校门口有个下水道的盖子松了,老师和学生走来走去很危险,请你们派人来处理一下。"

"好的,先生。您能说具体哪条街吗?"姑娘问。

"不清楚。我是从广州来的。"卢永根看了一眼周围,没发现标示地名的路牌后回答。

"那好,我给有关部门去电话落实。谢谢您给我们打电话。"

卢永根挂掉电话后很满意地与徐雪宾对望了一眼。两人相搀着又往前走。

这次花都之行,卢永根夫妇是来处理花城街长岗墟两间商铺租金的。

徐雪宾前两天偶染风寒,情绪有点低落,见卢永根老往实验室跑,难免抱怨说:"阿卢,你老是往实验室跑干啥?你不是办理了离休手续了吗,怎么还闲不住?你真认为,地球离了你就不转了吗?"

卢永根这才发现妻子身体出了状况,问道:"你怎么脸色有些憔悴？"

"可不是吗！你整天只知道往实验室跑，哪里知道我身体不适！"徐雪宾又恢复了以往的文静，"是一位叫韩实的学生志愿者送我去学校诊所看的医生，开了几片西药。"

"现在好些了吗？"说着，卢永根伸右手往徐雪宾额上摸了摸，"不要乱吃药，小心把身体吃垮了。"

"基本上好了……"徐雪宾避开卢永根的手。

话未说完，徐雪宾的手机响了。她接听："你好，嫂子，我是卢家棠。你家那两间铺租，人家要给你加点钱。"

"什么？要我减点钱吗？"徐雪宾反问道。

"不是，是给你增加点租金。租铺面的说感谢你这么多年一直不涨租金，过意不去，主动给你每月多增加500元。"卢家棠说。

"那我同你哥商量一下再说。等会儿我给你回电话。"徐雪宾挂了电话。

卢永根早就在旁边听了个大概，正好觉得两口子平时也没个去处，当徐雪宾问自己主意时，他便说："干脆我们明天一起去花都走一趟，散散心，顺便把租金的事同那户人家说说。"

于是，他们乘地铁来到了广州火车站，乘火车来到了花都。

卢家棠的妻子正在准备午饭，见了卢永根夫妇，卢家棠说："哥，你们来得太突然，先坐一会儿，我去买点菜回来。"

卢永根说："别忙活了，家里有什么吃什么。"

"家里能有什么呢！早上才买了点猪肉，冰箱里只剩鸡蛋了。"卢家棠一边用抹布抹沙发，一边给哥嫂倒水。

"把猪肉和青菜煮烂一点就好，牙口不行，吃什么都没有味道。还有鸡蛋里面少放点盐。我记得上一次来你家，菜里的油盐放得比较重，一路回去，口渴得要命。"卢永根说。

生怕怠慢了卢永根夫妇，卢家棠从卧室里拿了钱出来要出门："哥、嫂子，菜市场不远，我很快就回来。"

徐雪宾发话了："我俩这把年纪，你买再多再好的菜也吃不完。好不容易来一趟，一起拉拉家常吧！"

卢家棠迟疑了一下，他老婆催他道："哥哥嫂子大老远来咱家，你还磨叽啥呢，去买条鱼和一只土鸡回来。"

"还认这个哥和嫂子吗？要认的话你就不要去买菜了，听我的，有什么吃什么。"卢永根对卢家棠夫妇说。

听了卢永根的话，卢家棠说："广州离花都虽然不远，但你们也很少回，这样太怠慢了。"

"年纪大了，肉吃得多不消化，吃清淡点好。"徐雪宾说，"你快坐。"

卢家棠便从门角移过一张塑料凳子坐下。"你前不久带信说花城街长岗墟的两间商铺祖屋的租金，租户看到我们出的价格低过意不去，想适当提高一点给我们是吗？我们借此机会来看看。"徐雪宾很平淡地说，又从随身背着的帆布背包里拿出一份精致的栽培东北人参，"这是你哥去黑龙江出差买回来的，平时得空，你泡点酒喝，我们都不会弄。"

卢家棠说："来就来，还带什么东西呢。你别看我们这个地方小，什么都不缺的。"

他想要推辞，卢永根说："拿都拿来了，你就收下吧，现在这人参又不是什么贵重的东西。"

卢家棠便接过徐雪宾手中的礼盒放进了里屋。他的妻子很能干，转眼之间，几个时鲜小菜就端上了桌子。

"这个通心菜就是比我们炒的好吃。"卢永根小心地夹了根青菜说。

"全是自家地里长的，施的都是有机肥，也没有打农药，洗过后马上炒了。不像你们城市里生活，青菜怕喷农药，要焯水，焯过后再炒就不香了。"卢家棠解释了一番。

吃过饭，卢永根表态说："刚才讲租户想提高租金的事，你转告他说'随他意',不加租金也行,反正也多不了几个钱。"

卢家棠正纳闷:没多几个钱,你还回花都来干啥呢?来回也有近百公里的路程,又不开车,吃这个苦不值得。

卢永根从堂弟的眼神里看出了他的疑惑,问道:"罗洞小学的情况怎样?"问完也自觉问得太蹊跷,便加了一句,"学校校长叫什么名字?"

"罗洞小学的情况我不大了解。这所学校你父亲有参与捐建,抗日战争期间还停办。现在校长叫温国船,前几年从其他镇学校调过来的。"卢家棠回答。

卢家棠更摸不透自己这位堂哥了。

卢永根夫妇这次到花都来还有另外的事。原路返回的途中,他们来到了罗洞小学。学校的大门紧锁,卢永根举手拍了拍铁门。里面值班室走出一个五十多岁的门卫,客气地问:"老人家,有事吗?是不是来接孙子放学的?现在我不能开门,你们在外面等吧!"

"我是来找你们学校校长的。"卢永根说着,举起胸前挂着的老年证给门卫看。

门卫从铁栏门里伸出手,接过卢永根的胸牌仔细地看后,惊讶地说:"原来是大学校长,您稍等,我马上去找校长请示再给您开门。"

说着,门卫把胸牌还给卢永根,一路小跑去找校长去了。

卢永根接过胸牌,看了一眼,又将它挂在脖子上,自嘲地对徐雪宾说:"看来大学校长还是比院士的名头响。"

"他怎么知道院士是干什么的呢?这又不是在大学和科研机构。"徐雪宾急忙为门卫分辩。

"我没有看不起门卫的意思,我只是说我们当今的社会还是官本位的思想太重。什么时候,人们能把学术头衔看得比官衔重,我们的社会就更进步了。"卢永根笑了笑说。

话音刚落,门卫便领着一位40岁左右的人来,很利索地开了门锁。来人与门卫一起推开铁门,上前握着卢永根的手说:"您就是卢院士？我叫温国船，是这所学校的校长。不知大驾光临，有失远迎！"又转过身对徐雪宾说："想必这位就是徐雪宾老师，您二老的大名在我们花都可是如雷贯耳。"然后一手牵一个，"新中国成立前，您父亲卢国棉老先生还是我们这所学校的主捐建人呢。"

卢永根点了点，说："抗日战争时期这个学校停办了几年。我是1944年回乡避难的，农忙时候同大人一起干农活，农闲时候同小伙伴玩，就来过这里。是村里长辈说，'这里原来是学校，现在哪还有闲工夫读书呀'。"

"我们学校直到1966年重建，叫解放小学。1992年，由海外侨胞、侨眷、港澳爱国人士及社会各界热心人士捐资兴办，同年正式改名为罗洞小学。从新华镇坐10路公交车可到校门口。学校占地面积为6000多平方米，建筑面积2000多平方米，设10个教学班，在校学生300多人，教师18人。"温国船笑道。

卢永根点头，抬头见操场有十几个孩子在上体育课。大概是篮球课，都在按老师的示范进行上篮。其中一个女生举着篮球，怎么也抛不进去。同学们的加油声传了过来⋯⋯

忽然一位年轻男老师走了过来，与温国船耳语了几句。温国船面带歉意地笑了笑说："你先去处理一下吧，没看我正在和客人谈事吗？"

卢永根见状，说："温校长，你忙，我们还是不打扰了。"

温国船解释说："有个学生体质较差，上课时大便失禁拉在裤裆里，我交代教务处的老师帮助班主任去处理了。"

徐雪宾便停下脚步，说："我们改天再来吧。"

卢永根告辞说："我还要去花都侨联办点事，改天再来。"

温国船微笑道："真不好意思。随时欢迎二老来学校参观指导。"

说完，卢永根、徐雪宾夫妇返身离开学校，坐上返程的10路公交车回到花都市区，朝花都区侨联走去。

来到区侨联门口，卢永根扶徐雪宾下车，笑问："你不会反悔吧？"

"就怕你后悔。"徐雪宾笑答。

原来，昨夜他们夫妻俩商量了许久，想把自家两间铺面捐赠出去。首先，他们想捐给村里的贫困户，经过了解，花都区作为广州市的一个行政区，对贫困人口是有兜底保障的。能够使两间商铺发挥最大效能和作用的是将它捐给学校，用租金来奖励那些品学兼优的学生发奋读书，好为国家复兴和民族富强做贡献。

刚才，他们也去罗洞小学看过，孩子们的学习氛围和老师认真负责的态度，让他们更坚定了自己捐资助学的决心。

夫妻俩来到了区侨联办公室，正好侨联办公室主任在。他在省侨联举办的活动上见过卢永根，热情地说："您不是省华侨协会主席卢永根院士吗？哪阵东风把您刮到我们花都来了？"

"这是我的根呀，我就是花城街长岗村人！"卢永根让徐雪宾先落座，回答道。

主任急忙笑着解释："对对对。我的意思是说，哪阵东风把您和夫人吹回家乡了？"

卢永根很高兴地说："你真会说话。"

主任麻利地端上两杯茶来，说："这是红茶，很养胃。"

"闻着就很香。我们学校的前任书记江惠生，以前在英德工作过，送了两罐英德红茶给我，那一缕清香把整个办公室都馨透了。"

"这个茶也是英德来的英红九号。"主任给自己也倒了一杯，"上个月我们去英德华侨农场参观，在那里买的。回来一泡，办公室都说好。相比其他红茶，还是这个茶耐泡，泡四五遍，汤色还很好。"

卢永根喝了口茶，朝徐雪宾看了一眼，说："这次来花都主要想咨询一件事，有一位华侨，他想把自家的祖屋捐给家乡的学校，要办些什么手续？"

主任看了一眼卢永根，又看了一眼徐雪宾，见两人很正经的样子，反问道："莫非二老有此想法？"

卢永根既不肯定也不否定地说:"你们以前有过这种类似的案例吗?"

"有过。"主任说,"前年就办过一例。只须确认产权,签订捐赠协议就行。"

"所有权人有两个以上的,怎么办呢?"徐雪宾微笑着问。

"那要所有所有权人签字同意才行。"主任说,"最好还是征求一下律师意见,毕竟他们才专业。"

卢永根说:"那是必须的。据说这位华侨的父亲是我们侨界的律师呢。"说完,俏皮地朝徐雪宾笑了笑。

"那就等产权、所有权明晰后再麻烦你们啰!"徐雪宾说完又朝卢永根说,"我们先回去吧,天色不早啦。"

"好的。"卢永根站起身喝完了杯里的红茶。

主任坚持把卢永根夫妇送到门口,递给卢永根一张名片,说:"卢院士,您和徐教授有什么事就同我说,打电话也行,要我过去也行。"

卢永根连连道谢,扶着妻子走出花都区侨联办公室。

这次花都之行,卢永根收获较大,他终于弄明白了怎样将自己在花都区的两间门面捐献给学校。本来这一次他就想捐献,但是他还有一些手续没有办。首先,这两间门面的产权属于自己和哥哥卢永经,他还要征得哥哥同意;其次,他还要做通独生女儿卢红丁和哥哥孩子们的工作,放弃继承权。他只有做通了这两方面工作,才能将这两间门面捐献出去,支持家乡的教育事业。

回到家后,卢永根立马同哥哥卢永经取得联系。他说:"哥,我们在花都长岗墟的那点祖业不如捐出去好。你看,相对你的生意来说,这点祖业也不算什么,还不如像父亲一样捐献给家乡的学校做点贡献。"

卢永经一听,觉得弟弟讲得有道理。他答复说:"祖业是父亲当年留下的,上百年没有打理,只怕已经破旧不堪了,每年收取的租金真不算什么。既然弟弟想以父母的名义捐献,那就捐献了吧。回头我把孩子放弃继承权的承诺文件和我的委托书一并寄回去。"

"看来我也得叫红丁签一份放弃继承权的承诺书。"卢永根附和着。过了一会儿,他又补充道:"两间铺面的价值大约 100 万元……人民币。"

"既然决定捐赠就不管它价值多少,也不管是人民币还是美元。你看以什么形式捐献呢?"卢永经问道。

"我想将兄弟二人共有的位于长岗墟的两家商铺赠予学校为永久校产,其全部收益用于罗洞小学设立'卢国棉、梁爱莲伉俪基金',用于学校的奖教奖学。"卢永根回答。

"这个主意好,我看就这么定了。"卢永经说。

"哥,'卢国棉、梁爱莲伉俪基金'成立的那天,你一定得参加捐赠仪式。"卢永根诚挚地邀请说。

"好的,一定一定,你把时间提前告诉我就行。"卢永经说道。

来到学校的莘园饭堂,两人专门拣了个角落坐了。等徐雪宾落座,卢永根便排队去打饭。徐雪宾昨夜贪吃,买了一小袋炒栗子吃,今天咳嗽得厉害。卢永根给她点了苦瓜、黄豆炖猪脚,又给她点了一份水蒸鸡蛋,还点了一份青菜和半碗米饭,另外,他给自己也点了与徐雪宾一样的菜式——几十年的夫妻了,他不想与她有半点违和感。

两人正吃着,旁边忽然冒出个年轻人来,说:"老师,我陪您二老一起吃。"

老两口抬头望去,来的人不是别人,正是留美回来的年轻教授邓诣群。他笑容满面地端了一份饭菜,与卢永根夫妇打横坐了,说:"今天老婆带着孩子回安徽老家探亲,没地方吃饭,正好陪二老。"

其实,邓诣群今天是有应酬的,几位安徽老乡想约他一起吃个饭加强同乡之间的感情,被他拒绝了,他怕以后这类应酬多了影响自己的科研工作。想到一直培养和关心自己的卢永根院士,他倒愿意向他倾吐一番自己的理想和心事。他深知卢永根夫妇深居简出,平时吃饭经常在学校莘园饭堂,便专门来此与他们共用晚餐并问好。

"听说你成了国家'万人计划'科技创新领军人才,并参与、主持国家重点基础研究发展计划课题等重大项目?"卢永根笑问道。

"就是973计划。"邓诣群笑着回答,"多谢您的提携,如果没有您,我不会受到如此重视。"

邓诣群所谓的"提携"是指自己刚从美国留学回来不久评选"珠江学者"时,部分专家对邓诣群参选有异议,认为他回国不久,不宜参评。卢永根力排众议,说:"从康奈尔大学学成归国,已是爱国表现,哪能以回国时间长短论成败?"正因为他不怕得罪人的举荐,邓诣群才顺利当选。

"主要是你自己努力的结果。"卢永根边吃边说。

毕竟年纪大了,他在说话的时候嘴里掉下一串口水。徐雪宾忙从口袋里拿出一包纸巾,抽出一张递给他说:"慢点儿吃。"

卢永根接过纸巾擦了擦嘴角,脸上挂着歉意。邓诣群夹了一根青菜送进口中,岔开话题,说:"老师,听说您在政协和侨联那边的事情越来越多是吗?"

"力所能及的事。"卢永根化解了尴尬,并轻描淡写地说,"给贫困地区的孩子改善环境,介绍侨界和商界中的热心人士提供帮助。"

这顿饭让卢永根夫妇吃得很高兴,美中不足的是卢永根开始觉得自己老了。他对徐雪宾说:"身体机能已经开始退化了,吃个饭还掉口水。"

徐雪宾倒不这么认为,她说:"人人都会老的。邓诣群这孩子为人很不错,在你掉口水的时候,当着你的面有说有笑。噢,对了,上次赵杏娟说,学校新的领导班子想给我俩请个保姆,你看怎么样?"

卢永根立马反对说:"请什么保姆,白白给社会添麻烦。我们现在还很健康,实在不行了便找个养老机构安度晚年。哪里的黄土不埋人,哪里的谷子不饱肚?"

"我当时就回复说,让你做决定。"徐雪宾说道。

老两口边走边说,不知不觉就到了家楼下。在楼下的个人邮箱里,徐雪宾取了几份报纸和家信,其中一封家信来自美国,一封来自加拿大。卢永根接过妻子递给他的信,高兴地说:"他们各自的承诺书都来了。"

果不其然,回家拆开信封,加拿大来的信封里是女儿卢红丁放弃花都两处铺面的继承权的委托书,美国来的信里除了哥哥卢永经儿女们放弃继承权的承诺书还有他的委托书。看过卢永经的委托书,卢永根笑道:"看来,咱哥的法律意识比我俩强呀!我俩没想到的,他都想到了。"

第三天,卢永根便通过花都区侨联联系到罗洞小学,与校长温国船商讨有关捐赠两间商铺给学校做永久资产,用这项资产建立"卢国棉、梁爱莲伉俪基金",用作资助家庭贫困学生读书费用之用的相关事宜。

2015 年 5 月 6 日上午,中国科学院院士、作物遗传育种学家卢永根教授与从美国赶回的哥哥卢永经一起来到罗洞小学。罗洞小学校长温国船和花都区侨联的领导早就等候在那里。今天,罗洞小学 300 多名师生开会,一起见证了商铺捐赠仪式。卢永根和温国船分别代表捐赠方和校方在协议书上签了字。卢永根便将祖辈遗留下来给予兄弟二人共有的位于长岗墟的两家商铺捐赠给花城街罗洞小学,其全部收益用来设立罗洞小学"卢国棉、梁爱莲伉俪基金",用作奖学金奖励成绩出色的学生。

在捐赠仪式上,卢永根鼓励孩子们用功读书,报效祖国:"教育是强国之本,一个国家要强大,少年就要读书,要受教育。为什么把商铺捐给学校呢?就是希望家乡子弟努力读书,书读成了成为国家有用之人,国家才会越来越强大。"

从花都罗洞小学签约回家，卢永根感到胸闷气短、浑身无力，吃什么也没有胃口。徐雪宾给他专门煲了一锅薏仁玉米汤，他居然一口也没尝。徐雪宾关心地劝道："阿卢，我看咱们还是上医院看医生吧！"

"没必要，平时也常有这种情况，休息几天就好！等会儿，我还想去一趟办公室。学校几位年轻老师最近编写了一部水稻育种方面的论文集，要我写篇序言，我还得改一改。"卢永根很轻松地回答。但是，回答完又有些心虚，身心上的虚弱。

徐雪宾扯了两片纸巾，帮他擦了擦额上的汗，说："毕竟年纪大了，老年不比少年时。哪天你得空了，我陪你去吧。"

"好。"卢永根系好鞋带，"你今天也同我一起去吧。"

"我就不去了，昨天你换下的衣服还没洗呢。你那双白色的棉袜扔了算了，破了几个洞，颜色变成了灰色。"徐雪宾说。

卢永根站起身来，背上背包，说："扔就扔了吧。那双袜子是2000年开校运会发的，也算跨世纪了。"说完，他出门往办公室走去。

望着卢永根的背影，徐雪宾在心里默默地祈祷：阿卢，愿你没有病痛，没有烦恼，活过100岁！

来到办公室，他倒将写序的事放到一边，而是拿起校报看了起来，上面刊载了一篇袁隆平院士用海水种植水稻的报道。他不禁为自己的同行与时俱进的开创精神而感动。他感觉华南农大有许多项目可以同袁隆平院士合作，比如说农业机械化、太空育种等等。正当他思想的野马任意驰骋的时候，突然看到手机的时钟显示晚上8点。他苦笑了一下：时间过得真快，赶紧把序言写好！

卢永根翻开论文集，从目录上扫了一遍，除了太空育种、转基因和农业机械化等章节是新增设的内容，其他与目前的大学教材没有太大的差别，卢永根写起来得心应手。卢永根在文章中主要鼓励青少年认真读书，将来为国家建设做栋梁。不出一个小时，一篇2000多字的序言就写好了。卢永根将文稿放在办公台上，另外用便签纸写了一句"请杏娟明天上午打印好"粘贴在草稿上,然后往家走去。

回家的路上,他忽然感到腰酸背也酸,两条腿像灌了铅一样沉重。这种举足沉重的现象,几年前去清远佛冈采集野生稻的标本时有过,不过那次下山后马上缓解了。但是,这次的双脚沉重却伴随着大脑的空洞。他站在原地缓了口气,觉得好多了,便又往前走。他扑哧一笑:毕竟年纪大了,人老脚先衰。他用手拍了拍大腿,觉得有点舒坦了,便坚信了自己没病的想法。

到了家门口,卢永根用钥匙开门,手有点发抖,很难对准锁孔。咔嚓一声,门从里打开,徐雪宾站在门的一侧,说:"为啥不敲门呢?"

"怕你睡了。"卢永根边说边将钥匙重新挂在自己的裤腰上。

"你好一点没有?"徐雪宾问道。

卢永根坐下换了一双布制的拖鞋,说:"好像好多了,特别是放松全身筋骨的时候,全身很舒坦。"

"你是坐公交车回来的吗?"徐雪宾关心地问。

"是。车上还比较空,有好几个位子呢。"卢永根回答。

"但是,你脸上还是有许多汗,是不是虚汗呢?"徐雪宾说,"还是要尽快去医院做个检查才行,不要拖。"

"好,观察一段时间再说。"卢永根舒了口长气,"你知道'晚清八大名臣'之一的骆秉章吗?他就是花都炭步镇人,小时候回花都躲避日本仔时却没有机缘去当地看一看旧址。不过,他同洪秀全又是死对头。"

"多喝点水吧,对身体有好处。"徐雪宾不想让卢永根继续往下说,故意岔开话题。

卢永根知道徐雪宾是出于善意,也就打住了思路。脑筋虽然十分活跃,但是毕竟身体要紧。他接过水来喝了半杯,说:"好吧,听你的,睡觉。"

十二、捐，全部捐

卢永根扯掉了台历旧的一页，新的一页显示为2016年9月6日。今天是星期二，晚上有一堂精彩的足球赛，中国队对战伊朗队。他正想如何争取看半场球赛，啪的一声，一滴鼻血滴在打开的笔记本上。他伸手从纸盒里抽了一张纸巾，擦了擦，鼻血还在流个不止。卢永根向后仰着，回想近几天并没有吃上火的饭菜，按理说，不应该这样。他又拍了拍脸，感觉并无疼痛。这时，他心里明白：自己得病了！当鼻血稍许止流，他打电话给赵杏娟，要她通知司机来办公室送他去医院检查。

由于长期坐在实验室观察和实验，也由于长期坐在办公室写材料，卢永根被查出前列腺出现症状。医生给他开了一些药并要求他继续检查。

服药以后，症状有些缓和，尽管徐雪宾多次催促他去医院彻查病况，但是，他都以各种借口推迟。徐雪宾没有办法，便打电话给外孙女许励勤要她劝劝。这一次，卢永根真就很听话，满口答应了。

2017年1月13日，卢永根来到广东省中医院大学城医院复查，结果是：前列腺癌。同日，他被要求住院治疗。

护士帮他铺好床单、叠好换洗的衣服后，一位穿着白色大褂的中年妇女走了进来，对卢永根和徐雪宾说："卢院士您好！徐阿姨好！我叫吴瑜，是卢院士的主治医生，以后，您和阿姨有什么要求尽管同我说。"

"这里的环境比较好，我也没有什么其他要求，我只想能过组织生活。"卢永根将自己和徐雪宾的水杯、牙具等生活必需品放在床头柜里。

徐雪宾笑道:"这双拖鞋是塑料的,有些硬,能不能从家里带一双布的来?"

"我们这里有布制的,等会儿护士会帮你领。我建议这双塑料的也放在这里,冲凉的时候用。"吴瑜回头交代身边的护士,"去领一双布制的拖鞋。"

徐雪宾说:"其实我家里有,没必要领新的。"

吴瑜笑道:"不紧要,来到我们这里养病、治病要紧,其他的事不用操心。"看到卢永根的心态比较好,吴瑜也就放心下来。走的时候,她说:"我会上午和下午各来查房一次。另外,有紧急事情和症状,您可以按床头上的这个开关。"说着,她想示范一遍。

卢永根拦住道:"我知道了,刚才护士给我演示过一遍了。"

"那好,我也不多说了。您这个病,主要靠养。如果身体状况和心情较好,您可以出去走走,透透气。"吴瑜说,"那您休息,我回办公室去了。"

吴瑜走后,卢永根拉着徐雪宾的手坐到床沿上:"看来,我这病已经没得救了。医学上认为,这种病最多还能活三年。"

"只要心态好,活个五到八年也不成问题。"徐雪宾抹了一下眼泪。她本想说:早要你来医院检查,你就是不信,非得拖那么久。话到嘴边的时候,变成了安慰,因为她从来不是一个刻薄的人,更何况是对与自己朝夕相处几十年的人呢。

卢永根平静地说:"这么多年难为你了。"

"阿卢,你这是什么话呢!"徐雪宾说。

"我走了后,你怎么办?"卢永根担心地问。

徐雪宾答道:"你好好地养病吧!日子还长着呢,谁说就治不好?现在的科学这么发达,医疗设施也比较先进。"

卢永根平淡地说:"我们都是科学家,唯物主义者,人的生老病死都是自然规律,你不用安慰我了。最要紧的是你要坚强,我才放心。"看到徐雪宾又要抹眼泪,卢永根从床柜的纸巾包里抽出一张纸来帮她擦了擦,说:"过去我们在翁城五七干校都没见你流过眼泪。"

徐雪宾岔开话题问:"我们的财产你打算怎么办?"

"捐!"卢永根将纸巾扔进废纸篓里,坚定地说,"全部捐!"

"我也是这个想法。"徐雪宾侧面看着卢永根,"那等你好些后,我们就去捐!"

"好的。我首先向农学院党委提出申请,我要长期住院,参加不了党支部活动,能否成立临时党支部?按规定有三名以上党员就可以成立支部的,我和你,加上杏娟,我们正好三人,这样我就可以按时交党费,按时过组织生活。"卢永根说,"杏娟呢?刚才还在这里。"

"她去帮你办住院手续去了。"徐雪宾回答。

"她是院士秘书,不是生活秘书,我们有些事能自己办的就自己去办,趁我现在还能走动。"卢永根交代道。

卢永根向华南农业大学农学院党委提出建立临时党支部被批准前,应邀参加了广东省中医院大学城医院第二党支部组织生活。在党支部会上,卢永根感谢党组织的关怀、同志们的照顾。他说:"我从新中国成立前就参加了地下党组织,从那一天开始,我就立志于国家的解放和民族复兴。纵使在'文革'期间,我也坚信党,坚信人民的眼睛是雪亮的,从来没有什么能割断我同组织的联系。谢谢你们给了我机会。"

参加党支部会议的还有广东省中医院党委书记翟理祥,他要求党支部全体党员和职工向卢永根院士学习:"立足岗位做贡献,担当使命攀高峰,做好人民健康的守护者。"

翟理祥的话令卢永根有些腼腆,说:"我该向你们年轻人学习。毛主席说过,'年轻人是早晨八九点钟的太阳',希望寄托在你们身上。少年强,中国才强!"

入院后,吴瑜对卢永根进行了系统治疗。

3月中旬，卢永根病房临时党支部成立，成员包括卢永根、徐雪宾、华南农业大学农学院党委书记张展基、副书记宋欢、院士秘书赵杏娟、党务干事招栩圣。党支部大会上，张展基介绍了学校科研和开展对外交流的近况，他说："罗锡文院士和水稻研究室主任唐湘如教授将邀请袁隆平院士来进行'华南双季超级稻年亩产3000斤全程机械化绿色高效模式攻关'项目验收。"

一提到学校水稻方面的研究，卢永根的病好像好了一大半，他有些兴奋地说："这个项目不是前年就开始了吗？我们华南农业大学要想创造辉煌就必须与顶级科学家合作。不仅要向国外的同行学习，更要向我们自己的同行学习，一定要让老师和学生明白这点。袁隆平院士在杂交水稻方面做的贡献是无与伦比的，能让他同我们共同研究真是珠联璧合。"

张展基说："'华南双季超级稻年亩产3000斤全程机械化绿色高效模式攻关'是由广东省农业厅组织的，袁隆平院士主持，采用袁隆平院士亲自选育的良种'超优1000号'，唐湘如利用良法'双季超级稻强源活库优米栽培技术'和良机'钵苗机插秧'相结合的新型水稻全程机械化绿色超高产高效模式，以期创双季稻产量世界纪录。"

"这个项目在兴宁市。可惜我身体不行，否则我会陪袁隆平院士一起去。我们是多年的老朋友，1983年一起经上海虹桥机场赴美国考察，带队的是老院长赵善欢！"

宋欢补充道："据说袁老师曾亲自来广东兴宁下田指导4次，亲自组织专家验收2次。"

"身体是革命的本钱呀！"卢永根感叹道，"我同他是同一年出生的，他是9月份生的，我是12月生的，按年龄来说我要叫他哥，但是，他身体比我好很多。"

宋欢插话问："我记得张桂权老师和刘向东老师说，您是8月9日出生的？"

坐在另一侧的徐雪宾害羞地说："那是阿卢的入党纪念日。他为了表明自己坚定的信仰，把这一天定为了他的生日，意思是党给了他第二次生命！我们也是在那一天结婚的。"

全支部的党员都默不作声，为卢永根的情怀所感动。最后还是卢永根自己打破了沉默："我们那代人或许是看到国家、民族太羸弱，只有走共产主义道路才是我们的出路，所以，我们的信仰才坚定。好了，不说这些了。除了科研方面，还有哪些情况？"

张展基接着将学校近期的一些行政和后勤方面的工作也给卢永根夫妇做了通报。最后，卢永根夫妇按要求向党务干事招棚圣交纳了党费。

对敌斗争如此，科技攻关如此，与病魔做斗争也如此，只要自己与组织在一起，卢永根就好像有了期盼，有了方向和目标，全身充满了力量。支部会议结束后，他对徐雪宾说："今天感觉很好，全身乏力的症状也消失了，要不我们回去把存款都捐了？"

徐雪宾给他倒了杯白开水说："好的。我问问主治医生吴瑜，看她的意见怎么样。"

"不要问了，请个假就行。"卢永根坚持道。

卢永根喝了口水，笑道："你说回去拿点日常用品不就得了吗？"

"那不行。你当校长的时候，如果有人不听安排，随便找个理由糊弄人，你愿意吗？现在她可是你的主治医生，你出现问题她要负责。"徐雪宾回答说。

卢永根想了想，说："千万不要告诉她我们是去办理捐款的事！"

"这个我自然不会告诉她！"徐雪宾说。

2017年3月14日下午，卢永根在徐雪宾的搀扶下，缓缓地走入华南农业大学内中国建设银行营业厅。他提着一个黑色的旧挎包，一位银行工作人员走了过来，请他在柜台前坐下。他伸手去拉包的拉链，很可能是用旧了的缘故，拉链有点卡顿。徐雪宾握着他的手一起使了把劲。他从里面掏出一个牛皮纸信封，里面有蓝色封皮和红色封皮的存折 10 多本。他把存折交给银行工作人员，说："请帮我把这些钱转入华南农业大学教育发展基金会的账户。"

银行工作人员看了一下卢永根手上的个人存折，问："您说要把个人存款转存到华南农业大学教育发展基金会的账户吗？那可是对公账户哟。"

卢永根转身看了看徐雪宾，回头对工作人员说："对，你说得没错。"

"好的，那请您随我到柜台前办理转账业务。"工作人员说。

卢永根要往柜台前走，工作人员与徐雪宾把他搀扶到另一边的 VIP 客户柜台前，工作人员说："爷爷，请到这边办理业务吧，那边人多，不方便。"

银行工作人员把装有存折的信封交还给卢永根，让他在每一笔转出单上输入密码和签名。他随身带着尿壶，拖着孱弱的病躯，坚持了近两个小时，才将存在建设银行的近 20 笔存款约 693 万元转入华南农业大学教育发展基金会的账户。

3 月 21 日下午，在中国工商银行工作人员提供上门服务的指引下，卢永根院士及夫人徐雪宾教授郑重地在捐赠协议上签下名字，并将两人在中国工商银行的 187 万余元存款转入华南农业大学教育发展基金会的账户里。加上此前在中国建设银行转账的 693 万余元，卢院士夫妇共捐赠毕生积蓄合计 880 万余元给华南农业大学，成立"卢永根、徐雪宾教育基金"，用于奖励华南农业大学农学院品学兼优的贫困本科生和研究生、忠诚于教学科研的青年优秀教师，以及资助农学院邀请农业领域国内外著名科学家来校办讲座。

签好捐款协议回到医院，卢永根身体十分疲惫。但是，他心里很放松。徐雪宾剥好一块沙田柚给他，他吃了小半片，问："吴瑜什么时候来呢？"

"卢院士、徐教授，我来了。"吴瑜戴着口罩走了进来，"刚才我来的时候你们还没有回来,我先到其他病房去巡诊了。"

卢永根说:"不要紧。你忙完了吗?"

"忙完了。今天我想给您加大氟他胺的剂量,晚上如果有什么不适,你让护士随时来找我。"吴瑜边说边看了看床边点滴的速度,她把胶管中间的开关拧紧了些,"您如果有困意,就睡一觉吧!"

看到吴瑜如此细心,徐雪宾很感动地说:"吴医生今年多大了?"

"四十多岁了。"吴瑜微笑着回答。

"好俊的孩子。"徐雪宾赞美道。

"谢谢。"吴瑜笑道,"徐老师,我已经不小了,孩子都很大了。"

"那一定也像你一样俊俏。"徐雪宾说。

"这是我孩子的照片。"吴瑜从白大褂里拿出一张合影递给徐雪宾。徐雪宾又把照片递给躺在床上的卢永根。

卢永根接过照片仔细看了看,说:"你是双眼皮,孩子是单眼皮,但是,你们母女俩气质很相像,遗传了你的隐性基因。"

一席话说得大家哈哈大笑。

"卢院士,刚才找我有事吗?"吴瑜把自己与女儿的合照收起来问。

卢永根看了看徐雪宾,说:"你告诉吴医生吧。"

"你说吧,我听你的。"徐雪宾推托着说。

"那我说了。我同徐教授商量了,我死后想把遗体捐献给医院做解剖用,也算是给祖国的科学事业做最后一点贡献!"卢永根虔诚地说。

吴瑜迟疑了一下,说:"您的意愿很令人敬佩。我会马上把您的意愿转告我们医院领导。谢谢您!"

两天后,广东省中医院院长陈达灿、党委书记翟理祥等院领导来到病房,代表医院看望卢永根院士。卢永根亲手签订了遗体捐赠志愿书,这是他最后的科普工作,也是他作为一名彻底的唯物主义者的最后坚守。

十三、难忘初心

　　2017年10月20日上午11点,卢永根院士病房临时党支部的其他4名成员在张展基的带领下来到卢永根的病房。卢永根欲坐直身子,张展基忙按住他的肩让他躺着:"老师,您躺下。我们今天来开展一次组织生活,主题是学习讨论习近平总书记十九大报告,参加组织生活的是我们支部的全体6名成员。我们先请卢永根同志发言。"

　　卢永根说:"10月18日上午,党的十九大隆重开幕,我全程观看了习总书记做的十九大报告直播,以及开幕式前的十九大代表通道采访的内容。"他还是坚持靠在床头说,"习总书记的报告让人热血沸腾,备受鼓舞,作为一名老党员,我从报告中找到了当年新中国成立初期国家事业和人民生活蒸蒸日上、热火朝天求发展的氛围。"

　　接着张展基说:"十九大报告是一个高举旗帜、指引方向、谋划未来的报告,为中国未来发展绘就了新蓝图,为中国政治、经济和社会发展指明了新方向。特别是报告中明确了从全面建成小康社会到基本实现现代化,再到全面建成社会主义现代化强国的战略安排,目标明确,令人振奋。"

　　等张展基说完,徐雪宾说:"我也谈点体会吧。十九大报告旗帜鲜明地讲政治,强化了政治纪律和组织纪律,我自己很有体会。基层党支部是否具有战斗力,关键要看这个支部能否真正开展有效的批评与自我批评。正是我党积极开展批评与自我批评的做法,让老一辈党员能不断在生活和工作中加强党性修养,思想上不断进步。我希望,党员就是要真正发挥批评与自我批评的作用,净化党内政治生态。"

　　支部成员宋欢、赵杏娟和招栩圣也围绕十九大报告分别谈了自己的心得和学习体会。

张展基还传达了华南农业大学最近召开的思想政治工作会议的精神,以及农学院党委近期的工作动态。卢永根说:"高校教师要真正做到'立德树人,为人师表',关键在于教师队伍要严守政治纪律,通过自身的一言一行,做好学生的思想引领工作。"

"讲师德是目前高校思想政治工作的灵魂。"张展基附和着说。

徐雪宾递了杯凉开水给卢永根。卢永根喝了一口,说:"教工支部要担负起教师党员的思想引领工作,在带领带动全院师生群众方面,教工支部'义不容辞,必须做'。教工党支部的组织生活应强调政治性,真正发挥出党支部基层战斗堡垒的作用。"

会议结束后,张展基请卢永根保重身体。卢永根请徐雪宾代他把支部成员送到了病房门口。

2017年11月27日上午,卢永根吃完了一小碗白粥,把碗、筷递给徐雪宾。徐雪宾接过碗筷,放在窗台旁的桌台上,说:"今天气色不错,等会儿一起去院里走走吗?"

"到哪里都要带着个尿袋,不方便,不去了。"卢永根回答道。

"今天上午恐怕去不成了。'有朋自远方来,不亦乐乎?'"随着说话声,中国科学院副院长、党组成员张涛打着哈哈,走了进来,"老伙计,我从北京赶来看你了,代表白春礼院长来看你了。"说着,张涛走近床前双手握着卢永根的手。

"感谢张涛副院长,感谢白春礼院长派你来看我。老朽不中用了,承蒙组织挂念,感激不尽。"卢永根侧身躺着握住张涛的手说。

张涛转身指了指随同前来的几位,说:"这些都是你的同人,都认识的,中科院广州分院副院长魏平、你的继任者陈晓阳、广东省中医院院长陈达灿。我们一起来看你,慰问你和你的爱人徐雪宾教授。"

"谢谢!谢谢你们!"卢永根轻轻地说。

"我们得感谢你才对呀!你是我们中科院院士的代表,也是广大科技工作者的代表,既是一名杰出的科学家,也是一名优秀的共产党员。你勇于奉献、爱党爱国的精神,将激励我们更好地为人民服务。"张涛把靠边站着的徐雪宾拉到前排,很动情地说,"我还带来了白春礼院长给你的慰问信。"

张涛拿出白春礼给卢永根和徐雪宾的慰问信,赵杏娟走上前接过信念道:"作为我国著名的作物遗传学家,几十年来卢永根一直坚持潜心治学,勇于创新,提出的水稻'特异亲和基因'观点对水稻育种实践产生了重要作用,培育了30多个水稻新品种,累积推广面积1000多万亩,为我国农业发展做出了重要贡献。同时,卢永根心系教育,为人师表,也是德高望重的教育家。在担任华南农业大学校长期间,为党的教育事业殚精竭虑,开创了华南农业大学人才培养的新格局,为创新拔尖人才脱颖而出做出了重要贡献。

"作为中科院院士的杰出代表,卢永根矢志报国的崇高理想、勇于创新的科学精神、严谨求实的治学风范和淡泊名利的人生态度,诠释了追求真理、造福人类、服务国家的科技价值观,彰显了中科院院士称号的荣誉所在。此外,卢永根将一生积蓄800余万元捐献给学校,用以奖励贫困学生和优秀青年教师,也让社会各界深为感动。相信在卢永根的精神感召下,广大科技工作者将更加紧密地团结在以习近平同志为核心的党中央周围,不忘科技报国和科技为民的初心,切实担负起新时代赋予我们的历史使命,积极做科技创新的引领者、青年英才的培育者和科学精神的传播者,为夺取新时代中国特色社会主义伟大胜利,实现中华民族伟大复兴中国梦,不断做出新的更大贡献。"

念完,赵杏娟小心地把信折叠好装进信封里,放到卢永根的枕头底下。

接着,吴瑜上前介绍了卢永根的病情及治疗状况。听完汇报,张涛对医院的治疗方案表示赞同,对全体医务人员的细心照顾表示感谢。

张涛还去华南农业大学农学院召开了座谈会，会上，他要求："深入挖掘、传播卢永根院士勇于奉献、爱党爱国的精神。未来，中科院将联合教育部等机构，力图在全国范围内举办卢永根院士精神报告会，并出版发行院士传记，以更好地激励广大群众。"

一年多的住院治疗，卢永根与广东省中医院大学城医院的医生和护士产生了亲密的感情。他的乐观和坚强，他的坚定信仰和为科学献身的精神，令所有医护人员十分敬佩。尽管大家付出了巨大的努力，但是，卢永根的病情却每况愈下，大家都为他揪着心。看到大家愁眉苦脸的样子，卢永根反而安慰大家，要大家放宽心。2018年5月的一天，主治医生吴瑜早早地来到了卢永根的病房，她就带着护士来给卢永根换药，然后打开卢永根的病历本，仔细查看近期卢永根身体变化的状况。护士们已经换好药了，她还不想走，说："你们到其他病房换药去吧，记得要缓解病人的情绪。"

"你去其他病房吧，不用管我。这里有徐教授看着，有什么事我再叫你。"卢永根平静地说。

"不要紧。卢院士，您最近感觉怎样？"吴瑜问道。

"除了整个身体比较虚弱和头晕外，局部并没有什么疼痛感，也没有太多的不舒服。"卢永根说，"生老病死是人生的自然规律，谁也无法阻止和改变，你不用太担心。"

"好。那我们就继续按这个方案治疗。"吴瑜眼里闪着泪光，"卢院士，明天我就要去外地进修了，有其他的医生来接替我给您治病。这段时间，您和徐教授给我人生上了一堂很好的课，感谢你们。另外，房间的湿气比较大，可以开点空调，保持室内干燥。"说完，她帮卢永根压了压被角。

"恭喜你呀。祝你学习进步，更上一层楼。"卢永根笑着送别吴瑜。

"祝您早日康复！"吴瑜缓步走出房间。转弯处，她忽然扶着墙边哭了：多么豁达的老人，她行医到现在还没有见过病人劝医生坦然的！朝夕相伴一年多，她深深感觉，卢永根对疾病和生死都泰然处之，他对祖国和事业无限热爱，没有一点私心，他是一个高尚的人，一个纯粹的人。

2018 年 6 月 29 日，卢永根院士和夫人徐雪宾教授受邀参加广东省中医院大学城医院第二党支部组织生活。这是夫妇俩第二次参加该支部的活动。

徐雪宾教授向大家讲述了卢院士工作生活中方方面面的情况。她希望大家俭以养德，用毛主席和习总书记的话来印证。她说："毛主席说，'贪污和浪费是对人民最大的犯罪！'。习总书记也倡导绿色生活和生态文明建设。所以卢院士在生活上是十分俭朴的，能够使用的，就不要丢掉，以免造成浪费，衣服破了，他会缝缝补补再穿。学术上，他求真务实，严谨对待每一个科研数据；对学生，他严格要求，认真批改学生的论文、报告；他用自己的言行无声地影响和改变着学生们的人生态度。"

这次支部组织生活，卢永根深情寄语在座的年轻党员同志："作为共产党员要不忘初心，牢记入党誓言，将一辈子奉献给党的革命事业；要爱岗敬业，精益求精，为提高人民群众的健康水平贡献自己的才干和智慧；希望大家在党的领导下砥砺前行，永远向前，永不止步。"

十四、斯人已逝,精神永存

2018年3月2日,中央电视台举行"感动中国十大人物颁奖典礼"晚会,主持人深情地读着:

卢永根,1930年12月2日生于香港,广东花都人。中科院院士、作物遗传学家。1997年,他荣获"南粤杰出教师"特等奖;1998年,获国家人事部和教育部授予"全国教育系统劳动模范"和"全国模范教师"称号;2003年,获广东省科学技术奖一等奖和三等奖各1项。他以"科学无国界,科学家有祖国"的爱国情怀献身于农业教育和科研事业,为我国农业的教育和发展做出了贡献。

2017年3月,卢永根教授在夫人的搀扶下来到银行,将十多个存折的存款转入华南农业大学的账户,卢永根夫妇一共捐出8809446元,这是他们毕生的积蓄,学校用这笔款设立了教育基金,用于奖励贫困学生与优秀青年教师。

卢永根没有将财产留给唯一的女儿,他说:"党培养了我,将个人财产还给国家,是做最后的贡献。"卢永根的秘书赵杏娟说:"钱都是老两口一点一点省下来的,对扶贫和教育,两位老人却格外慷慨,每年都要捐钱。"

颁奖词:种得桃李满天下,心唯大我育青禾。是春风,是春蚕,更化作护花的春泥。热爱祖国,你要把自己燃烧。稻谷有根,深扎在泥土。你也有根,扎根在人们心里!

可是,重病中的卢永根已经无法到中央电视台领取奖杯了,中央台记者把奖杯送到了他的病榻边。

2019年8月12日早晨4时41分，中国共产党党员、中国科学院院士、华南农业大学老校长卢永根因病抢救无效逝世，享年89岁。

按照卢永根院士生前遗愿，在其去世后，将遗体无偿捐献给医学科研和医学教育事业。他曾表示：作为一名共产党员，党培养了我，捐献遗体将是为党和国家最后一次做出自己的贡献。

据报道：

2019年8月13日，中共中央总书记、国家主席、中央军委主席习近平通过中共中央办公厅转达对卢永根院士逝世的哀悼，并向其家属表示慰问。

中共中央政治局常委、国务院总理李克强通过国务院办公厅转达对卢永根院士逝世的哀悼，并向其家属表示慰问。

温家宝、张德江、李岚清、吴官正、陈至立、刘延东、罗富和等通过中国科学院转达对卢永根院士逝世的哀悼，并向其家属表示慰问。

中共中央政治局委员、中央组织部部长陈希及班子其他成员，国务委员、国务院秘书长肖捷，全国人大常委会副委员长王晨，全国人大常委会副委员长、民盟中央主席丁仲礼等委托中国科学院致电，对卢永根院士的逝世表示哀悼，对其亲属表示慰问。

广东省委书记李希，广东省委副书记、省长马兴瑞，省委常委、省委组织部部长张义珍及省直有关部门负责同志等以不同方式对卢永根院士的逝世表示哀悼，对其亲属表示慰问。

中国科学院院长白春礼发来唁电，代表中国科学院和中国科学院学部主席团，并以个人名义，对卢永根院士的逝世表示沉痛哀悼，向其亲属致以诚挚慰问。

中国工程院副院长、中国工程院院士刘旭，中国科学院生命科学和医学学部主任陈宜瑜，中国科学院院士谢联辉，中国科学院院士谢华安，中国工程院院士傅廷栋，中国科学院院士张启发，中国工程院院士罗锡文，中国科学院院士刘耀光，扬州大学原校长顾铭洪，扬州大学农学院院长严长杰，扬州大学农学院作物遗传育种学科带头人梁国华等发来唁电。

广东省委、省政府，教育部，中国侨联，中国科学院学部主席团，中国科学院学部工作局，中国科学院生命科学和医学学部，中国水稻研究所，中国农业科学院作物科学研究所，广东省科技厅，广东省农业农村厅，广东省林业局，广东省侨联，中国作物学会，中国遗传学会，广东院士联合会，华中农业大学，西北农林科技大学，福建省农业科学院，沈阳农业大学，青岛农业大学，南京农业大学，南京林业大学，湖南农业大学，安徽农业大学，扬州大学，山东农业大学，江西农业大学，新疆农业大学，华南理工大学，广东外语外贸大学，广东海洋大学，天津农学院，中山大学昆虫学研究所，福建农林大学作物科学学院，广州市花都区花城街罗洞小学等单位发来唁电或唁函。广东省科学技术协会发来唁电，有关负责同志登门慰问家属。

卢永根院士住院期间，李希、邹铭、黄宁生等省领导到病房看望。时任国务院副总理刘延东委托国家卫计委有关负责同志到病房看望慰问。省委教育工委书记、省教育厅厅长景李虎，省科协党组书记郑庆顺，省科技厅厅长王瑞军，省委组织部副部长廉奕，以及李大胜、刘雅红等校领导多次前往医院看望慰问。卢永根院士夫人、离休干部徐雪宾教授一直在病房陪护。

卢永根院士的亲朋好友、同事、学生也纷纷发来唁电、唁函或登门慰问家属。中美水稻界同行三百余人联名吊唁。

在全党深入学习贯彻党的十九届四中全会精神、开展"不忘初心、牢记使命"主题教育之际，中央宣传部于2019年11月15日在北京向全社会宣传发布卢永根的先进事迹，追授他"时代楷模"称号。

2021年5月30日初稿
2021年6月16日修改

卢永根年谱

1930 年

12月2日，出生于香港。

1936 年

7月，启蒙入读香港粤华中学附属小学，校长潘炳真。

1941 年

12月23日，日军攻打香港，学校停课，失学在家。

1942 年

4月清明节，四叔卢国辉带领卢美君、卢永经、卢美芬、卢永根、卢秀芳，乘火轮"南海丸"号返广东省花县罗洞村祖籍避难。陈圣柱医生同船返穗。

1944 年

4月，与四叔卢国辉乔装为渔民，偷渡回香港。
8月考入香港港侨中学读初一。

1945 年

日本投降后，9月转学香港华仁书院读初二上学期。

1946 年

2 月，转学香港岭英中学，读初二下学期，结识了以语文老师身份为掩护的中共地下党员林莽中（萧野）。

8 月，由林莽中推荐，入香港培侨中学暑期补习班学习，结业成绩优秀，直接升入该校读高一。

1947 年

9 月，当先为培侨中学学生自治会主席。

12 月，由林海介绍加入新民主主义青年同志会，这是中共地下党的外围组织。

1949 年

8 月，香港培侨中学毕业，考入岭南大学医学院。

8 月 9 日，在香港由王文彬、陈文靖介绍加入中共地下党。

10 月，广州解放前夕，与中共地下党人吕宝琅接头，参加岭南大学地下学联工作。

12 月 5 日，带领岭南大学地下学联成员参加市公安局领导的纠察队，清扫地下钱庄"剃刀门楣"以稳定物价。

1950 年

1 月，经组织决定，转学农学院。

4 月，参加团市委在广雅中学举办的广州市寒假青年学习团，任临时团总支书记。

9 月 23 日，新民主主义青年团岭南大学总支部成立，当选为新民主主义青年团岭南大学总支部书记。在学校发动抗美援朝运动。

1951 年

1月16日，参加中央人民政府教育部在北京召开的"处理接受外国津贴的高等学校会议"，得到廖承志接见。

6月，中共岭南大学支部成立，担任书记。

1952 年

10月15日，贯彻执行院系调整决定，随岭南大学农学院迁往石牌，参与组建华南农学院。

11月11日，华南农学院成立，担任华南农学院临时团总支部书记。

1953 年

3月，中共华南农学院支部成立，担任宣传委员。

8月，从华南农学院农学专业毕业，留校任作物遗传育种学助教。

1954 年

10月15日，父亲病逝，未回香港奔丧。

1955 年

8月，与徐雪宾确定恋爱关系后5个月后，选派到北京农业大学参加由教育部举办的为期两年的作物选种进修班。

1957 年

8月9日，与徐雪宾正式登记结婚。

1958 年

8月，反右运动中，因对米丘林遗传学产生怀疑，遭受批判，受留党察看一年处分。

9月，下放新会大队劳动一年。

1959年

1月4日，女儿出世，取名为红丁，以纪念老师丁颖。

8月，晋升为讲师。

9月，参加中共广东省委工作团海南分团，在文昌工作3个月。

1960年

11月，参加了中共广东省委工作团，赴潮汕地区整风整社和贯彻人民公社60条。次年7月返校。

1962年

8月，学院党委决定撤销1958年对卢永根留党察看一年的处分，给予彻底平反，恢复荣誉。

8月，赴北京中国农业科学院任丁颖同志的科学助手。

11月，代表丁颖院士参加华南农学院成立10周年庆祝大会，并代为宣读了《三十八年的回忆和感想》。

1963年

8月至10月，随丁颖对西北干燥地区水稻品种和栽培技术进行了考察。

1964年

8月，随丁颖院士对山西、陕西考察水稻。

9月至10月，随丁颖院士到山东临沂地区考察水稻。丁颖途中生病，被送回北京的医院，诊断为肝癌。10月14日凌晨，丁颖逝世。

1965 年

5月,陪丁颖院士遗属回华南农学院,被安排在水稻生态研究室工作,专门整理丁老科学遗产。

1966 年

5月4日,学院开展"无产阶级文化大革命运动",被游街批斗。
12月,给予平反。

1968 年

12月13日,同妻子一起下放翁城五七干校,独女被寄养在花县农村表姐邓翠琼家。

1976 年

1月,与吴灼年、梁光商、俞履圻集中在翁城整理、总结"中国水稻品种光温条件反应研究"的实验资料;1月8日,周恩来总理逝世,心情沉重。
10月,《中国水稻品种的光温生态》一书定稿。

1978 年

5月3日,从翁城转回广州。
8月11日,从香港转道菲律宾国际水稻研究所学习半年。
12月19日,晋升为副教授。

1979 年

12月27日,偕女儿赴美国探望病重母亲。

1980 年

3 月 10 日，母亲病逝；4 月 30 日，返回广州。
11 月 11 日，公派赴美国加利福尼亚大学戴维斯分校留学一年半。

1983 年

5 月 29 日，当选为第五届中共广东省委委员，任期 5 年。
7 月 18 日，以候任院长的身份，随赵善欢出访美国宾夕法尼亚州立大学农学院。
10 月 21 日，经中共中央同意，被农牧渔业部党组任命为华南农学院院长。

1984 年

7 月 31 日，教育部批准华南农学院改名为华南农业大学。
12 月 3 日，举行丁颖院士逝世 20 周年纪念大会，广东省委副书记郭荣昌参加。

1985 年

5 月 27 日至 6 月 5 日，出席菲律宾国际水稻研究所举办的国际水稻会议和洛克菲勒基金会资助的国际生物工程项目讨论会，在会上作"水稻诱导胞核雄性不育突变体的细胞学观察"的报告。
6 月 4 日，确定参加工作时间为 1947 年 12 月。

1986 年

6 月 20 日到 7 月 10 日，随广东省高等教育代表团访问了包括剑桥、牛津、爱丁堡、格拉斯哥和诺丁汉等 15 所各具特色的大学。其间还参观了孙中山蒙难室。
9 月 6 日，接国务院学位办通知，卢永根被批准为博士生导师

（全国第三批）。

1987 年

2月1日，婉拒国家农牧渔业部经部党组拟调自己担任中国农业科学院院长兼党委书记、部党组成员的提议。

11月23日，经国务院批准，卢永根被任命为第二届国务院学位委员会委员，任期5年。

1988 年

4月29日，随农业部何康部长一起出访非洲的加纳、科特迪瓦和埃及。

5月27日，再次当选为中共广东省委委员（第六届），任期5年。

1991 年

4月1日至7日，广东省高等教育代表团一行四人访问美国夏威夷大学热带农业与人力资源学院，任代表团团长。

2月，参加"中国－欧洲共同体农业技术中心"成立大会，并被聘为该中心顾问委员会中方委员。

11月，经国务院批准，卢永根被任命为第三届国务院学位委员会委员，任期5年。

1993 年

3月1日，担任第八届全国政协委员，任期5年。

12月19日，当选为中国科学院生物学部委员，即院士。

1994 年

2月25日，担任岭南大学第六届广州校友会主席。

11月17日至12月1日，率团到泰国访问。

1995 年

6月21日，不再担任华南农业大学校长。

6月23日至7月1日，卢永根率领的大陆农业经济专家代表团赴台湾访问。

1996 年

6月7日，在中国科学院第八次院士大会上当选为生物学部第八届常务委员兼副主任，任期两年。

1997 年

9月，获1997年广东省"南粤杰出教师"特等奖证书。

9月，随中国政府学位工作代表团赴俄罗斯、乌克兰和匈牙利三国访问。

1998 年

9月，获国家教育部、人事部授予"1997年全国教育系统劳动模范"和"全国模范教师"称号和证书。

1999 年

7月，获中共广东省委授予"广东省优秀共产党员"称号和证书。

2002 年

9月16日至20日，参加2002北京国际水稻大会，并担任大会的学术委员会主席。

2008 年

8月15日，办理离休干部证离休。

2015 年

5月6日上午，将祖辈遗留下来的位于花都长岗墟的两家商铺捐赠给花城街罗洞小学，全部收益用来设立罗洞小学"卢国棉、梁爱莲伉俪基金"，用作奖学金奖励成绩出色的学生。

2017 年

1月13日，被广东省中医院大学城医院复查结果：前列腺癌。同日，被要求住院治疗。

3月中旬，卢永根病房临时党支部成立，成员包括卢永根、徐雪宾夫妇，华南农业大学农学院党委书记张展基、副书记宋欢、院士秘书赵杏娟、党务干事招梖圣。

3月，将毕生积蓄880余万元捐赠给华南农业大学，成立"卢永根·徐雪宾教育基金"。

10月20日上午11点，卢永根院士病房临时党支部全体4名成员，在张展基的带领下来到卢永根病房开展组织生活，学习讨论习近平总书记十九大报告。

11月27日上午，中国科学院副院长、党组成员张涛代表白春礼院长前来慰问。

2018 年

6月29日，卢永根院士和夫人徐雪宾教授受邀参加广东省中医院大学城医院第二党支部组织生活。

2018 年

3月2日,中央电视台举行"感动中国十大人物颁奖典礼",被评为"感动中国 2017 年度人物"。

2019 年

8月12日早晨4时41分,因病抢救无效逝世。
11月15日,被中宣部追授为"时代楷模"。

2020 年

12月3日,被中共中央追授为"全国优秀共产党员"。

后　记

月朗星稀，夜色如水，我终于为这本人物传记画上最后一个句号。轻轻地摘掉眼镜，伸展下疲惫的腰身，熟悉的肩颈酸痛感再一次袭来，回想起这本书的写作过程，我不禁潸然、唏嘘。

本书获"2020年广东重大现实题材和红色题材创作选题"的扶持，已有一年半时间。在这18个月里，关于卢永根院士生前的点滴往事和生活细节，我上网搜集碎片素材，狂补作物遗传学知识，到华南农业大学寻访院士旧友，找院士的学生们追溯往昔，正面切入，侧旁发掘，只为还原一位真实的、血肉丰满的科学家、教育工作者和院士。

因此，这本书能够创作完成，我要深深地感谢广东省作家协会提供的扶持和帮助，感谢华南农业大学宣传部指定专人对接并提供有关资料，感谢我的导师张军州博士为我介绍卢永根生前好友温思美主席的相关情况，感谢卢永根院士的弟子和故乡亲友提供的回忆素材，感谢卢永根院士的遗孀徐雪宾教授的理解和支持……

早在2021年初春，我正在为某阶段貌似不实的资料头痛时，在一个不经意的聚会上，我的烦累和吐槽引起了一个年轻小伙的注意，他就是庞忠华。年轻的庞忠华是个公司老总，所涉足领域囊括文化、教育、家政、社会志愿服务等，在清远颇有名气。最难得的是，庞先生虽履商途，但极具文化情怀，满身的书卷气。当他听完我对卢永根院士的介绍后，与当时同在聚会的帅哥李东江当即拍板成立了"学习卢永根精神"读书会，组织公司成员和各协会向卢永根同志学习。两位好兄弟的支持再次鼓励了我，令我忘却了创作的艰辛和孤独，从而一鼓作气地完成了该书三部曲。

书名经出版社编委讨论，最终定为《布衣院士卢永根》，感谢花城出版社黎萍主任和夏显夫老师付出的努力。翻阅样书，厚厚几百页，将近30万字，生动的对话，生活和工作细节的呈现，曲折的情节，无不是人物命运在时代裹挟下的鲜活演绎，我写出了自己笔下的卢永根：作为共产党员的卢永根，作为华南农业大学教师和校长的卢永根，作为中国科学院院士的卢永根，以及作为父亲和丈夫的卢永根。他不是一个冷冰冰的榜样和某种精神的象征，而是一个有血有肉、有情感、有灵魂的人，一个大写的人。无论文学界如何评论，这都是我在传记文学创作中的新一次尝试和飞跃，是自己一直坚守的"报告文学创作应在报告基础上侧重文学性叙事和描写"原则的文本性呈现，而非资料的罗列和堆砌，是对文学深怀敬畏之心的一次身体力行的耕耘细作。

卢永根院士已逝，但他对中国科学界乃至人类的贡献不能被遗忘。历史是无数生命交织共感奏出的美妙和声，是一条由无数闪光灵魂簇拥向前而奔流不息的长河，卢永根无疑处于较高音段，是闪亮的一朵浪花。

在他的余韵中，在他的闪光里，我能够发出点自己微弱的声音，幸甚至哉！